TABLEAU

DES

PRINCIPAUX FAITS

DE L'HISTOIRE

ANCIENNE ET MODERNE.

PARIS, IMPRIMERIE DE CASIMIR, RUE DE LA VIEILLE-MONNAIE,
N° 12.

TABLEAU

DES

PRINCIPAUX FAITS

DE L'HISTOIRE

ANCIENNE ET MODERNE,

OU

THÈSES HISTORIQUES

POUR PRÉPARER LES JEUNES GENS

A L'EXAMEN DE BACHELIER ÈS-LETTRES, ET A L'USAGE
DES MAISONS D'ÉDUCATION.

PAR J.-B. FREU,

BACHELIER DANS LA FACULTÉ DES LETTRES DE L'ACADÉMIE
DE PARIS.

Lux veritatis, magistra vitæ, historia est. (Cic. de orat. 11. 9.)

L'histoire est le flambeau de la vérité ;
elle sert à nous conduire dans le
cours de notre vie.

PARIS,

DAUTHEREAU, LIBRAIRE, PALAIS-ROYAL

AU GRAND ÉTALAGE DE LA DEUXIÈME COUR,

ET GALERIE DE NEMOURS, N° 11.

1824.

Bauthereau

TABLEAU

DES

PRINCIPAUX FAITS

DE L'HISTOIRE

ANCIENNE ET MODERNE.

OBSERVATIONS.

EN recueillant les principaux faits de l'histoire ancienne et moderne, j'ai cru me rendre utile aux jeunes gens. A l'aide de cet ouvrage, ceux qui ignorent l'histoire pourront acquérir les connaissances nécessaires pour subir l'examen de bachelier ès-lettres. Ceux qui la connaissent, pourront le consulter pour rappeler à leur mémoire ce qu'ils auraient pu oublier. Heureux, si j'ai atteint le but que je me suis proposé !

Je ne parlerai pas de l'histoire sainte ; elle mérite de n'être pas confondue avec la profane ; étant enseignée aux jeunes gens dans leurs études, il serait inutile d'en parler ici. Pour peu que leur éducation ait été soignée, ils doivent avoir des connaissances assez approfondies sur l'histoire sacrée.

Pour ne pas tomber dans des erreurs inévitables,

1*

j'exposerai, sans ordre chronologique et sans con-
fondre les sujets, ce qui mérite le plus d'être connu
chez les anciennes nations, jusqu'aux Grecs et aux
Romains. Ce sera déjà beaucoup que celui qui aspire
au titre de bachelier sache les principaux faits qui
sont arrivés depuis le commencement de ces deux
peuples jusqu'à nos jours. Les chronologies ne sont
pas d'accord sur les époques antérieures à ces deux
nations.

HISTOIRE ANCIENNE.

THÈSE I.

Ancienne histoire d'Egypte.

Egypte.

L'Egypte est la partie de l'Afrique la plus
voisine de l'Asie. Cette contrée est très-fertile ;
mais il a fallu bien du temps et de l'industrie
pour la rendre habitable à tout un peuple. Le
Nil fait toute sa richesse ; en l'inondant il sup-
plée aux pluies dont elle est privée. Ce fleuve
prend sa source dans l'Abyssinie ; il arrive en
Egypte, après s'être précipité par sept cataractes avec un bruit effroyable. Les anciens
ignoraient la source du Nil. La pluie qui tombe continuellement en Ethiopie pendant cinq
mois de l'année, depuis avril jusqu'en septembre, est la cause de ses débordemens qui
fertilisent l'Egypte en déposant sur les terres
un limon précieux.

Manéthon.

Les uns admettent les dynasties de *Manéthon*, les autres les rejettent. *Manéthon*, prêtre égyptien, qui écrivait trois siècles avant

J.-C., raconte que l'Egypte fut gouvernée par des dieux et des demi-dieux, et que Vulcain fut le premier de ces dieux. Il fait succéder à ces divinités chimériques, trente-une dynasties qui ont régné plus de cinq mille ans.

La preuve la plus sûre de l'ancienneté de l'Egypte est tirée de l'Ecriture sainte; les Egyptiens formaient une nation très-florissante, tandis que les Hébreux ne faisaient pas même un corps de nation.

On doit regarder comme des fables tout ce qu'on a débité sur *Isis*, *Osiris*, *Typhon* et *Hermès*. Selon les Egyptiens, *Osiris* avait policé la nation encore sauvage; *Isis*, sa femme, partageait avec lui les hommages divins. Au retour de ses glorieux voyages, il fut tué par Typhon, son frère. On doit remarquer que les principaux dieux étaient des hommes divinisés pour leurs bons services.

Ménès fut le premier Roi d'Egypte; c'est à lui qu'on a sans doute donné le nom d'Osiris et de Bacchus: depuis ce Roi, jusqu'au célèbre *Sésostris*, on trouve un intervalle immense, où l'on place les Rois pasteurs. Ces Rois étaient des Arabes qui s'emparèrent de l'Egypte, et y régnèrent pendant trois cents ans. On remarquait dans ce temps là une fameuse bibliothèque, la plus ancienne du monde; elle était dans le palais d'*Osymandias*, avec cette inscription: *remèdes de l'âme*. Le lac *Mœris* qui a été très-mal décrit par les anciens, et du milieu duquel s'élevaient deux pyramides, recevait les eaux du Nil pour empêcher une trop forte inondation, ou pour suppléer à un trop petit débordement; il faut que ce fleuve monte au moins à quinze coudées pour qu'il n'y ait point de disette. Ce fut *Mœris* qui fit creuser ce lac : selon les voyageurs modernes, il a douze ou quinze lieues. Tout ce qu'on rapporte de *Sésostris* est peu croyable. Après avoir subjugué l'Ethiopie, il passe en Asie et pénètre dans l'Inde, au-delà des pays qu'avaient subjugués *Bacchus* et *Hercule*, il attaque les Scythes. Une conspiration, formée par son frère *Danaüs*, le force à revenir dans son royaume. Il la dissipe et s'occupe du bonheur de son peuple, après avoir porté les horreurs de la guerre chez les autres. Ce que l'on peut croire de plus certain à l'égard de *Sésostris*, c'est que ce prince a réellement existé ; qu'il a fait de grandes choses, qu'il a été législateur et conquérant : tout le reste paraît contradictoire. Après lui, ce royaume perdit beaucoup de sa gloire : c'est le sort de tous les états formés par des conquérans trop ambitieux.

Le reste de cette histoire par Hérodote est aussi fabuleux. Les ténèbres commencent à se dissiper sous le règne de *Psamméticus*, 670 ans avant J.-C. Ce Roi attira les étrangers chez lui, et entretint commerce avec les *Grecs*. *Néchos*, son fils, voulut joindre le Nil à la mer Rouge par un canal ; mais il y renonça après avoir perdu cent vingt mille hommes à cette entreprise.

570 ans avant J.-C., *Amasis* rendit son règne brillant en favorisant le commerce et en attirant les Grecs dans ses États. Il fut visité par *Solon*. Dans ce même temps, *Pythagore* fut initié aux mystères des Egyptiens. Amasis avait usurpé la couronne au préjudice d'*A-*

priès, fils de *Néchos;* quoique affermi sur le trône, il s'aperçut que l'obscurité de sa naissance l'exposait à une sorte de mépris. On doit remarquer la belle leçon qu'il donna pour détruire ce préjugé. Il fit faire une statue représentant une divinité, d'un vase d'or qui servait à laver les pieds avant les repas; cette statue fut bientôt un objet d'adoration. Il assembla les Égyptiens, et leur dit, *qu'ils devaient respecter le Roi, quelle que fût son origine, puisque le dieu qu'ils adoraient était auparavant un vase qui servait aux plus vils usages.* Il gouverna sagement et fut aimé de son peuple.

Cambyse, Roi de Perse et fils de Cyrus, subjugua cette célèbre monarchie sous le règne de *Psamméticus,* fils d'Amasis, 525 ans avant J.-C. Les temples furent réduits en cendres, et le dieu *Apis* fut tué. Depuis, ce royaume demeura esclave des Perses jusqu'au temps d'Alexandre-le-Grand, qui renversa leur empire.

Le gouvernement fut monarchique, comme dans toutes les anciennes nations; c'est le plus naturel. Le Roi était soumis aux lois. Le mariage du frère avec la sœur y était permis, ainsi que la polygamie, excepté aux prêtres. L'adultère était sévèrement puni; l'homme qui l'avait commis recevait mille coups de verges, et la femme avait le nez coupé. Le calomniateur subissait la peine qu'aurait subie l'accusé, s'il eût été convaincu. L'homicide était puni de mort. Les esprits éclairés reconnaissaient un être suprême. Plutarque rapporte cette inscription d'un temple d'Égypte :

Je suis tout ce qui a été et sera ; nul mortel n'a jamais levé le voile qui me couvre. Cependant les fables du paganisme ont pris naissance dans cette contrée. Les Égyptiens adoraient les astres, et même les animaux ; on prétend qu'ils adoraient aussi les plantes, telles que l'oignon, etc. Cependant le silence des historiens à cet égard nous permet de révoquer en doute ce qu'en dit *Juvénal.*

Le bœuf *Apis* était le plus vénéré des dieux ; à sa mort. tout le peuple était en deuil. Les chats, les loups, etc., y étaient tellement respectés, qu'on condamnait à mort celui qui avait le malheur de tuer un de ces animaux. *Diodore* nous apprend que, dans une famine, les Égyptiens aimaient mieux se manger les uns les autres que de toucher à ces animaux. Dans les commencemens, ce peuple sacrifia des victimes humaines. La circoncision y était pratiquée ; *Pythagore* fut obligé de s'y soumettre pour converser avec les prêtres. Ceux-ci étaient les seuls maîtres de toutes les sciences.

Les principales vertus des Égyptiens étaient le respect pour les pères et mères et pour les vieillards, la reconnaissance pour les bienfaits, et l'attachement aux anciennes coutumes.

Dans les festins, on apportait un cercueil où était une figure de mort en bois, ou, comme l'assurent quelques auteurs, un vrai cadavre. Il était présenté à chacun de la compagnie, avec ces paroles : *Buvez et réjouissez-vous, car voilà ce que vous serez un jour.* Telles étaient les mœurs et la religion des Égyptiens.

Les Égyptiens sont les inventeurs de la charrue ; on attribue cette invention à *Osiris.*

Cette charrue n'était que de bois. L'Europe tire de l'Égypte le germe de ses connaissances.

Les Pyramides, une des sept merveilles du monde, résistent encore aux injures du temps : quelques auteurs les croient bâties avant le déluge. Il en reste encore trois à quelques lieues du Caire, où était autrefois Memphis. La plus grande forme un carré de deux mille six cent quarante pieds de circuit, chaque côté de la base ayant six cent soixante pieds. La hauteur perpendiculaire est d'environ cinq cents pieds. Cent mille ouvriers, selon Hérodote, travaillèrent trente années à ces pyramides. Selon une inscription, les légumes qui avaient servi à la nourriture des ouvriers coûtèrent sept millions de notre monnaie. On croit que ces pyramides servaient de tombeaux aux Rois d'Égypte. On n'a jamais pu égaler les Égyptiens dans l'art d'embaumer les cadavres. Leurs momies durent toujours. Des grottes taillées dans le roc en sont remplies.

On attribue le fameux labyrinthe à douze Rois qui régnèrent en même temps, six cents ans avant Jésus-Christ. Il renfermait trois mille salles, communiquant les unes aux autres par de nombreux détours. Les obélisques sont mieux connus. Il y en avait plusieurs faits d'une seule pièce de cent quatre-vingts pieds de haut. Celui de Namessès, fils de Sésostris, était encore plus grand; selon les anciens, vingt mille ouvriers y avaient travaillé. Il est à Rome, où l'empereur Constance le fit transporter. Sixte-Quint l'a rétabli.

On ne doit pas ajouter foi aux merveilles

qu'Homère débite de la ville de Thèbes aux cent portes, par chacune desquelles dix mille soldats pouvaient sortir.

Les Égyptiens cultivaient l'astronomie. On ignore si cette science a pris naissance en Égypte ou dans la Chaldée.

Leur médecine se composait de quelques recettes, transmises de père en fils. Leur écriture était les hiéroglyphes, signes représentant les opérations de l'esprit, etc.

On peut reconnaître les Égyptiens pour les inventeurs de l'alphabet. En effet, les langues modernes, ainsi que la latine, la grecque, la phénicienne ont toutes les mêmes caractères qui dérivent des Samaritains, lesquelles dérivent, à n'en pas douter, des Égyptiens.

THÈSE II.

Des Chinois.

L'HISTOIRE ancienne de ce peuple est très-suspecte. Avant le règne de *Fo-Hi*, le premier fondateur de cette nation, les Chinois erraient çà et là comme des brutes, se nourrissant d'animaux dont ils mangeaient souvent les plumes et le poil. Cependant on doit avouer que les arts chez ce peuple remontent au-delà des temps connus. La première observation astronomique, au rapport de ce peuple même, est placée cent cinquante ans avant *Yao*, un de leurs empereurs, que M. *Fréret* croit avoir vécu 2145 ans avant J.-C.

On trouve beaucoup de conformité entre les Chinois et les Égyptiens : M. *de Gui-*

gnes, membre de l'Académie des inscriptions et belles-lettres, assure qu'une colonie égyptienne alla s'établir dans la Chine 1122 ans avant notre ère. Quoique l'histoire de l'ancienneté des Chinois soit douteuse, on ne peut pas nier la ressemblance parfaite qui existe entre les peuples de l'Égypte et de la Chine. L'écriture chinoise est la même que les hiéroglyphes égyptiens ; mêmes mœurs, mêmes lois, etc........ Si les Chinois, ainsi que les Égyptiens, ont fait peu de progrès dans les sciences et les arts, c'est qu'ils ne trouvent jamais rien de mieux fait que ce qu'ils font ; c'est qu'ils sont trop attachés aux anciens usages ; toutes causes du peu de développement de leur génie.

L'empire de la Chine est le plus ancien du monde par la durée invariable de sa forme et de ses maximes, quoique deux fois conquis par les Tartares.

Les bouzes sont les prêtres du pays : ils ont corrompu la saine morale de Confucius. Les mandarins sont les gouverneurs et les magistrats chez les Chinois.

Confucius est un des plus grands philosophes, et le plus respectable qui ait existé dans le monde : il est honoré dans sa patrie depuis plus de deux mille ans ; ses descendans ont seuls conservé la noblesse héréditaire. Il naquit d'une famille illustre, vers l'an 550 avant J.-C. ; dès l'âge de quinze ans il se livra à la philosophie, détestant les plaisirs de la jeunesse. Il fut ministre d'état, mandarin. Sa philosophie est trop connue pour que je l'expose ici.

S'il n'est pas fait mention des Chinois dans l'histoire ancienne, c'est qu'ils n'étaient pas connus des Grecs. Si ceux-ci les avaient connus, ils n'eussent pas manqué de leur donner une des premières places dans leur histoire.

THÈSE III.

Des Assyriens et des Babyloniens.

Assyriens et Babyloniens. L'Histoire de ces peuples d'Asie est encore plus obscure que celle des Égyptiens. Si on l'étudie avec impartialité, on reconnaîtra, sans peine, que ces deux peuples n'ont formé qu'une même nation, un seul corps, sous deux noms différens. En effet, comment concevoir deux grands empires, dont les capitales, peu éloignées l'une de l'autre, étaient deux villes immenses? on ne peut pas croire toutes les fables écrites par Ctésias, médecin de Cyrus, que plusieurs auteurs ont copié sans examen. Le jugement d'Aristote, qui rejette les écrits de cet écrivain comme des faussetés, doit nous en convaincre.

Ninive. *Ninive*, sept fois plus grande que Paris, fut bâtie par *Ninus*, Roi des Assyriens, au retour de ses conquêtes dans l'Inde, au rapport de *Ctésias* et de *Diodore de Sicile* qui l'a copié. La ville achevée, ce Roi reprend les armes. *Sémiramis*, femme d'un de ses officiers, se fait remarquer par ses exploits héroïques. Le roi l'épouse et lui laisse la couronne : elle fait bâtir *Babylone* en très-peu d'années ; cette ville surpassait *Ninive* en grandeur et en beauté. Six chars pouvaient rouler de front sur ses murs. Elle recommence la guerre, la porte jusque dans l'Inde ; après avoir usé de quelques stratagèmes qui ne lui réussissent point, elle est battue, mise en fuite, et meurt peu de temps après dans ses états.

Depuis *Ninius*, son fils, qui ne mérite pas d'être cité à cause de son peu de célébrité, jusqu'au voluptueux *Sardanapale*, il s'écoule un espace de huit cents ans et plus qui ne présente pas un seul fait.

Sardanapale, qui fut assiégé par *Arbace*, gouverneur des *Mèdes*, se brûla, dit-on, avec ses trésors et ses femmes. Son nom est passé en proverbe ; on dit d'un homme voluptueux, abandonné à la débauche : c'est un *Sardanapale*. Sardanapale.

C'est là que finit l'empire des Assyriens ; les auteurs se contredisent sur sa durée (1).

Je ne parlerai pas de la Syrie, que nous ne connaîtrions pas sans l'histoire sainte ; on ignorerait que les Rois de Damas, capitale de cette contrée, ont existé. L'histoire profane confond ce royaume avec l'Assyrie jusqu'au démembrement de l'empire d'Alexandre.

----

(1) L'Écriture sacrée donne sur cet empire des détails contraires à ceux de l'histoire profane ; Elle attribue les grands ouvrages de Babylone à Nabuchodonosor, célèbre par la prise de Jérusalem et par les prodiges que l'on raconte à son sujet. Quelques auteurs, et surtout les auteurs anglais de l'Histoire universelle, pensent qu'on ne peut avoir des connaissances précises sur les Assyriens que dans la Bible.

THÈSE IV.

Des Phéniciens.

Phéniciens. LES Phéniciens étaient un peuple marchand, habitant une terre stérile, sur les côtes de la Méditerranée. Rien n'est plus remarquable qu'une nation qui fait des productions des autres contrées son bien propre, et qui porte les sciences aux habitans de ces mêmes contrées. Tout semble lui appartenir et rien ne lui appartient par le génie du commerce. Tels ont été les Phéniciens. C'est le plus ancien peuple connu pour son commerce sur mer. Ces zélés navigateurs n'avaient pour guide que les astres. Ils couvraient de leurs colonies différentes îles, telles que *Chypre*, *Rhode*, etc. Ils parvinrent jusqu'en Espagne ; Cadix devint leur entrepôt ; tandis que les Egyptiens abhorraient la mer par superstition. Peu de temps après la guerre de Troie, suivant Strabon, ils avaient des établissemens sur les côtes occidentales de l'Afrique (1).

Sidon fut la capitale de la Phénicie ; elle domina long-temps sur la mer. La fameuse Tyr la remplaça. Ce fut une colonie de Tyr qui fonda Carthage 890 ans avant J.-C.

Les Phéniciens, avec plus d'industrie, avaient les mêmes sciences que les Egyptiens. Ils étaient livrés comme eux à la superstition ;

---

(1) L'Écriture sainte parle des voyages que fesaient les flottes de Salomon sous la conduite des Phéniciens.

ils adoraient principalement Vénus et Adonis (1).

J'observerai, en passant, et sans faire aucune réflexion, que *Sanchoniaton* de Béryte, en Phénicie, est le plus ancien auteur après Moïse. Quoique ses ouvrages ne soient qu'un tas de fables obscures, on y lit avec plaisir l'enfance du monde.

THÈSE V.

Hébreux ou Juifs.

Les Hébreux étaient des pasteurs errans. Ils n'ont été réunis en corps que long-temps après les peuples dont je viens de parler. Leurs livres sont les fondemens de la foi chrétienne. Leur gouvernement était théocratique.

Je n'en dirai pas davantage sur cette nation ; il faut, pour la connaitre à fond, lire l'histoire sainte ; c'est là que l'on verra tous les prodiges que Dieu a opérés en sa faveur.

THÈSE VI.

Mèdes et Perses.

Ces deux peuples formèrent un seul empire sous *Cyrus*. Tout ce que les Grecs nous disent de ces deux nations est peu croyable. Tout n'est que fables. Si *Ptolémée*, ce célèbre

---

(1) Il y avait dans leur pays une rivière nommée Adonis ; lorsque ses eaux devenaient couleur de sang, ce qui arrivait assez souvent, puisqu'elle entrainait une sorte de terre rouge lorsque les pluies étaient abondantes,

géographe, a commis tant d'erreurs, combien devons-nous nous tenir en garde sur les faits historiques des Grecs qu'ils n'ont connus que par tradition? Les Mèdes secouèrent le joug des Assyriens sous le règne de *Sardanapale*.

Les Perses, qui ne furent bien formidables que sous le règne de Cyrus, sont une des plus anciennes nations. Quelques auteurs assurent qu'elle était déjà puissante du temps d'Abraham. Le règne de Cyrus est une grande époque, vers l'an 560 avant J.-C. Je suis forcé de dire ici que les conquêtes, la naissance et la mort (1) de ce prince, sont autant de problèmes à résoudre. Hérodote, Ctésias, Xénophon, qui ont écrit son histoire, se contredisent. On le croit né de Cambyse. On doit le regarder comme le fondateur d'un vaste empire: il remporta une victoire complète sur les Babyloniens, à la bataille de *Tymbrée*. Il se rendit maître de Babylone après un long siége; il délivra les Juifs captifs depuis soixante-

les Phéniciens portaient le deuil et se livraient aux mêmes scènes lugubres que les Egyptiens à la mort du bœuf Apis. Lorsque l'eau avait repris sa couleur ordinaire, le peuple se livrait à la joie croyant Adonis ressuscité.

(1) Xénophon le fait mourir dans son lit après avoir régné avec gloire pendant trente ans; Hérodote le fait mourir dans une bataille contre Thomyris, reine des Scythes. Il raconte que cette reine plongea la tête de ce prince dans un vase rempli de sang en disant : Abreuve-toi de sang puisque tu en as toujours soif. Diodore de Sicile rapporte que Thomyris le fit crucifier. Selon Ctésias, il mourut d'une blessure qu'il reçut du côté de l'Hyrcanie. Voilà à quoi nous en sommes réduits, quand l'histoire est écrite sur de simples traditions.

dix ans ; il leur permit de retourner à *Jérusalem*. L'empire de Cyrus était borné à l'orient, par l'*Indus ;* au nord, par le Pont - Euxin et la mer *Caspienne ;* à l'occident, par la mer Egée, et au midi, par l'Ethiopie et le golfe d'Arabie.

Cambyse, son fils, lui succéda ; il régna en tyran ; il fit assassiner son frère Smerdis. Il épousa sa sœur. Il mourut d'une blessure qu'il se fit par accident avec son épée, à l'époque où il se disposait à marcher contre les conjurés qui lui avaient donné un successeur. Ce nouveau roi était un mage, qui se disait être le prince *Smerdis* assassiné. L'imposture découverte, quelques seigneurs formèrent une conspiration et massacrèrent le faux *Smerdis. Darius*, fils d'*Hystaspe*, un des sept conjurés, devint, s'il faut en croire *Hérodote*, maître de l'empire, par la ruse de son écuyer et par le hennissement de son cheval. Les conjurés étaient convenus que celui dont le cheval hennirait le premier, serait reconnu roi.

Darius assiégeait depuis long-temps *Babylone ;* tous les efforts des assiégeans étant inutiles, *Zopire*, seigneur de Perse, se coupe le nez, les oreilles, se réfugie dans la ville, comme une victime de la cruauté de Darius. Nommé chef des troupes ennemies, il fond sur les Perses, en taille quinze mille, pour mieux tromper les Babyloniens, et livre la ville à son maître ; celui-ci, pour récompenser son glorieux dévouement, lui en accorde les revenus (1).

---

(1) La suite de l'histoire de ce peuple sera liée à celle des Grecs. Quant aux mœurs, lois et usages des Perses,

THÈSE VII.

Des Indiens.

Indiens.

Les *Indiens* qui demeurent vers le Gange doivent être regardés comme le peuple le plus ancien, si l'on juge de l'ancienneté d'un peuple par la beauté et la fertilité du pays qu'il habite. Les anciens y voyageaient pour s'instruire. Les savans pensent que les Égyptiens et ensuite les Grecs, en ont tiré leur religion et leur philosophie. A n'en pas douter, la métempsycose y a pris naissance. Au rapport d'*Arrien*, auteur digne de foi, les *Indiens* étaient libres. Ils étaient divisés en sept classes. La classe des *bracmanes*, prêtres indiens, avait la prééminence sur les autres. Ces prêtres, que nous appelons aujourd'hui *bramines*, mouraient volontairement en se fesant brûler tout vifs ; ils furent nommés pour cela *gymnosophistes*.

Brama est un des premiers génies qui gouvernent le monde ; *Vistnou* incarné est le même que les Chinois adorent sous le nom de Foe. Les femmes se brûlent sur les bûchers de leurs maris, par superstition. Elles y sont exhortées par les prêtres.

---

on doit les lire dans Rollin. Le peu que je pourrais en rapporter ne suffirait pas pour peindre, d'une manière satisfesante, cette nation célèbre.

THÈSE VIII.

Des Scythes et des Celtes.

D'après *Justin* et *Horace*, les *Scythes*, aujourd'hui les *Tartares*, avaient des mœurs et des vertus dignes de servir d'exemples. Cependant on pourrait jeter quelques doutes sur les éloges que leur donnent ces deux auteurs, si, comme l'assure *Hérodote*, ces peuples ignoraient l'agriculture; si leurs fils ne pouvaient se marier qu'après avoir tué un ennemi; s'ils buvaient avec plaisir dans les crânes de ceux qu'ils massacraient; s'ils immolaient des victimes humaines. Ce peuple, connu sous différens noms, a ravagé les plus belles contrées de l'univers.

Les *Celtes* sont appelés *Gomérites* par les savans, comme descendans de *Gomer*, petit fils de *Noé*. Ce peuple, quoiqu'avec le même fond de mœurs que les Scythes, est moins féroce qu'eux. Il s'est illustré sous les Romains. À en juger par la ressemblance des mœurs, des coutumes et des opinions, on dirait que tous les peuples de l'Europe tirent leur origine des *Celtes* (1).

---

(1) Le but de cet ouvrage n'étant pas de donner des détails sur toute l'histoire, mais seulement de retracer ce qu'il y a de plus utile à retenir; je ne parlerai point des peuples de l'Asie mineure, tels que les Phrygiens, les Troyens, Lyciens, Lydiens, etc.; les jeunes gens les ont assez étudiés dans les auteurs classiques grecs et latins, ils connaissent l'histoire de la guerre de Troie, qui eut lieu douze siècles environ avant notre ère. Ils savent que ces peuples vivaient dans l'opulence et le

HISTOIRE GRECQUE.

THÈSE IX.

Temps fabuleux des Grecs.

Grecs. On reconnaît généralement l'ancienneté des Grecs : ils descendent de *Javan*, fils de Japhet. Dans le principe, vrais sauvages, ils se nourrissaient de glands et se couvraient de peaux.

On croit que, 2000 ans avant notre ère, une colonie égyptienne conquit la Grèce et commença à la civiliser. *Titan, Saturne* et *Jupiter*, regardés depuis comme dieux, étaient, à ce que l'on pense, les chefs de cette colonie. Les villes célèbres d'Athènes, d'Argos, de Sparte, de Thèbes, prirent naissance au sein de la barbarie. Les îles de la mer Egée paraissent avoir été détachées du continent par des tremblemens de terre ou par des déluges ; c'est la cause, assure-t-on, du retard de la civilisation de la Grèce.

Cécrops, égyptien, s'établit en Grèce en 1582 avant J.-C. Il épousa la fille du roi *Actée*, et fonda *Cécropie*, connue sous le nom d'Athènes. Il établit l'Aréopage, tribunal destiné à punir les meurtres. Ce tribunal si célèbre ne

---

luxe ; ils savent que Crésus, Roi de Lydie, possédait des trésors immenses ; et que tôt ou tard ces peuples d'Asie, corrompus par la mollesse, devaient être subjugués par les étrangers que leurs richesses attiraient dans leurs pays. Ils n'ignorent pas non plus que l'Asie fut le berceau de la société et des arts.

rendit jamais, selon *Démosthènes*, un jugement qui ne fût celui de l'équité.

Danaüs, Egyptien, régna à *Argos. Cadmus*,
Phénicien, peupla *Thèbes*.

Le conseil des *Amphyctions* était une ligue
de douze villes, formée par *Amphyction* pour
soutenir leur intérêt commun. Ces villes se
liguèrent peu de temps après *Cécrops*, et après
le déluge de *Deucalion*. Leurs députés se rendaient deux fois par an aux *Thermopyles*. Ce
conseil des Amphyctions devint si célèbre dans
la suite, qu'il jugeait en dernier ressort les affaires des confédérés. Il fut spécialement chargé
de défendre le temple de Delphes.

La destruction de la ville de *Thèbes* fut le
résultat des querelles d'*Etéocle* et de *Polynice*.
Sept Rois se liguèrent contre Etéocle en faveur
de son frère. Ces deux frères finirent par se
tuer l'un l'autre. Malgré l'injustice d'Etéocle,
on regarde comme coupable Polynice, qui alluma le premier la guerre. L'expédition des
Argonautes, dans la Colchide, sur laquelle on
a fait tant de conjectures, est plutôt du ressort
de la poésie que de l'histoire. Ce qu'il y a
de plus étonnant dans cette entreprise, c'est
que les Grecs l'aient pu exécuter avec aussi
peu de ressources pour la navigation.

Les Grecs s'unirent tous pour détruire la
ville de *Troie*, à l'effet de venger l'injure faite
à un Grec. Ce fut la première fois que l'Asie
fut soumise par les Européans : on fixe ordinairement la prise de Troie à l'an 1184 avant
J.-C., et, selon les marbres d'Arundel trouvés
à Paros, cette ville fut détruite en 1209. Ces
marbres, qui ont été gravés 264 ans avant notre

ère, fixent les époques depuis *Cécrops* jusqu'à *Philippe*.

Cette guerre devint très-funeste à la Grèce; elle fut attaquée par des pirates et des brigands qui profitèrent de l'absence des Rois.

Héraclides.

Quatre-vingt-quatre ans après, la Grèce essuya de plus grands malheurs. Les *Héraclides*, descendans d'Hercule, qui avait été lui-même exclu de la couronne, malgré ses exploits, avaient été chassés de la Grèce où ils étaient haïs; voyant leur patrie affaiblie et déchirée, ils y rentrèrent en armes. Ils soumirent *Argos*, *Spartes* et *Mycènes*; la terreur régnait partout. Ce fut à cette époque que plusieurs colonies passèrent dans les îles et sur les côtes de l'Asie mineure; les principales sonts celles des Ioniens, des Éoliens et des Doriens.

Minos

Depuis long-temps Minos régnait en Crète, où il établissait de nouvelles lois. Ces lois, plutôt propres à former des guerriers qu'à former des citoyens paisibles, servirent de modèle à Lycurgue.

Les Grecs de l'Asie mineure furent les premiers instruits, parce qu'ils vivaient dans une contrée plus paisible que celles qu'ils habitaient auparavant. *Homère*, le prince des poëtes, a illustré cette contrée.

Olympiades.

Les jeux olympiques, institués, dit-on, par *Pélops*, étaient les plus remarquables. On les célébrait à Olympie, dans le *Péloponèse*. On rétablit ces jeux 884 ans avant notre ère; ils avaient lieu tous les quatre ans. Ces époques furent appelées olympiades, et marquèrent l'ordre chronologique de l'histoire. La première olympiade commence 776 ans avant J.-C.

Nous voici arrivés à une époque plus intéressante ; nous allons étudier *Sparte* et *Athènes*.

THÈSE X.

De *Sparte* ou *Lacédémone*.

Les Grecs inquiets obéissaient avec peine aux Rois qui se montraient eux-mêmes indignes de leur commander. L'esprit de liberté commençait à naître ; il ne fallait qu'un esprit habile pour le développer. *Sparte* devait donner l'exemple de ce changement ; cette ville était gouvernée tour à tour par deux Rois, depuis la rentrée des Héraclides. Cet État, obéissant à deux maîtres, était exposé à toute sorte de dissensions, lorsque *Lycurgue* parut pour sauver sa patrie, en 898 avant J.-C. Il refusa les horribles propositions de la veuve de son frère, qui voulait faire mourir le fils qu'elle portait dans son sein, s'il consentait à l'épouser. Il voyagea pour étudier les lois et les mœurs des nations ; deux Rois régnèrent à Sparte, dont l'un était son neveu. Les Spartiates désiraient son retour pour réformer leur mauvaise constitution. Il revint, créa de bonnes lois soutenues par les mœurs, sans lesquelles rien n'est durable ; il mit les biens en commun pour bannir les richesses et la pauvreté. On mangeait à des tables publiques, vrai moyen de maintenir la frugalité. Le vol était autorisé ; cependant on châtiait sévèrement le voleur qui était surpris. Lycurgue voulait par là habituer les Spartiates aux ruses de la guerre.

Sparte se dirigea si bien par les lois de ce

célèbre législateur, qu'elle fut pendant long-temps l'arbitre de ses voisins. Il est douloureux d'avoir des reproches à faire à ce peuple, qui aurait été digne de commander à l'univers ! Qui peut voir sans frémir leur barbarie à l'égard des enfans infirmes ou d'une faible complexion ! Ils les fesaient périr pour n'avoir que des hommes bien faits et robustes. Ils exerçaient encore leur cruauté envers les Ilotes, peuple voisin, qu'ils avaient réduit en esclavage. Combien les éloges qu'ils méritent seraient plus grands, s'ils n'avaient pas été privés de cette vertu, la première de toutes, l'humanité. Plusieurs écrivains attribuent à *Lycurgue* l'établissement des Ephores ; cependant on place ordinairement cette institution cent trente ans après Lycurgue. Ce fut le Roi *Téopompe* qui établit les Ephores, pour diminuer le pouvoir du sénat.

Éphores.

L'histoire de Lacédémone, depuis Lycurgue jusqu'à l'invasion des Perses, offre peu de choses remarquables. Elle eut deux fois la guerre avec les Messéniens.

Belles paroles du Roi Léon.

Quelqu'un demandait à Léon, un des Rois de *Sparte*, sous quel gouvernement les hommes pouvaient être le plus en sûreté ; il répondit : *Sous celui où les sujets ne sont ni riches, ni pauvres, où la probité trouve beaucoup d'amis et où la fraude n'en trouve aucun.*

Nous devons actuellement nous occuper d'*Athènes*, qui devint la rivale de *Sparte*.

THÈSE XI.

République d'Athènes. Solon. Pisistrate.

THÉSÉE forma de l'Attique un gouverne- *Athènes.*
ment, vers l'an 1259 avant J.-C., dont Athènes était la capitale. Cette espèce de république, formée de trois classes, subsista jusqu'au
Roi Codrus, qui se dévoua à une mort glorieuse
pour la patrie.

Les querelles des deux fils de Codrus furent *Archontes.*
cause que les Athéniens abolirent la royauté,
nommèrent Jupiter pour leur Roi, et établirent les archontes, magistrats chargés du gouvernement. Le premier des neuf était nommé
archonte. Dracon fut le premier législateur
d'Athènes, 624 ans avant J.-C.: ses lois furent
trop sévères. Sous des lois aussi impraticables,
les citoyens se divisèrent, on ne vit que dissensions. Dans ces conjonctures pénibles, *Solon* fixa la confiance de tout le monde, en 594.
D'une famille illustre, instruit dans la philosophie, aimable et bon citoyen, il eût établi
de bonnes lois, s'il n'avait pas voulu contenter
tous les partis. Il refusa la royauté. Solon, pour *Solon.*
remédier à l'inconvénient auquel ses lois expo-
saient, rétablit l'Aréopage anéanti par Dracon.
On doit préférer ses lois particulières à sa forme
de gouvernement. Ceux qui veulent connaître les principes de la société civile doivent les
étudier.

On ignore par qui et à quelle époque fut *Ostracisme.*
établi l'ostracisme, loi qui bannissait pour dix
ans les hommes illustres devenus suspects.

Solon, ennuyé des changemens que le peuple

lui proposait, quitta sa patrie. On lui accord
de s'absenter pendant dix ans. Il revint a
moment que Pisistrate, son parent, opérai
une révolution en sa faveur ; celui-ci parvin
au pouvoir suprême. La modération de Pisis
trate et l'attention qu'il mettait à faire obser
ver ses lois, rapprochèrent Solon de lui. Ce sag
législateur conserva la passion de s'instruir
jusqu'à son dernier moment. *Je vieillis*, disait-
il, *en apprenant beaucoup de choses.* Pisis
trate fut chassé deux fois, et après avoir favo
risé les sciences et les lettres, il mourut laissan
Hipparque et Hippias, ses fils, maîtres de la
couronne, en 514 avant J.-C. Hipparque fut
assassiné par Aristogiton et Armodius, ses
ennemis personnels. Hippias, naturellement
doux, commit les plus grands excès de sévérité.

Aristogiton, à la torture, nomma, au lieu
de ses complices, plusieurs amis du Roi. Il les
fit aussitôt mourir. Une femme nommée *Lé-
cena*, mise à la question, se coupa la langue
avec les dents, de peur que la douleur ne lui
arrachât l'aveu de son prétendu crime. Le
courage de cette femme ranima l'esprit natio-
nal. Le tyran fut chassé, et le gouvernement
rétabli. On doit remarquer que la liberté romaine naquit d'une cause à peu près semblable.
Sparte secourut *Athènes* contre les *Pisistratides* ; mais cette république craignant la ri-
valité des Athéniens, prit quelquefois les
armes pour leur donner de nouveaux maîtres
et même pour rétablir Hippias.

THÈSE XII.

Parallèle de Sparte et d'Athènes. Les sept sages.

Lycurgue et Solon donnèrent à *Sparte* et à *Athènes* des lois tellement différentes les unes des autres, qu'un contraste frappant ne pouvait manquer d'exister entre ces deux villes rivales. A *Sparte*, il fallait être tout à la guerre; toute autre occupation était interdite aux citoyens. A *Athènes*, chaque Athénien devait être soldat; mais il pouvait aussi s'adonner aux arts et aux lettres, pourvu qu'il fît quelque chose, c'était assez. *Lacédémone*, pauvre, exempte d'avarice, n'avait de passion que pour la gloire des armes. *Athènes*, animait, par l'appât des richesses, l'industrie, le commerce et les talens; ainsi elle avait deux choses à conserver, l'état et la fortune. Ici on obéissait d'une manière parfaite; là, au contraire, on se livrait le plus souvent aux caprices de la liberté: on bravait tout. Le Spartiate, dont l'éducation avait pour but l'austérité, était fier, dur, cruel et barbare: il voulait donner la loi à tout. L'Athénien était doux, vaillant, spirituel, quelquefois inconstant; Athènes fit des actions glorieuses; mais elle fit aussi de grandes fautes qui furent cause de sa ruine. Les Athéniens étaient plus doux que les Spartiates envers leurs esclaves.

Déjà Athènes était célèbre par sa littérature et sa philosophie. Les citoyens studieux employaient leur philosophie au bien de l'état. Plutarque nous a laissé la conversation admirable des anciens sages, sur le meilleur gouvernement populaire ; (1) Ces sages, qu'on nomme les sept sages de la Grèce, sont : *Thalès, Solon, Anacharsis, Bias, Pittacus, Cléobule* et *Chilon.*

THÈSE XIII.

Commencement de la guerre contre les Perses jusqu'à Périclès.

Guerre contre les Perses. Les colonies établies dans l'Asie mineure, quoique soumises au joug de la Perse, poussées par l'esprit de liberté, se soulevaient de temps en temps.

Darius. Darius fils d'Hystaspe, roi du vaste empire de Cyrus, résolut d'asservir la Grèce : les Ioniens qui s'étaient révoltés lui donnèrent le motif de cette entreprise. Darius remporte de grands avantages au commencement de la guerre. Les Perses pénètrent dans l'Attique, sous le commandement de Mardonius, général de peu d'expérience : ils sont battus par les Thraces ; des troupes plus nombreuses leur succèdent. Athènes en danger demande du secours à Sparte : celle-ci par une coutume religieuse doit attendre quelques jours pour mettre ses soldats en campagne. *Platée* seule envoie mille combattans ; les esclaves sont armés pour la première fois. L'armée d'Athènes composée de dix mille hommes, était sous les ordres de dix généraux qui commandaient un jour chacun. Celle des Perses était au nombre de cent mille hommes.

---

(1) Voyez Plutarque, ou Rollin, qui a traduit cette conversation.

Miltiade sauva sa patrie. Le vertueux Aristide seconda l'avis de Miltiade, qui était d'attaquer l'ennemi, au lieu de l'attendre; il lui céda même le commandement lorsque son jour arriva; tous les autres généraux suivirent son exemple. Les Grecs battirent les Perses à la bataille de *Marathon*, 490 ans avant J.-C. *Hippias*, chassé de sa patrie, fut tué dans le combat. Les Perses prirent la fuite. Le lendemain les Spartiates arrivèrent après trois jours de marche forcée. Ils auraient regardé ce retardement comme un opprobre, si la superstition ne les eût excusés. On érigea des monumens à la gloire des morts. La récompense de Miltiade fut d'être placé à la tête de ses collègues dans le tableau qui représentait la bataille de Marathon. Cet illustre général mourut en prison, où il avait été enfermé pour n'avoir pu payer la somme de cinquante talens. Il fut condamné à cette amende parce qu'il avait échoué avec sa flotte en combattant les insulaires qui avaient trahi l'intérêt commun.

Thémistocle, ambitieux et audacieux, rendit *Aristide*, surnommé le juste, suspect aux Athéniens. Il le fait condamner à l'ostracisme : un paysan s'adresse à lui sans le connaître, et le prie d'écrire le nom d'Aristide sur sa coquille, comme on avait coutume de le faire. *Quel tort vous a fait cet homme ?* lui dit Aristide, *aucun*, répondit le paysan ; *mais je suis las de l'entendre appeler le juste.* Ce vertueux citoyen écrivit son nom. Il fut exilé et dit en partant : *Je prie les Dieux de ne pas permettre que les Athéniens aient lieu de se souvenir d'Aristide.*

Thémistocle tourna ses vues du côté de la marine, il la rendit redoutable aux Perses. Sans cette prévoyance les troupes innombrables de Xercés, fils de Darius, eussent soumis la Grèce. Les Spartiates et les Athéniens s'unirent pour s'opposer à ce roi ; Euribiade, général de Sparte, eut le commandement de la flotte. Xercés pénétra jusqu'aux *Thermopyles*; il y fut attaqué par trois cents Spartiates que commandait *Léonidas*; de ces trois cents il n'en resta qu'un seul qui porta la nouvelle de ce combat. Il fut regardé à Lacédémone comme un infâme déserteur. Les *Amphictions* firent mettre, dans la suite, cette admirable inscription aux Thermopyles : *Passant, annonce à Sparte que nous sommes morts ici pour obéir à ses lois.*

Thémistocle fit abandonner la ville aux Athéniens. Tous la quittèrent, excepté quelques citoyens qui aimèrent mieux périr dans la citadelle. Xercés se rendit maître d'Athènes et assouvit sa vengeance sans prévoir la révolution qui le menaçait.

Euribiade ne voulait point livrer bataille à Salamine, et Thémistocle était de l'avis contraire : celui-ci dit avec feu à Euribiade, qui avait le bâton levé sur lui : *frappe, mais écoute.* Touché de cette hardiesse, le général spartiate se rendit. Xercés, trompé par l'avis que Thémistocle lui avait fait donner, attaqua les Grecs malgré les conseils d'Artémise, reine d'Halicarnasse. Aristide s'était joint à Thémistocle pour le salut de la patrie ; il le conjura d'oublier leur inimitié pour ne s'occuper que de l'intérêt public. Celui-ci prisait trop les secours d'Aristide pour les refuser. Les Perses furent complétement battus dans ce combat naval. Le roi prit la fuite : il laissa *Mardonius* avec trois cent mille hommes, pour réparer cette perte. *Artémise* combattit avec tant de courage qu'on disait, que les femmes s'étaient montrées des hommes, et les hommes des femmes.

Mardonius acheva de détruire Athènes : les Athéniens s'étaient encore retirés à *Salamine*. Les Spartiates ayant à leur tête Pausanias, tuteur d'un de leurs rois, se joignirent aux Athéniens, commandés par le célèbre Aristide. Ils livrèrent la bataille de *Platée*, 479 ans avant J.-C. Les Perses furent défaits et Mardonius tué. Depuis, les Perses n'ont plus pénétré en Europe. Comme Lacédémone et Athènes se disputaient le prix de la valeur, pour éviter toute discorde, on l'accorda aux Platéens, du consentement de Pausanias et de Thémistocle. *(Bataille de Platée.)*

Xercès battu en Europe, le fut aussi le même jour en Asie, au combat naval de Mycale, où les Grecs, joints aux Ioniens, détruisirent sa flotte.

Athènes fut rétablie malgré la jalousie de Sparte. Ce fut le commencement de division entre ces deux peuples.

Pausanias, convaincu d'avoir des intelligences avec Xercès, se réfugia dans le temple de Pallas ; n'osant l'en arracher, on en mura la porte, et sa mère s'empressa elle-même à porter des pierres. Thémistocle, accusé d'être complice de Pausanias, se sauva chez Admète roi des Molosses, qui, quoique son ennemi, refusa de le livrer aux Grecs. *(Pausanias.)*

Aristide, chargé des finances, augmenta sa gloire par son désintéressement. Il ne laissa pas en mourant de quoi faire ses funérailles. La république fournit à l'entretien de sa famille.

Cimon, fils de Miltiade, et digne élève d'Aristide, se distingua par sa valeur et accrut la gloire d'Athènes. Il détermina les Athéniens à porter du secours aux Spartiates qui étaient vivement attaqués par les Ilotes révoltés. Cet homme célèbre, injustement exilé, vint secourir les Athéniens contre Lacédémone. Il fut refusé ; mais sa présence devenant de plus en plus utile, on le rappela, du consentement de *Périclès*, son rival. *Artaxercès* fait la paix avec les Grecs, 449 ans avant J.-C. Cette guerre contre les Perses, qu'on appelle *guerre médique*, durait depuis cinquante-un ans.

THÈSE XIV.

Depuis Périclès jusqu'à Philippe, roi de Macédoine.

Périclès   *Périclès*, d'un génie profond, cultivé par l'étude, fit beaucoup de mal à Athènes, sa patrie. Il était grand politique, grand orateur. Toutes ces qualités l'ont mis à la tête des hommes illustres de la Grèce. L'éloquence était le grand instrument de ses desseins. Pour parvenir au gouvernement, il corrompit les Athéniens par des profusions. Il diminua le pouvoir de l'aréopage, orna Athènes d'édifices superbes. Comme le peuple se plaignait de ses dépenses pour les monumens publics, il offrit de les payer à ses dépens, pourvu que les ouvrages portassent son nom. Les Athéniens par vanité ne voulurent pas y consentir et lui permirent de se servir du trésor de la république. *Périclès* s'empare du gouvernement. Des envieux commencent par accuser ses amis pour l'accuser ensuite lui-même. *Phidias* est accusé d'avoir volé l'or qu'on lui avait donné pour faire la magnifique statue de Minerve. Quoique innocent, il meurt en prison. La célèbre Aspasie, (dont Socrate se glorifiait d'avoir été le disciple), maîtresse et ensuite femme de *Périclès*, fut accusée d'impiété ; elle fut sauvée, quoiqu'avec beaucoup de peine, par son éloquence et par les larmes de Périclès. Les philosophes furent aussi persécutés ; *Anaxagore* et ses disciples furent regardés impies pour avoir établi, les premiers, l'existence de Dieu. Périclès engagea ce philosophe à prendre la fuite.

On prétend que pour détourner les accusations de ses ennemis, Périclès ne s'opposa plus à la guerre du Péloponèse, afin d'occuper l'esprit remuant des Athéniens.

Athènes par son orgueil et sa tyrannie s'était attiré la haine de plusieurs villes. Voilà la cause de la guerre du Péloponèse, une des principales époques de l'histoire grecque. Cette ligue contre Athènes fut formée l'an 431 avant J.-C. Périclès détermine les Athéniens à quitter leurs terres, comme au temps de l'invasion des Perses. La guerre continua sans être ralentie par la peste qui ravageait alors l'*Attique*. C'est pendant cette peste affreuse que le célèbre médecin *Hippocrate* exerça son zèle et ses talens (1).

____

(1) Thucydide, un des meilleurs capitaines et des meil-

Périclès, regardé comme l'auteur de tous ces maux, mourut de la peste, après avoir été dépouillé du gouvernement et l'avoir repris à la prière des mêmes Athéniens. Neuf trophées, attestent assez combien sa gloire était grande. Il avait su gouverner les Athéniens pendant quarante ans.

On raconte de lui, qu'étant accablé d'affaires il négligeait *Anaxagore*: celui-ci allait mourir de désespoir; Périclès l'ayant appris, courut le consoler, lui représentant combien ses avis lui étaient nécessaires; ce philosophe lui répondit : *Ceux qui ont besoin de la lumière d'une lampe, ont soin d'y verser de l'huile.*

Alcibiade.
Le jeune *Alcibiade*, d'une famille illustre, et distingué par la beauté de sa figure et par ses richesses, fit rompre le traité qu'avaient fait Athènes et Sparte, après une guerre de dix ans. Capable de se plier à tout selon les conjonctures, il avait été l'élève et l'ami de *Socrate*; il fut sauvé, par ce philosophe, au siège de Potidée où il donna des preuves de sa bravoure. Alcibiade fait entreprendre la conquête de la Sicile, nonobstant les remontrances de *Nicias*. Son but était d'attaquer ensuite *Carthage*.

La Sicile avait en ses rois; entre autre *Hiéron*, loué, malgré ses vices, par les poètes qu'il protégeait, et surtout par *Pindare*, et *Trasybule*, son frère, qui fut chassé du royaume par sa tyrannie, vers l'an 460 avant J.-C. Ce

___

leurs historiens de l'antiquité, garde le silence au sujet d'Hippocrate.

peuple jouissait de la liberté et se rendait déjà redoutable lorsque les Athéniens lui déclarèrent la guerre. Avant le départ d'Alcibiade ses ennemis l'accusèrent d'avoir mutilé les statues de *Mercure*. Sans se déconcerter il demanda un prompt jugement ; les accusateurs le lui refusèrent sous prétexte que la flotte ne pouvait différer de partir. A peine arrivé à Syracuse, il est rappelé pour subir le jugement : il se réfugie à Sparte et se déclare l'ennemi de sa patrie.

Les Syracusains, amollis par l'opulence, auraient sans doute succombé sans les Lacédémoniens et les Corinthiens. Alcibiade les avait engagés à ne pas refuser les secours que demandait Syracuse. Les Athéniens furent taillés en pièces. On comptait tellement à Athènes sur le succès de l'expédition contre Syracuse, que le premier qui annonça la nouvelle de la défaite fut mis à mort.

Alcibiade s'attira la haine d'Agis, roi de Sparte, pour avoir débauché sa femme ; ayant appris qu'on voulait le faire périr, il se réfugia auprès de Tissapherne, satrape de Sardes, sous le règne de *Darius Nothus* (le Bâtard). Il conseille à ce satrape d'entretenir la division chez les Grecs. Alcibiade, rappelé par les Athéniens pour exterminer les quatre cents tyrans qui gouvernaient la république, remporte plusieurs victoires éclatantes et devient l'idole du peuple.

Athènes aurait pu alors terminer une guerre qui durait depuis vingt-cinq ans, en accordant à Sparte la paix qu'elle demandait.

Lysandre, digne d'être opposé à Alcibiade,

obtint du jeune *Cyrus*, fils du roi de Perse, qui gouvernait l'Asie mineure, une somme d'argent pour augmenter la paie des soldats. Il battit les Athéniens commandés par Antiochus pendant l'absence d'Alcibiade. Athènes, irritée de cette défaite, déposa Alcibiade et mit à sa place dix généraux; nouvelle inconstance de ce peuple. Ces mêmes généraux sont condamnés à perdre la vie pour n'avoir pas enterré les morts après la victoire des Arginuses. *Socrate* fut le seul qui s'opposa à cette injustice. Lysandre, rappelé à la sollicitation des alliés et des Perses, défit les Athéniens à *Ægos-Potamos*. La république d'Athènes, assiégée par mer et par terre, se soumit aux conditions les plus honteuses.

Ainsi finit cette guerre cruelle de vingt-sept ans, que la jalousie fit naître.

Lysandre corrompit Lacédémone par son ambition, en y introduisant les richesses; cependant cette ville jouissait de la liberté, tandis qu'Athènes était opprimée sous ses trente tyrans, dont elle fut délivrée par Thrasybule. Avant cette époque, Alcibiade fut tué à la cour du roi de Perse, par des satellites envoyés de Sparte qui le redoutait encore. N'osant entrer dans sa maison ils y mettent le feu; Alcibiade sort l'épée à la main, repousse les satellites et est accablé de traits dans sa fuite. Cet infortuné capitaine fut malheureux par sa faute, en suivant ses passions plutôt que les conseils de *Socrate*. Il fut aussi le fléau de la Grèce.

Athènes se déshonora par le procès infâme de Socrate; ce vertueux philosophe, le pre-

mier, dit Cicéron, qui ait fait descendre la philosophie du ciel, s'était livré au soin de former
la jeunesse ; il méprisait les sophistes. *Anytus*
et *Mélitus* jurèrent sa perte ; *Aristophane*, irrité de ce qu'il donnait la préférence aux tra-
gédies d'Euripide et à ses comédies qui ne res-
piraient que la licence , se joignit au complot.
Mélitus accusa ce philosophe de corrompre la
jeunesse, et d'introduire de nouvelles divinités ; cependant rien de plus absurde ; *Socrate* croyait à l'existence d'un Dieu. On le
condamna à boire de la ciguë, 400 ans avant
J.-C. Ses amis lui conseillaient de s'échapper
de la prison ; il refusa, disant que ce serait
désobéir aux lois. Avant de boire la ciguë, ce
grand homme s'entretient avec ses amis de
l'immortalité de l'âme : il les console, et après
avoir avalé le poison sans émotion, il prie *Cri-
ton*, l'un de ses disciples, d'acquitter un vœu
qu'il devait à *Esculape*, en lui sacrifiant un
coq. Dans cette affaire le peuple se montra
plus cruel que les trente tyrans qui respectèrent toujours *Socrate*, quoiqu'il détestât leur
manière de gouverner. Les Athéniens se repentirent bientôt d'avoir fait mourir aussi injustement un homme qui ne méritait que des
récompenses ; ils rendirent des honneurs à sa
mémoire, et punirent rigoureusement les accusateurs. C'était l'habitude de ce peuple de
commettre de grandes fautes et de s'en repentir ensuite.

Le jeune Cyrus, qui, comme nous l'avons
dit, commandait dans l'Asie mineure, voulut
détrôner son frère *Artaxercès Mnémon*, successeur de Darius II, comme fils aîné. Il attire

dans son parti les Spartiates qui lui fournissent treize mille Grecs. En route il est obligé d'augmenter la paie de cette troupe auxiliaire qui trouvait déjà l'entreprise périlleuse. Arrivé près de Babylone où l'on rencontra l'armée du roi, bien supérieure à celle de Cyrus, Cléarque, général de Sparte, l'invitait à ne point exposer sa personne; ce jeune prince lui répondit : *Lorsque je cherche à me faire roi, tu veux que je me montre indigne de l'être.* On en vient aux mains et Cyrus est tué dans le combat; les Grecs se défendent avec courage contre cette armée innombrable, ils refusent de quitter les armes, ils bravent toutes sortes de danger; toujours attaqués et toujours vainqueurs, après avoir fait cinq à six cents lieues, ils arrivèrent dans leur patrie au nombre de dix mille. Cette célèbre retraite fut appelée retraite des dix mille (1). Xénophon la commandait; cet homme, habile capitaine et historien illustre, paraît trop prévenu en faveur de Cyrus dont il nous a laissé l'histoire; cette guerre, écrite par lui, doit en quelque sorte nous être suspecte. Après la retraite des dix mille, les Spartiates déclarèrent la guerre aux Perses, parce qu'ils se montraient favorables aux Athéniens; ils y étaient aussi poussés par le désir qu'ils avaient de tirer de l'esclavage les colonies asiatiques.

Agésilas, ayant succédé à son frère Agis, roi de Sparte, fut chargé du commandement de cette expédition, 396 ans avant J.-C. Il fit

---

(1) Voyez Rollin pour les détails de cette retraite. (*Hist. ancienne.*)

rembler les Perses ; on lui accorda pour son
onseil dix capitaines à la tête desquels était
,ysandre. Au moment où il était près de sou-
nettre les provinces de la Perse, la ligue des
;recs contre Sparte le força de venir au se-
ours de sa patrie. *Lysandre* qui commandait
ur l'Hellespont, étant accouru pour étouffer
ette révolte, perdit la vie dans un combat.
;e fameux capitaine qui avait introduit le luxe
ans sa patrie mourut très-pauvre (1).

Agésilas, dissimulant la perte de la bataille de
:nide, que *Conon* général athénien, avait
agnée avec une flotte du roi de Perse, attaque
t défait l'armée de la ligue dans les plaines de
:eronée.

La jalousie de Sparte et d'Athènes fut cause
ue la Perse leur donna quelquefois la loi. Les
.acédémoniens surtout firent un traité hon-
:ux avec le grand roi.

Pélopidas, illustre de naissance et riche,
t *Epaminondas*, son ami, pauvre, mais cou-
ageux, philosophe adonné à l'étude, délivrè-
ent *Thèbes* leur patrie, dont les Spartiates
étaient emparés en pleine paix. On bannit
s citoyens les plus marquans ; Pélopidas fut
u nombre ; celui-ci, à la tête de onze com-
agnons, s'introduit dans la ville, égorge les
nagistrats assemblés dans un festin (2). On

Pélopidas
et
Epaminondas.

---

(1) On rapporte que deux citoyens très-riches ayant
onnu la pauvreté de Lysandre, refusèrent ses deux filles
u'ils devaient épouser lorsqu'ils le croyaient dans l'opu-
nce. Les Spartiates indignés de leur conduite infâme
:s firent condamner à une amende.

(2) Une lettre d'Athènes, adressée à l'un d'eux, l'ins-
-uisait du complot ; il refusa de la lire en disant « A
-emain les affaires étrangères. »

force les prisons ; Epaminondas, qu'on avait laissé comme peu à craindre, se joint à eux, des secours arrivent de tous côtés ; les Athéniens viennent au nombre de mille cinq cents, on chasse les ennemis et Thèbes est libre. L'armée spartiate aurait pu conserver cette ville si elle eût fait un peu plus de diligence.

Les Thébains battirent les Spartiates à *Tégyre*. La Grèce, fatiguée de cette guerre, envoya des députés à Lacédémone ; Epaminondas y soutint vivement l'indépendance de sa patrie ; Agésilas lui dit d'un ton impérieux : *faut-il donc laisser la Béotie indépendante ?* Le Thébain lui répondit de la même manière : *faut-il donc laisser la Laconie indépendante ?* Le Lacédémonien, irrité d'une pareille réponse, raya le nom de Thèbes du traité qu'on se disposait à faire, et cette ville fut par crainte abandonnée des autres villes. Elle eût sans doute succombé sous les efforts de la Grèce réunie, sans le patriotisme d'Epaminondas et de Pélopidas ; celui-ci commandait le *bataillon sacré*, composé de trois cents jeunes héros, qui avaient juré de se défendre jusqu'à la mort. Celui-là, était général des armées qui défendirent les Spartiates à *Leuctres*, 370 ans avant J.-C. Comme on lui annonçait de mauvais augures au moment qu'on se mettait en campagne, il répondit en citant ce vers d'Homère : *Défendre sa patrie est le meilleur présage.*

Epaminondas et *Pélopidas*, nommés gouverneurs de la Béotie, pénètrent en *Laconie* ; *Agésilas*, renfermé dans Sparte, ne voulut pas livrer un combat qui eût exposé la république. Cependant cette ville n'aurait pas fait

une forte résistance (1), si Epaminondas, craignant l'envie et la haine, ne l'avait ménagée
par respect. Il se retira content de l'avoir humiliée. Ces deux illustres héros éprouvèrent,
à leur retour, l'ingratitude des Thébains. Ils
leur firent un crime d'avoir gardé le commandement quatre mois au-delà du terme prescrit
par la loi; l'accusation portait la peine capitale.
Epaminondas dit pour défense, qu'il consentait
à mourir pourvu qu'on lui laissât la gloire de
ses campagnes; et qu'on déclarât qu'il les avait
faites sans l'aveu de la république. Il fut ad-
miré et non condamné. Ses ennemis lui firent
donner, pour l'humilier, un emploi subalter-
ne, qu'il remplit avec soin en disant, *que les
charges honoraient le citoyen; mais que le citoyen honorait aussi les charges.*

Pélopidas, étant prisonnier d'Alexandre,
tyran de *Phères*, fut sauvé par *Epaminondas*;
il périt quelque temps après dans un combat
où il cherchait l'occasion de tuer lui-même
Alexandre de Phères. Ce tyran fut assassiné
dans la suite (2). *Mantinée* et *Tégée*, villes
d'*Arcadie*, étaient en guerre civile; les Thébains protégèrent les Tégéens, et les Grecs les
Mantinéens. *Epaminondas*, élu pour commander l'armée, se dirigea sur Sparte, pénétra jusque dans la place publique; mais de
peur d'être investi par les ennemis, il retourna

____

(1) Presque toutes les villes de la Grèce avaient dé-
serté son parti pour se joindre aux Béotiens.

(2) On assure que le tyran de Phères, s'amusait à faire
enterrer des hommes vivans, à en faire déchirer d'autres par des chiens, après les avoir revêtus de peaux de
bêtes.

sur ses pas. Les Grecs alliés le poursuivent, on en vient aux mains près de Mantinée. *Epaminondas*, après avoir fait des prodiges de valeur, reçoit une blessure mortelle. On le transporte au camp ; les médecins assurent qu'il mourra dès qu'on ôtera le fer de sa plaie. Il s'informe du succès du combat, demande son bouclier ; on le lui apporte ; il apprend que les Thébains ont gagné la victoire ; il console les officiers, ajoutant qu'on ne devait pas regarder ce jour comme le dernier de sa vie ; que c'était le comble de sa gloire ; qu'il mourait content, en laissant Thèbes triomphante, Sparte humiliée et la Grèce délivrée de l'esclavage. Comme on se désolait de ce qu'il mourait sans enfans : *Leuctres* et *Mantinée* m'en tiendront lieu, dit-il ; il arrache lui-même le javelot et expire aussitôt.

On doit regarder cet illustre capitaine comme un des plus grands hommes de l'antiquité. Il fesait ses délices de la philosophie : on disait de lui : *que personne ne savait plus et ne parlait moins* (1).

Après *Epaminondas* les Thébains retombèrent dans l'obscurité où ils étaient avant lui. En général, les Thébains sont reconnus stupides.

Après la guerre de *Mantinée*, 362 ans avant J.-C., la paix fut générale dans toute la Grèce ; cependant Sparte ne consentit point au traité d'Artaxercès Mnémon, parce que les Messé-

____

(1) Cicéron le place à la tête des grands hommes de la Grèce : *Epaminondas, princeps, meo judicio, Græciæ. Tusc.* 1, 4.

niens y étaient compris. Pour cette raison ils envoyèrent Agésilas aux Égyptiens qui s'étaient révoltés contre les Perses. Ce général plaça sur le trône *Métanebus*, aux dépens de *Tachus*, son cousin et vrai roi d'Égypte, parce que celui-ci ne l'avait pas nommé généralissime de son armée. Agésilas fut jeté par les vents sur les côtes d'Afrique pendant qu'il retournait; il y mourut. *Iphicrate*, un des derniers capitaines de la république d'Athènes, est célèbre par cette belle réponse à un accusateur qui lui reprochait la bassesse de sa naissance : *La noblesse de ma famille*, lui dit-il, *commence en moi; celle de la tienne finit en toi.* Belle maxime pour ceux qui s'enorgueillissent d'une noble origine dont ils se rendent indignes.

Les iles qui avaient secoué le joug des Grecs, ne conservèrent pas long-temps leur liberté; celles de Rhodes et Délos furent soumises par *Mausole*, roi de *Carie*; ce prince est devenu célèbre par les honneurs qu'Artémise, sa femme, rendit à sa cendre.

THÈSE XV.

Depuis Philippe, roi de Macédoine, jusqu'à Alexandre son fils.

Tandis que la Grèce perdait chaque jour de sa puissance, la Macédoine, dont on avait fait peu de cas jusqu'alors, s'élevait au comble de la gloire. La Grèce n'attendait, pour être subjuguée, qu'un prince habile; elle le trouva dans Philippe, roi de Macédoine. Ce prince avait été conduit en ôtage à Thèbes par Pélo-

Philippe,
roi de
Macédoine.

pidas, lorsqu'il alla apaiser les troubles de ce royaume. Il s'enfuit dans sa patrie où deux concurrens, *Pausanias* et *Argée*, se disputaient le trône du jeune *Amyntas*, son neveu; il gouverna en qualité de tuteur; mais les Macédoniens, pour rétablir leurs affaires, aimèrent mieux un homme qu'un enfant, et le nommèrent roi, 360 ans avant J.-C. Ce politique profond et artificieux discipline les troupes et invente la phalange, corps qui se rendit redoutable à tous ceux qui l'attaquèrent. Philippe n'entreprend rien qu'il n'y ait bien pensé; l'argent était le principal instrument de sa politique. Il soumet quelques petits peuples qu'il attache à ses intérêts.

Le célèbre *Démosthène*, dont l'influence était très-grande chez les Athéniens, s'oppose fortement aux desseins de Philippe contre la Grèce; c'était l'homme qu'il eût le plus à redouter. Cependant cet orateur, en agissant comme si la république avait encore son ancienne valeur, exposa souvent sa patrie aux plus grands dangers.

Les villes voisines du temple de Delphes, fesaient la guerre depuis dix ans aux Phocéens pour avoir labouré les terres qui appartenaient à Apollon. Sous prétexte de religion, Philippe pénètre aux Thermopyles et se déclare contre les Phocéens. Cette guerre fut appelée *sacrée*; il y avait eu une guerre *sacrée* plus ancienne, entreprise par Sparte, à l'effet d'ôter aux Phocéens la garde du temple de Delphes, pour l'accorder aux Delphiens. *Périclès* la fit rendre aux premiers.

Démosthène, par la force de son éloquence,

fait déclarer la guerre à Philippe, contre l'avis du fameux Phocion, habile général et digne disciple de Platon. Les Athéniens sont battus à la bataille de *Chéronée*, où *Alexandre*, fils de Philippe, à peine âgé de dix-sept ans, enfonça le bataillon sacré des Thébains. Après cette perte, ils chargèrent Démosthène du soin de rétablir les mœurs et de pourvoir aux approvisionnemens de la ville. Quoique les conseils de cet orateur n'eussent été que pernicieux à la cause publique, on lui donna une couronne d'or; c'est à cette occasion qu'eut lieu le fameux procès de Démosthène et d'Eschine; les harangues de ces deux orateurs ainsi que leurs résultats sont connus de tout le monde.

Philippe, après avoir régné vingt-quatre ans, mourut assassiné par Pausanias. Ce seigneur, à qui le roi avait refusé justice contre Attale, qui l'avait déshonoré, lui porta le coup mortel au milieu du festin que l'on célébrait pour le mariage de sa fille Cléopâtre. Philippe confia l'éducation de son fils à *Aristote*, à la naissance d'Alexandre, il écrivit à ce philosophe : *Je remercie les Dieux, non pas de m'avoir donné un fils; mais de me l'avoir donné du temps d'Aristote.*

Dans un festin, Philippe mit l'épée à la main contre son fils Alexandre, qui avait jeté une coupe à la tête d'Attale pour venger l'injure que celui-ci lui avait faite en l'appelant bâtard. Alexandre, sans respect pour son père, l'insulte amèrement et se sauve en emmenant sa mère Olympias que Philippe avait répudiée. Ce roi pardonna dans la suite à son fils et le rappela.

Philippe gouverna avec justice. Il y avait un homme qui lui répétait tous les jours, avant de donner audience : *Souviens-toi que tu es mortel.*

Une femme qu'il avait condamnée au sortir d'un festin, lui dit : *J'en appelle à Philippe à jeun.* Il revit son affaire et lui rendit justice.

THÈSE XVI.

D'Alexandre jusqu'au démembrement de son empire par ses généraux.

Alexandre-le-Grand.

La Macédoine avait besoin d'Alexandre pour achever les desseins formés par Philippe. Ce jeune roi, instruit par Aristote, profond en philosophie, politique éclairé, se montrait passionné pour la gloire. L'Iliade d'Homère le suivait toujours. Il était très-jaloux des exploits de son père. *Il craignait,* disait-il, *qu'il ne lui laissât rien à faire.*

A son avénement à la couronne, les Grecs, encouragés par *Démosthène,* se soulèvent, se croyant libres sous un prince âgé de vingt ans. Alexandre, loin d'employer la douceur, comme on le lui conseillait, pour les apaiser, attaque et soumet les Illyriens, les Thraces, etc., et fond ensuite sur la Grèce. Il détruit Thèbes et pardonne à *Timoclée,* dame thébaine, qui ayant été violée par un capitaine, le précipita dans un puits où elle l'avait conduit sous prétexte de lui indiquer son argent et son or qu'on y avait jeté. Il accorde la paix à Athènes. Cette ville avait envoyé des députés pour la demander; Démosthène était du nombre; saisi de crainte en route, il se sépara de l'ambassade.

Alexandre visite Diogène le cynique, qui n'était pas venu le voir, malgré l'exemple des autres philosophes. Il admire sa fierté et sa pauvreté et dit en le quittant : *Je voudrais être Diogène si je n'étais pas Alexandre.*

Voulant venger, disait-il, la Grèce si souvent insultée par les Perses, il se fit nommer généralissime de l'armée qu'on devait envoyer contre eux. Il laisse Antipater gouverneur de la Macédoine et part avec des vivres pour un mois seulement et soixante-dix talens, comptant beaucoup sur sa fortune et sur la faiblesse du roi qu'il allait attaquer. C'était Darius Codoman qui régnait alors ; possesseur d'un trop vaste empire, il manquait de courage et de politique, quoique ayant de bonnes qualités.

Le Macédonien passe l'Hellespont, arrive en Phrygie ; il rend des honneurs au tombeau d'Achille ; désire d'avoir, comme ce héros, un ami fidèle et un chantre admirable. Son vœu fut exaucé ; il eut des amis qu'il ne sut pas conserver, comme on le verra ; Quinte-Curce nous a laissé l'histoire de ses exploits.

Alexandre passe le Granique en présence des Perses, met en fuite leur armée. Il aurait sans doute échoué, si l'avis de Memnon de Rhodes, capitaine expérimenté de Darius, eût été suivi. Il voulait qu'on ravageât la Phrygie pour affamer les ennemis ; le satrape qui la gouvernait s'y opposa. *Memnon* conseilla ensuite à son roi de porter la guerre chez les Macédoniens, persuadé que les villes d'Athènes et de Sparte ne manqueraient pas de se révolter, pour précipiter la ruine d'Alexandre qu'elles détestaient. Darius le chargea de cette

expédition ; mais il fut tué au siège de Myti-
lène ; et ce projet, le seul qui pût sauver la
Perse, fut abandonné. Les Macédoniens s'emparent de Tarse et de ses richesses. C'est là
qu'Alexandre tout en sueur se baigna dans le
Cydnus et fut attaqué d'une maladie dont il
serait mort sans son courage et l'habileté de
Philippe, son médecin. Parménion, un de ses
meilleurs généraux, trompé par de faux rapports, écrit à Alexandre que son médecin avait
été corrompu par l'ennemi et qu'il devait l'empoisonner. Alexandre montra la lettre à Philippe et avala en même temps la potion qu'il
lui présentait. Son médecin le pria de calmer
ses esprits, lui disant que sa guérison le jus-
tifierait. La force de son esprit le mit hors de
danger. Il donna la fameuse bataille d'Issus,
où il battit les Perses et mit en fuite Darius
qui montra beaucoup de courage en cette affaire. On peut révoquer en doute l'histoire
d'Abdolonyme qu'Alexandre, fit roi de Sidon
après lui avoir fait quitter son jardin. Cependant on lit avec plaisir les sages maximes que
Quinte-Curce met dans la bouche de ce roi.

Parménion s'empare de Damas ; cette ville
renfermait les trésors du roi. Alexandre, au
lieu de poursuivre Darius, marche vers Tyr,
demande à y entrer pour faire un sacrifice à
Hercule ; les habitans s'y opposent. Il se dispose à l'assiéger. Maître de cette place il avait
pour lui la mer et contenait les Grecs dont il
se défiait beaucoup ; il avait raison de les sur-
veiller car il avait trouvé à Damas des députés
d'Athènes, de Thèbes et de Sparte pour prendre avec les Perses des mesures contre lui.

Alexandre fait joindre Tyr au continent par une digue devenue célèbre par la difficulté de l'ouvrage et par les efforts que fesaient les assiégés pour inquiéter les ouvriers. La ville fut prise et détruite. Alexandre offrit son sacrifice à Hercule sur la ruine de Tyr (1).

A la prise de Gaza, ce conquérant, en voulant imiter Achille, souilla la gloire de ses armes : après avoir vendu ou passé au fil de l'épée tous les habitans de cette ville, fait attacher par les talons, à un char, Bétis qui l'avait courageusement défendue, et le fait traîner autour de Gaza jusqu'à ce qu'il rende le dernier soupir.

Alexandre passe en suite en Egypte ; il y est reçu avec joie ; les Perses y étaient méprisés parce qu'ils ne permettaient pas aux Egyptiens de suivre leur religion. Le Macédonien les laisse vivre à leur fantaisie. Il va au temple de Jupiter Ammon, à travers des sables brûlans qui avaient vu périr 50,000 hommes de Cambyse, et se fit reconnaître fils de Jupiter. Ce qu'il fit de plus mémorable en Egypte fut la fondation d'Alexandrie, qui devint l'entrepôt du commerce.

Ce nouveau fils de Jupiter, enorgueilli du succès de ses armes, refusa les propositions avantageuses que Darius lui fesait pour la

---

(1) Josephe, historien juif, rapporte qu'il dirigea sa marche sur Jérusalem dans le dessein de la traiter comme Tyr, parce qu'elle lui avait refusé des vivres. Alexandre, à la vue du grand prêtre Jaddus, qui s'était avancé vers lui en habits pontificaux, se prosterna pour adorer le nom de Dieu que ce pontife portait écrit sur une lame d'or.

seconde fois. Il lui offrait dix mille talens, sa fille en mariage, et tous les pays situés entre l'Euphrate et l'Hellespont. Le prudent Parménion lui disait qu'il n'y avait pas à balancer, et qu'il accepterait s'il était Alexandre : *Et moi aussi*, répondit le roi, *si j'étais Parménion.*

Bataille d'Arbelles.

Il donna la fameuse bataille d'Arbelles, 331 ans avant J.-C. Darius eut quelque temps l'avantage, et *Parménion* était en danger : celui-ci redoubla de courage en apprenant qu'Alexandre était vainqueur de son côté, et la victoire fut aux Macédoniens. Le roi de Perse fit des prodiges de bravoure, mais il fut entraîné par son armée qui était en fuite. Le nombre des morts, du côté des Perses, fut de trois cent mille, et celui des Macédoniens de douze cents environ.

Darius, prince malheureux et victime de l'ambition d'Alexandre, meurt assassiné dans sa fuite par Bessus, un de ses satrapes, qui l'avait trahi. En mourant il chargea un Lacédémonien de remercier son roi des bontés qu'il avait eues pour sa mère, sa femme et ses enfans.

Babylone, Persepolis et plusieurs autres villes très-riches, étaient au pouvoir des Macédoniens. Leurs richesses ne servirent qu'à corrompre ces fiers conquérans. Alexandre, lui-même se livre à la plus affreuse débauche, vice qui va lui faire commettre des actes d'ingratitude et de cruauté.

Philotas, fils de l'illustre *Parménion*, instruit d'une conspiration formée dans l'armée, néglige d'en donner avis à Alexandre. Il est conduit au supplice comme un traître ; Philotas s'était attiré la haine de son Roi, plutôt par une fierté imprudente que par cette négligence. Alexandre fait assassiner Parménion, à qui il devait une partie de ses victoires, de peur qu'il ne vengeât la mort de son fils. Malgré ces actions horribles, le soldat avait une si grande admiration pour Alexandre que, d'un seul mot, il apaisait les séditieux.

Il continue ses conquêtes; il passe dans la *Bactriane* et la *Sogdiane*, où *Bessus* s'était fait nommer Roi. Alexandre fait mourir cet assassin de Darius; il bat les Scythes qui passaient pour le peuple le plus guerrier. Il est difficile de croire tout ce que Quinte-Curce raconte de cette nation; cet auteur, qui a plutôt écrit un roman qu'une histoire, nous assure que Thalestris, reine des Amazones, vint trouver le Roi de Macédoine pour avoir de sa postérité. On sait que l'histoire de ces Amazones, femmes guerrières, n'est qu'une fable.

Clitus, ce fier capitaine qui s'était couvert de gloire sous Philippe, indigné des éloges que se donnait Alexandre, en rabaissant les exploits de son père, s'oublia jusqu'à l'offenser par des traits de mépris: le monarque irrité le tue d'un coup de javeline. Bientôt les remords s'emparent de lui, il ne veut plus vivre et refuse toute nourriture; mais ses courtisans viennent à bout de le rassurer, en décidant, par un décret, que le meurtre de Clitus était un acte de justice. La liberté commençait à fuir ces cœurs avilis par les richesses et la débauche.

Callisthène fut jeté dans un cachot, où il mourut, pour n'avoir pas voulu rendre les honneurs divins à Alexandre; on le supposa complice d'Hermolaüs, chef d'une conspiration. On voit, par la conduite de ce philosophe, que tous les Lacédémoniens n'avaient pas perdu le caractère de leurs anciennes mœurs.

Non content des vastes contrées qu'il venait de soumettre, cet ambitieux conquérant voulut subjuguer l'Inde, à l'imitation d'Hercule et de Bacchus; il essuya dans cette nouvelle guerre des dangers qui exercèrent sa valeur.

Taxile, un des Rois de l'Inde, vint lui faire sa soumission; Alexandre lui accorda son amitié.

Alexandre dirige ses armes vers Porus, autre Roi indien, qui l'attendait, à la tête d'une armée nombreuse, sur le bord de l'Hidaspe, passe l'Indus, arrive à l'Hidaspe, traverse ce grand fleuve en trompant l'ennemi, attaque et met en déroute les Indiens malgré le courage de leur Roi et leurs éléphans. Maître du champ de bataille, il ordonne d'épargner Porus qui avait combattu en héros; on le fait prisonnier; le vainqueur lui demande comment il veut être traité? *En Roi*, lui répond Porus. C'est donc en *Roi* que je veux te traiter, ajoute Alexandre. Il lui rend ses États, et par ce trait magnanime, il se fait du monarque indien un allié fidèle.

Après tant d'exploits et de fatigues, ses soldats ne veulent plus le suivre; il retourne sur ses pas, s'embarque sur l'Indus pour voir l'Océan. Les pilotes furent effrayés du flux et du reflux, phénomène qu'ils ne connaissaient pas. Le seul fruit qu'Alexandre retira de cette guerre, fut la gloire d'avoir exécuté

me entreprise aussi incroyable ; c'est à quoi
l tendait.

Revenu en Perse, il fit punir plusieurs gou-
erneurs qui avaient occasioné des désordres
endant son absence. Il épouse deux princes-
es du sang royal, engage les Macédoniens à
'unir à des femmes perses, pour lier plus
troitement les deux peuples.

Il se disposait à faire de nouvelles conquê-
es, lorsqu'il mourut à Babylone d'un excès
e vin, 323 ans avant J.-C.; il était âgé de
ente-trois ans ; l'exemple de son favori Ephes-
on, mort auparavant de la même manière,
e l'avait pas rendu plus tempérant.

On raconte que ses capitaines lui ayant de-
andé à qui il voulait laisser l'empire, il ré-
ondit : *Au plus digne ;* en disant qu'il pré-
oyait que ses funérailles seraient sanglantes.
n effet, le résultat de tant de conquêtes ne fut
e guerres civiles.

Alexandre, magnanime et généreux, aurait
rvi d'exemple aux héros, si le vice ne l'avait
as corrompu.

On cite la belle réponse d'un pirate, auquel
demandait quel droit il avait d'infester les
ers : *Le même que toi d'infester le monde,*
i dit-il ; *mais on m'appelle brigand, parce
e je le fais avec un petit navire, et l'on te
mme conquérant, parce que tu le fais avec
e flotte.*

On assure que des brachmanes, le voyant
sser à la tête de son armée, frappèrent la
re du pied. Alexandre demandant ce que
nifiait ce mouvement, ils lui firent enten-
e qu'il ne différait pas des autres hommes

par la nature, qu'il mourrait et qu'il ne pos-
séderait que l'espace nécessaire à sa sépulture.
Il reçut cette leçon de philosophie en bonne
part ; mais il n'en profita pas, comme on l'a
vu. La moralité a peu de pouvoir sur les âmes
ambitieuses.

Quelques auteurs assurent qu'Alexandre
approuva, d'autres qu'il rejeta l'idée gigantes-
que de Dinocrate ; cet architecte voulait tail-
ler le mont Athos en une statue représentant
Alexandre tenant de la main droite une ville
de dix mille habitans, et versant, de la gauche,
une rivière dans la mer. Il refusa selon les
uns, parce que le mont Athos était assez célèbre par la folie de Xercès, sans y ajouter la
sienne ; selon les autres, il ne renonça à ce
dessein chimérique, que parce qu'il aurait été
difficile de fournir des vivres à cette ville.

Quoique Alexandre, qui fut appelé le Grand,
mérite plus de blâme que d'éloges, on ne sera
pas fâché, peut-être, de lire ici ce que pense
de lui l'illustre *Montesquieu*.

« S'il est vrai, dit-il, que la victoire lui
« donna tout, il fit aussi tout pour se procu-
« rer la victoire. Dans le commencement de
« son entreprise, il mit peu de chose au hasard ;
« quand la fortune le mit au-dessus des évé-
« nemens, la témérité fut quelquefois un de
« ses moyens..... Il résista à ceux qui vou-
« laient qu'il traitât les Grecs comme maîtres
« et les Perses comme esclaves ; il ne songea
« qu'à unir les deux nations, et à faire perdre
« les distinctions du peuple conquérant et du
« peuple vaincu..... Il prit les mœurs des Per-
« ses pour ne pas désoler les Perses en leur

« fesant prendre les mœurs des Grecs...... Il
« semblait qu'il n'eût conquis que pour être
« le monarque particulier de chaque nation
« et le premier citoyen de chaque ville..... Sa
« main se fermait pour les dépenses privées;
« elle s'ouvrait pour les dépenses publiques.
« Fallait-il régler sa maison? c'était un Macé-
« donien. Fallait-il payer les dettes de ses sol-
« dats, faire part de sa conquête aux Grecs,
« faire la fortune de chaque homme de son
« armée? il était Alexandre. Il fit deux mau-
« vaises actions : il brûla Persépolis, et tua
« Clitus. Il les rendit célèbres par son re-
« pentir, de sorte qu'on oublia ses actions cri-
« minelles pour se souvenir de son respect
« pour la vertu. »
On pourrait ajouter à ces deux actions cri-
minelles que lui reconnait Montesquieu, la
mort de Parménion et de son fils, et autres. Mais
aussi on doit reconnaître son respect pour la
vertu, dans la conduite qu'il tint à l'égard de
la femme de Darius et de sa famille.

THÈSE XVII.

Depuis la ligue du Péloponèse, jusqu'à celle des Achéens.

TANDIS qu'Alexandre étendait au loin ses
conquêtes, la Grèce fit quelques efforts pour
recouvrer sa liberté. Lacédémone donna le signal du soulèvement; mais Antipater, gouverneur de la Macédoine, dissipa bientôt cette
ligue, en remportant une grande victoire sur
les alliés; les Grecs perdirent alors tout espoir
de se rendre libres.

Quelque temps après, Harpale, qui gouvernait Babylone, craignant, à cause de ses concussions, le retour d'Alexandre, alors dans l'Inde, se retira à Athènes avec cinq mille talens. Il se servit de ses trésors pour corrompre les orateurs ; *Phocion* seul lui résista. Alexandre n'avait pu le corrompre.

Démosthène se laissa gagner par Harpale : le peuple fut indigné de cette bassesse, et l'Aréopage le condamna. Il s'évada de la prison où il avait été mis pour l'amende, et montra dans son exil une pusillanimité méprisable. Harpale fut chassé par les Athéniens, lorsque Alexandre se disposait à venir les punir de leur témérité.

A la mort d'Alexandre, les Athéniens, se croyant libres, ne respirent que guerre et vengeance ; le prudent Phocion ne peut les contenir. Démosthène, encore exilé, soulève le Péloponèse ; il est comblé d'honneurs ; la guerre est déclarée.

Antipater, après quelques défaites, secouru par les généraux qui venaient d'Asie, les soumit entièrement. Démosthène devait lui être livré ; mais il prit la fuite et s'empoisonna de peur de tomber au pouvoir de ses ennemis.

Cet illustre orateur fut cause d'une partie des malheurs de la Grèce ; elle les aurait évité si elle avait suivi les conseils du sage Phocion.

On doit remarquer que les Grecs auraient pu facilement recouvrer leur ancienne indépendance, si, au lieu de se soulever de suite après la mort d'Alexandre, ils avaient attendu l'époque de leur division qui était inévitable.

Les généraux d'Alexandre firent de son empire le théâtre de la guerre et du carnage ; l'Eta était divisé; partout se montraient les horreurs de la guerre civile. Polysperchon voulut s'attacher les Grecs en rétablissant la démocratie. Les esprits se réveillèrent et se livrèrent à de nouvelles injustices; ils condamnèrent Phocion, sans respect pour son âge, sa gloire et ses services, à boire la ciguë; en mourant il fit dire à son fils de pardonner aux Athéniens. Ce philosophe égalait Socrate en sagesse; mais il le surpassait par son habileté dans les fonctions publiques.

Enfin Cassandre s'empare du port de Pyrée, impose la loi aux Athéniens, et rétablit le gouvernement aristocratique. Démétrius de Phalère, disciple de Théophraste, est mis à la tête du gouvernement; il gouverna dix ans et fit le bonheur du peuple. Il disait que le discours a autant de force dans le gouvernement, que les armes dans la guerre; il réforma les mœurs; il fut cependant traité d'une manière indigne par ce même peuple qu'il rendait heureux depuis dix ans.

Démétrius Poliorcète, fils d'Antigone, se présente à Athènes, et annonce qu'il est envoyé par son père pour leur rendre la liberté et rétablir la démocratie. Il fut reçu avec tant de joie qu'on lui donna le titre de *Dieu Sauveur*. On l'accusa d'avoir tenu garnison macédonienne dans la citadelle. *Phocion* avait été accusé du même crime. Ces deux prudens capitaines pensaient que c'était un frein nécessaire pour arrêter le peuple. Ses statues, au nombre de trois cent soixante, sont renversées. Condamné à mort par contumace, il se retira en Egypte auprès de Ptolémée, qui lui accorda son amitié. Là, il augmenta sa gloire par des ouvrages littéraires sur la politique et la morale.

Les Athéniens montraient tant de bassesse à l'égard de Poliorcète, qu'il les appelait des *lâches*, nés pour l'esclavage. Ce n'était plus le même peuple qui s'était couvert de gloire sous Aristide et Thémistocle.

La guerre des successeurs d'Alexandre n'offre qu'un tableau de batailles et de meurtres. Le jeune Roi Alexandre, Roxane et toute sa famille meurent assassinés. La bataille d'Ipsus, donnée en 301 avant J.-C., décida du sort de l'empire. Antigone y fut tué, et son fils Démétrius Poliorcète, comptant sur la reconnaissance des Athéniens, se présente à eux : on lui ferme les portes; cependant, ses affaires prenant une meilleure tournure, Athènes le reçoit; il gouverne ce peuple inconstant avec beaucoup de modération.

Les vainqueurs se partagent l'empire : *Ptolémée* a l'*Égypte*, la *Lybie*, l'*Arabie*, la *Célésyrie* et la *Palestine Cassandre*, la *Grèce* et la *Macédoine*; *Lysimaque*, la *Thrace*, la *Bithynie* et quelques autres provinces; *Séleucus* le reste de l'Asie jusqu'à l'Indus. Le royaume de ce dernier, le plus grand des quatre, est appelé *royaume de Syrie*, parce que *Séleucus* y bâtit Antioche, qui devint la résidence des Séleucides.

Poliorcète porte du secours à l'un des deux fils de Cassandre, qui se disputaient la succession; il se fait nommer Roi de Macédoine. Il mourut ensuite de chagrin et de débauche, après avoir été détrôné par *Lysimaque* et *Pyr-*

rhus. Nous verrons ce fameux Pyrrhus, Roi d'Epire, en guerre avec les Romains.

Poliorcète s'était distingué au siége de Rhodes, qui dura un an. Ayant fait la paix, les Rhodiens tirèrent trois cents talens des machines de guerre que leur donna *Démétrius*. On fit avec cet argent le fameux colosse du Soleil, haut de cent cinquante pieds ; il fut renversé par un tremblement de terre 66 ans après. Démétrius protégea le peintre *Protogène*, qui, pendant le siége, avait travaillé sans crainte.

Ptolémée Soter, successeur d'Alexandre, fesait fleurir l'Egypte ; il fonda cette fameuse bibliothèque, où l'on comptait à la fin sept cent mille volumes. La tour du Phare fut construite pour éclairer les vaisseaux pendant la nuit. Ptolémée abdiqua en faveur de son fils, Ptolémée Philadelphe, qui fit mourir Démétrius de Phalère, pour avoir conseillé à son père de ne point abdiquer la couronne.

Lysimaque s'attira par sa cruauté la haine de ses principaux officiers qui engagèrent *Séleucus* à lui déclarer la guerre. Il fut tué sur le champ de bataille ; et Séleucus, maître de ses états, fut ensuite assassiné. Séleucus, nommé Nicator, à cause de ses victoires, était le protecteur des lettres. Il renvoya aux Athéniens la bibliothèque que Xercès leur avait enlevée.

Les Gaulois profitent de l'état de langueur où se trouvait la Grèce, et y font une irruption 278 ans avant J.-C. Brennus, leur chef, passe les Thermopyles, marche vers Delphes et pille le fameux temple d'*Apollon. Il est juste*, disait-il, *que les dieux fassent part de leurs richesses aux hommes qui en ont plus de besoin qu'eux, et en font un meilleur usage.* Un autre Brennus, à la tête des Gaulois, un siècle avant, avait fait trembler Rome.

Cependant les Gaulois, épouvantés d'un orage accompagné d'un tremblement de terre, sont attaqués et défaits par les Grecs; Brennus, blessé et désespéré, se donna la mort d'un coup de poignard.

THÈSE XVIII.

Depuis la ligue des Achéens jusqu'à la prise de Corinthe par Mummius.

Ligue des Achéens.

Les Grecs, avant d'être soumis par les Romains, nous présentent encore quelques exemples de leur ancienne valeur dans la ligue des Achéens et dans la conduite d'Agis et de Cléomène, qui firent tout pour faire revivre dans leur patrie les mœurs de leurs ancêtres.

L'Achaïe était libre, comme les autres provinces de la Grèce: la ligue, composée de douze villes obscures du Péloponèse, avait été formée pour veiller au maintien de la liberté; mais elle fut rompue sous les successeurs d'Alexandre; chaque ville eut alors son tyran.

Aratus, qui ne respirait que pour la liberté, délivre Sicyone, sa patrie, de la tyrannie de Nicoclès, et la fait entrer dans la ligue des Achéens qui commençait à reprendre son ancienne forme; ce jeune homme, plein de courage, en est nommé le chef. Aratus, vif et hardi pour l'exécution d'une entreprise difficile, était lent et timide à la tête d'une armée, lorsqu'il voyait de sang-froid le danger d'une bataille.

Détestant la tyrannie, il entreprend d'affranchir le Péloponèse, voulant faire de la ligue des Achéens, une barrière redoutable. Les Macédoniens, maîtres de la citadelle de Corinthe, fesaient trembler la Grèce entière. Aratus veut les en chasser ; un homme doit le conduire, par un chemin détourné, au pied de la place, moyennant soixante talens ; il n'avait pas cette somme : il vend sa vaisselle, les joyaux de sa femme, et achète, comme l'observe le judicieux Plutarque, le plus grand péril aux dépens de toute sa fortune, sans que personne sache le secret, et sans autre gage que l'espoir de délivrer sa patrie. Il arrive à la citadelle, quoique située sur un roc escarpé, dissipe la garnison ; et les Corinthiens, le regardant comme leur libérateur, se joignent à la ligue. Aratus ne fut pas aussi heureux dans ses entreprises en faveur d'Argos. Aristippe la gouvernait en tyran ; ce roi cruel, toujours environné de gardes, avait tenté vainement de faire assassiner le sauveur de Corinthe. Il fut attaqué par les Achéens ; il gagna la première bataille ; mais il fut tué à la seconde. Argos tomba sous le joug de Lysiade, tyran de Mégalopolis ; cependant ce nouveau Roi, à l'exhortation d'Aratus, abdique la couronne et joint la ville à la ligue. Les Achéens étaient protégés par le Roi d'Egypte, contre la Macédoine.

Agis, Roi de Sparte, descendant du célèbre Agésilas, résolut de réformer les désordres et la mollesse de ses sujets, en rétablissant les lois de Lycurgue ; mais les circonstances n'étaient pas propres à une telle réforme. Léonidas, son collègue, s'y opposa ; accusé d'avoir violé les lois, on le remplace par Cléombrote, son gendre, qui favorise les projets d'Agis. Les Achéens ayant demandé du secours aux Spartiates, pour s'opposer aux Étoliens qui les menaçaient, Agis, à la tête de soldats bien disciplinés, partit pour les défendre. Il retourna sans combattre, Aratus ayant jugé à propos de ne pas attaquer les ennemis.

A son retour, les affaires avaient changé de face ; Cléombrote est chassé et Léonidas rappelé. Agis se réfugie dans un temple : il est pris, condamné et livré au supplice. Sa mère et son aïeule, qui étaient venues le voir dans sa prison, sont égorgées sur son cadavre. Telles étaient les horreurs auxquelles se livrait ce peuple si magnanime auparavant.

Léonidas étant mort, Cléomène, son fils, qui avait épousé la veuve d'Agis, homme vif et ambitieux, suivit les projets de son beau-père ; il y était poussé par sa femme. Il fait la guerre aux Achéens, parce que ceux-ci voulaient forcer Sparte d'entrer dans leur ligue. Aratus refuse la bataille ; Cléomène, fier de ce refus, répétait souvent ce qu'avait dit un roi de Sparte : *Les Spartiates ne demandent point quel est le nombre des ennemis, mais où ils sont.* A la vérité, Aratus avait vingt mille hommes, tandis que lui n'en avait que cinq mille. Tout en voulant remettre les anciens usages, il se livra à toutes sortes d'excès. Il voulait dominer sur les Achéens. Aratus appelle les Macédoniens à son secours : il leur remet, pour gage, la citadelle de Corinthe ; on ne pouvait leur en donner un plus grand.

Cléomène avait remporté plusieurs victoires sur Antigone-Doson, roi de Macédoine, allié des Achéens ; mais il fut complétement battu à la fameuse bataille de Sélasie. Philopémen de Mégalopolis contribue beaucoup à la victoire, en attaquant un corps de Lacédémoniens, malgré la défense des officiers supérieurs et du Roi même.

Cléomène conseillé aux Spartiates de recevoir Antigone, et se retire en Egypte auprès de Ptolémée Evergètes, pour ne pas subir la loi du vainqueur (1).

Etant devenu suspect sous le règne de Ptolémée Philopater, et se voyant sans ressources, il trompe ses gardes (car il était gardé à vue) et court dans les rues d'Alexandrie, avec treize amis qui l'avaient suivi, pour faire soulever les habitans ; leur dessein ayant échoué, les Lacédémoniens se tuent les uns les autres pour éviter le supplice qui les attendait. La mère et les enfans de Cléomène furent massacrés ; son corps fut attaché à une croix. Selon Tite-Live, il est le premier tyran de Sparte. Cette république de Lacédémone, autrefois si redoutable, tomba dans l'oubli sous ses tyrans, et la race des Héraclides finit à Agésipolis, successeur de Cléomène.

---

(1) Un de ses amis l'exhortant à mettre fin à ses malheurs par une mort volontaire, il lui répondit que c'était d'un lâche de mourir par la crainte d'une fausse honte, ou par le désir d'une fausse gloire ; qu'il était obligé de vivre pour servir sa patrie, et qu'il lui serait facile de mourir quand tout espoir de la sauver serait perdu.

La ligue des Achéens se soutenait par la prudence d'Aratus; il fut l'ami d'Antigone; il le fut aussi de Philippe, son successeur, qui était allié d'Annibal. Dans la suite Philippe, corrompu par ses courtisans, le fit empoisonner; Aratus dit en mourant : *Voilà le fruit de l'amitié des rois.*

Les Achéens déclarèrent la guerre à Philippe; *Philopémen* augmente la gloire de cette ligue; ce grand capitaine s'était formé par l'étude et par les exercices du corps. Ces villes conservèrent leur liberté, même lorsque les Romains dominaient dans la Grèce, jusqu'à la mort de Philopémen.

Prise de Corinthe.

La prise de Corinthe par Mummius fut la ruine de la liberté des Grecs. Leur pays fut subjugué par les Romains qui le gouvernèrent sous le nom d'Achaïe.

Il ne serait pas inutile de faire ici quelques réflexions sur les arts, les sciences et la littérature des Grecs; mais le plan de cet ouvrage ne le permet pas. Son but est de rappeler les principaux faits historiques à ceux qui, ayant lu l'histoire, peuvent en avoir oublié quelques-uns, et à ceux qui, n'ayant pas le temps ou les moyens de lire les longs ouvrages, sont pourtant obligés de les connaître. Seulement, pour se faire une idée de l'empire que peut avoir une nation qui cultive les lettres sur une autre qui ne les cultive pas, on doit lire l'observation de l'abbé Mably sur les Grecs.

« Ecrasée sous le poids de ses propres di-
« visions et de la puissance romaine, dit-il,
« la Grèce conserva une sorte d'empire, mais
« bien honorable, sur les vainqueurs. Ses lu-

« mières et son goût pour les lettres, la phi-
« losophie et les arts, la vengèrent, pour ainsi
« dire, de sa défaite, et soumirent à leur tour
« l'orgueil des Romains. Les vainqueurs de-
« vinrent les disciples des vaincus, et appri-
« rent une langue que les *Homère*, les *Pin-*
« *dare*, les *Thucydide*, les *Xénophon*, les
« *Démosthène*, les *Platon*, les *Euripide*, etc.,
« avaient embellie de toutes les grâces de leur
« esprit. Des orateurs, qui charmaient déjà
« Rome, allèrent puiser chez les Grecs ce goût
« fin et délicat, peut-être le plus rare des ta-
« lens, et ces secrets de l'art qui donnent au
« génie une nouvelle force ; ils allèrent, en
« un mot, se former au talent enchanteur de
« tout embellir. Dans les écoles de la philo-
« sophie, où les Romains les plus distingués se
« dépouillaient de leurs préjugés, ils appre-
« naient à respecter les Grecs ; ils rapportaient
« dans leur patrie leur reconnaissance et leur
« admiration, et Rome rendait son joug plus
« léger : elle craignait d'abuser des droits de la
« victoire, et, par ses bienfaits, distinguait la
« Grèce des autres provinces qu'elle avait sou-
« mises. Quelle gloire pour les lettres d'avoir
« épargné au pays qui les a cultivées, des maux
« dont ses législateurs, ses magistrats et ses
« capitaines n'avaient pu le garantir ! Elles
« sont vengées du mépris que leur témoigne
« l'ignorance, et sûres d'être respectées quand
« il se trouvera d'aussi justes appréciateurs
« du mérite que les Romains. »

FIN DE L'HISTOIRE ANCIENNE.

HISTOIRE ROMAINE.
THÈSE XIX.

Depuis la fondation de Rome jusqu'aux consuls, substitués aux Rois. De l'an 1er de Rome à 224.

An 1er de Rom. Romulu.. 1er Roi.

Les Romains, comme tous les autres peuples, ont jeté de l'obscurité sur leur origine; à en croire leurs historiens (1), ils sont descendus d'Enée; Romulus, fondateur de Rome, miraculeusement allaité par une louve, avait pour père le dieu Mars. Ce que l'on peut rapporter de plus certain, c'est que Romulus, chef de brigands, meurtrier de son frère Rémus, bâtit des cabanes sur le territoire d'Albe, d'où il était venu; il appelle à lui les malfaiteurs; il attire par des jeux les Sabins, leur enlève leurs filles qu'ils lui avaient refusées auparavant, et les donne pour épouses à ses soldats: il fonde, avec trois mille hommes, un État qui devait dans la suite subjuguer les plus grands royaumes.

Romulus affermit sa ville naissante par les lois et par les armes; il divisa son peuple en trois tribus. Il établit un sénat composé de cent personnes. Il existait trois pouvoirs. Le peuple avait le droit de décider; le sénat confirmait sa décision; le Roi avait le commandement des armées; il convoquait les comices et le sénat; il jugeait les causes les plus importantes, et il

---

(1) *Fabius Pictor* fut le premier historien romain. Il vivait du temps de la seconde guerre punique, près de 5oo ans après la fondation de Rome.

était souverain pontife. On voit que Romulus s'était réservé beaucoup d'autorité.

Rome, entourée de plusieurs villes qui étaient autant de petites républiques comman-dées par un chef, fut obligée d'avoir continuel-lement la guerre ; elle eut de grands succès ; mais *Tatius*, Roi des Sabins, lui donna de l'inquiétude. Ce guerrier redoutable pénétra jusque dans le sein de la ville, et l'aurait dé-truite sans les prières des *Sabines* que les Ro-mains avaient enlevées. Romulus fut forcé de partager le pouvoir avec *Tatius*, en réunissant les deux peuples ; mais le roi d'*Albe* ayant été assassiné six ans après, il ne se fit pas nommer un second collègue. Commençant à gouverner en despote, les sénateurs se défirent secrète-ment de lui, et publièrent qu'il avait été en-levé au ciel. Il avait régné trente-sept ans. Les sénateurs, jaloux de l'autorité, exercèrent pendant un an la puissance royale, en régnant cinq jours chacun. Ils préféraient mal gouver-ner que de se donner un maître.

De Rom. 8. Tatius, Roi d'Albe.

Le peuple, fatigué d'obéir à tant de Rois, força le sénat d'élire un chef. Comme ce corps était composé de Romains et de *Sabins*, les deux partis se disputèrent la couronne ; on convint pourtant que les Romains éliraient et que leur choix tomberait sur un Sabin. *Numa Pompilius*, homme indifférent pour les honneurs et re-tiré à la campagne, fut nommé Roi malgré lui.

De Rom. 39. Numa Pompi-lius, 2e Roi.

Ce nouveau Roi aima la paix comme Ro-mulus avait aimé la guerre. La politique et la piété furent les deux instrumens dont il se servit pour gouverner son peuple. Il feignit des entretiens avec la nymphe *Égérie* ; il éleva un temple à *Vesta* ; des vierges, nommées Vestales, étaient obligées d'entretenir le feu sacré. Elles étaient enterrées toutes vives, lorsqu'elles manquaient à leur honneur. Le nombre de ces vierges était de six.

Numa donne à son peuple le goût de l'agriculture, vrai moyen de le rendre heureux. Il mourut après avoir régné toujours en paix, pendant quarante-trois ans. Ses lois sages et la connaissance qu'il avait d'un Être suprême, ont fait croire qu'il avait été élevé à l'école de Pythagore ; cependant ce philosophe ne parut que sous le dernier Tarquin.

F. Rom. 83.
Tullus Hostilius, 3.e Roi.

Tullus *Hostilius* fut élu successeur de *Numa* ; il ranime l'ardeur militaire des Romains que le sage *Numa* avait su contenir. Les deux peuples se déclarent la guerre pour la prééminence ; on nomme des deux côtés trois frères, les *Horaces* et les *Curiaces*, afin de décider la querelle par un combat singulier. Rome perd deux *Horaces*, mais le troisième vient à bout de vaincre les trois *Curiaces* ; les Romains, par cette victoire, commandèrent aux *Sabins*. Tullus fit juger le vainqueur pour avoir tué sa sœur qui pleurait la mort d'un des *Curiaces*, qu'elle devait épouser. Condamné à mort, il en appelle au peuple, d'après l'avis de *Tullus*, et est absous. On voit par là que le peuple était juge suprême sous ce Roi.

Suffétius, général des *Albins*, coupable de perfidie, fut écartelé par l'ordre d'*Hostilius*. Albe fut détruite, et les habitans transplantés à Rome. *Tullus* battit toujours les villes qui se soulevèrent.

On assure qu'il fut foudroyé par *Jupiter*,

pendant qu'il offrait un sacrifice magique. On croit généralement qu'il fut assassiné.

Ancus Martius, petit-fils de *Numa* par sa mère, fut couronné du consentement du peuple et du sénat. Il se montra digne de son aïeul en suivant les mêmes principes. Quoique zélé pour la paix, il fut obligé de faire la guerre aux Latins qui fesaient des incursions sur les terres des Romains. Il combattit avec gloire et avec succès.

Il fit un pont sur le Tibre pour communiquer avec le mont *Janicule*; il construisit le port d'*Ostie*.

Il mourut, après avoir régné heureusement vingt-quatre ans.

Tarquin, surnommé l'*Ancien*, né en *Tarquinie*, en *Étrurie*, et fils d'un riche négociant de *Corinthe*, s'était établi à Rome; il change son nom de *Lucumon* en celui de *Tarquinius*, tiré du lieu de sa naissance. Son mérite et ses richesses lui attirèrent l'amitié d'*Ancus*; il obtient une place au sénat. A la mort d'*Ancus*, il est nommé tuteur de ses deux fils, et, par ses intrigues, se fait nommer roi aux dépens de ses deux pupilles. Quoique la couronne ne fût pas héréditaire, le peuple aurait sans doute fixé son choix sur la famille d'*Ancus* aimée des Romains.

Tarquin se fit des partisans en augmentant le nombre des sénateurs. Il fit construire un cirque pour amuser le peuple. Il fut heureux dans la guerre; il établit la cérémonie du triomphe, qui ne fut pour lui qu'un moyen d'augmenter le respect pour sa personne, mais qui fut dans la suite le plus puissant motif d'émulation. Les ouvrages que fit exécuter *Tarquin*, tiennent du prodige dans ce siècle de barbarie. Il construisit des aqueducs et des égoûts, plus utiles sans doute que les édifices fastueux de *Périclès*. Il applanit le sommet du mont *Tarpéien*, où fut élevé dans la suite le *Capitole*.

Ce Roi altéra beaucoup la religion de *Numa*. Il introduisit à Rome la superstition des Grecs. On jugeait de l'avenir par un coup de tonnerre à droite ou à gauche, par le vol des oiseaux, par les entrailles d'une victime.

Il fut assassiné par les fils d'*Ancus Martius*, à l'âge de quatre-vingts ans. Ils craignaient qu'il ne nommât pour son successeur, *Servius Tullius*, son gendre; mais *Tanaquil*, femme de *Tarquin*, cacha sa mort jusqu'à ce qu'elle eût assuré la couronne à *Servius*.

Servius *Tullius* s'empare du trône et gagne le peuple, en payant les dettes des pauvres. S'étant ensuite plaint en public d'un complot des *patriciens* pour attenter à sa vie, il feignit de quitter la royauté et demanda que l'on nommât un Roi. Il était assuré que le peuple n'en choisirait pas d'autre que lui.

Servius fit la guerre à ses voisins et remporta des victoires. Il divisa le peuple en plusieurs classes. On comptait déjà sous ce Roi quatre-vingt mille hommes capables de porter les armes. Il fit renouveler le cens tous les cinq ans, avec des cérémonies qui lui donnèrent le nom de *lustre*. Les *lustres* servirent chez les Romains d'époques, comme les *Olympiades* chez les *Grecs*.

Ce Roi politique rendit la liberté aux escla-

res. Il fit un traité de paix avec les *Latins* et
es *Sabins*.

On prétend qu'il pensait, pour le bien public, à quitter la royauté, pour établir un gouvernement républicain, lorsqu'il fut assassiné.
Sa fille *Tullie*, monstre de cruauté, entreprend avec *Tarquin*, son époux, petit-fils du
Roi de ce nom, de détrôner *Servius*. Cette
fille inhumaine et ambitieuse fit passer son
char sur le cadavre de son père. Voilà quatre
Rois de Rome qui meurent assassinés.

Usurpateur du trône, sans se faire élire par
le peuple, ni par le sénat, *Tarquin-le-Superbe*
annonçait un règne tyrannique.

Il s'empare de *Gabies* par une ruse ; son
fils *Sextus* feint de se brouiller avec lui et se
sauve dans cette ville où plusieurs *Patriciens*
s'étaient réfugiés. Il parvient à se faire donner
le commandement des troupes ; il fait consulter son père sur la conduite qu'il doit tenir :
Tarquin ne répond ni par écrit ni de vive
voix ; mais il conduit le messager dans son jardin et abat devant lui les têtes des pavots qui
s'élevaient au-dessus des autres, et le renvoie
ainsi. *Sextus* comprit l'énigme, fit périr les
chefs des *Gabiens* et livra leur ville à son
père.

Tarquin fortifia sa puissance par ses victoires. Les livres *Sibyllins* lui servirent à maîtri-
ser le peuple. On prétend qu'une femme présenta au Roi neuf livres : celui-ci ne voulant
pas lui donner la somme qu'elle demandait,
elle en brûla trois ; elle revint ensuite, et, sur
le même refus, elle en brûla trois autres ;
Tarquin acheta au même prix les trois qui res-

De Rom. 219.
Tarquin-le-
Superbe,
7ᵉ Roi.

taient, qui furent reconnus pour être les oracles de la *Sibylle* de *Cumes*; ces livres servirent à expliquer la volonté des dieux.

Le Capitole fut bâti dans ce temps là; le premier *Tarquin* en avait conçu l'idée. On rapporte une autre fable à cette occasion. En creusant les fondemens du temple de Jupiter, on trouva une tête d'homme aussi fraîche que si elle venait d'être coupée. On consulta les augures: ils donnèrent pour réponse, que Rome serait la capitale de l'*Italie*. De là, le mont *Tarpéien* prit le nom de Capitole. De pareilles prédictions servirent beaucoup à inspirer de l'enthousiasme aux Romains.

Tarquin régnait en paix; il eût gouverné long-temps, sans l'attentat de son fils *Sextus* contre la chaste *Lucrèce*. *Junius Brutus*, dont le père avait été une des victimes de ce tyran, et qui ne s'était sauvé lui-même qu'en contrefesant le fou, ranime le courage des sénateurs et du peuple indignés de l'action horrible du jeune *Tarquin*; à la vue du cadavre de l'infortunée Lucrèce, qui s'était donné la mort de sa propre main, Rome se souleva. *Tarquin*, qui assiégeait *Ardée*, capitale des Rutules, fut condamné à un exil perpétuel aussi bien que sa postérité. *Athènes*, à la même époque, chassa les Pisistratides; on trouve un rapport singulier entre les causes et les effets de ces deux révolutions.

Rome doit à ses Rois les fondemens de sa grandeur. Tous se sont montrés dignes de commander; on peut cependant reprocher au dernier ses injustices.

Généralement on ne croit pas l'histoire de

ces sept rois exempte de doutes. En effet, on ne conçoit guère comment sept rois électifs, dont quatre assassinés, et le dernier chassé, ont pu régner pendant deux cent vingt-quatre ans; on ne trouve pas une pareille durée de sept règnes dans les royaumes héréditaires. La sagesse avec laquelle ces monarques ont gouverné, donne matière à des conjectures sur la réalité de leur histoire.

THÈSE XX.

Depuis les consuls jusqu'aux décemvirs. An de Rome 244 jusqu'en 302.

DEUX *consuls* furent substitués aux Rois. Les patriciens, attentifs à conserver leurs intérêts, les tirèrent de leur corps; ces deux magistrats avaient le même pouvoir que les Rois.

Brutus, chef de la conspiration, et Collatin, mari de *Lucrèce*, furent nommés au consulat.

On créa un nouveau Roi pour les sacrifices; mais il n'avait aucune autorité sur les affaires civiles.

L'enthousiasme de la liberté était si grand, que *Brutus* fit lui-même exécuter en sa présence ses deux fils, qui étaient du nombre des jeunes Romains qui avaient formé une conspiration pour rappeler les *Tarquins*.

Collatin, devenu suspect pour n'avoir pas montré la même sévérité que Brutus envers les coupables, aurait été banni, s'il n'avait, d'après l'avis de son collègue, abdiqué le consulat. Brutus, principal auteur de la liberté, mourut sur le champ de bataille. Les dames romaines portèrent le deuil pendant un an.

Valérius Publicola, homme populaire, devenu consul, fut soupçonné d'aspirer à la royauté, en bâtissant une maison qui dominait sur la place publique; il la fait démolir pour détromper le peuple; cette conduite lui valut quatre fois le consulat.

Porsenna, puissant Roi d'Etrurie, assiége Rome en faveur de *Tarquin*. Elle eût sans doute succombé, sans le courage incroyable d'*Horatius Coclès*, qui défendit seul, contre l'armée ennemie, le pont du *Tibre*, tandis qu'on travaillait à le rompre derrière lui. *Mutius Scévola*, jeune homme intrépide, s'introduit dans le camp ennemi, pour assassiner *Porsenna*. Ayant manqué son entreprise, il est arrêté et déclare au Roi que trois cents citoyens ont formé le même projet, et, pour donner des preuves de son courage, il tient le bras gauche sur des charbons ardens.

Le Roi d'*Etrurie* renvoya l'assassin et fit la paix. L'action de *Scévola* a plutôt l'air de la fable que de la vérité, aussi bien que l'histoire de *Clélie* et de ses jeunes compagnes, que je ne rapporterai point. On doit se défier de ces anciennes traditions. Ce que l'on peut assurer, c'est que Rome formait des héros en récompensant le courage.

Publicola mourut pauvre et regretté des Romains; ses funérailles furent faites aux frais du public, et les femmes romaines portèrent le deuil une année, honneur qu'elles avaient rendu à *Brutus*.

Rome était livrée, pour ainsi dire, à une espèce de guerre civile, par la conduite des patriciens à l'égard du peuple. On voulait

bolir les dettes, mais *Appius Claudius*, riche
sabin, s'y opposa continuellement. Ce refus
ut cause des plus grandes divisions.

Enfin on établit, pour remédier à tous les De Rom. 255.
Dictateur.
naux de la république, un dictateur, et dans
a crainte que son pouvoir ne dégénérât en
tyrannie, il ne devait garder sa charge que six
mois. Le peuple, trompé par cette nouvelle
magistrature, y consentit facilement.

La *dictature* fut très-utile, elle sauva souvent la république. Ce qui doit le plus étonner, c'est qu'aucun dictateur n'ait abusé du pouvoir attaché à cette place, excepté *Sylla*, qui le premier s'en servit en despote.

De toutes les divisions entre le sénat et le peuple, le résultat le plus remarquable fut la désertion de celui-ci sur le mont sacré. Le sénat ne put le ramener dans Rome qu'en abolissant les dettes. *Ménénius Agrippa* se servit pour les apaiser de l'apologue des membres et de l'estomac.

Enhardi par cette première faveur, le peuple demanda la création des *tribuns* chargés de veiller à ses intérêts. Le sénat fut forcé d'accéder à sa demande.

Les Romains, apaisés par ces deux concessions, attaquent, sous le commandement du consul *Postumius Cominius*, Corioles, capitale des *Volsques*. Ils durent la prise de cette ville au courage du jeune Marcius. Le consul le couronna de sa propre main et voulut lui donner la moitié du butin ; ce jeune héros la refusa. Il reçut le nom de *Coriolan*, récompense préférable à toute autre.

Ménénius Agrippa, second *Aristide*, mourut

pauvre ; le peuple fit ses funérailles à ses frais.

De Rom. 262.
Coriolan
banni.

Coriolan est banni pour s'être opposé à ce que l'on vendît le blé à un prix modéré. Ignorant que l'on s'attire les cœurs plutôt par la douceur que par la sévérité, le vainqueur de *Corioles* voulait soumettre le peuple par la famine ; il conseillait au sénat de vendre le blé arrivé de *Sicile* à un haut prix, et de saisir cette occasion pour casser les conventions du mont sacré et d'abolir le tribunat.

Coriolan s'étant retiré à *Antium* chez les *Volsques*, se met à leur tête et répand la terreur dans Rome. On veut le rappeler, mais il refuse avec dédain. Il se laisse désarmer par *Véturie*, sa mère, qui était venue au devant de lui, accompagnée des dames romaines. *Rome est sauvée*, lui dit-il, *mais votre fils est perdu*. Les uns prétendent qu'il fut assassiné par les *Volsques*, d'autres assurent qu'il mourut de vieillesse et regrettant sa patrie. *Thémistocle*, son contemporain, éprouva le même sort après avoir sauvé sa patrie ; on doit remarquer, en parlant de ces deux grands hommes, combien *Athènes*, à cette époque, était supérieure à Rome.

De Rom. 267.

Le consul *Cassius* proposa la loi agraire : cette loi avait pour but de partager aux Romains, et aux alliés, les terres conquises et celles que les patriciens avaient usurpées. Le sénat qui craignait le peuple temporisa en feignant d'y consentir ; mais il condamna à mort *Cassius*, sorti de charge, comme coupable d'avoir aspiré à la tyrannie. Le sénat recourait souvent à cette accusation contre ceux qu'il avait intérêt de poursuivre.

Dans la guerre que les Romains firent aux *Éques*, aux *Véiens, etc.*, on remarquait la famille des *Fabius* au nombre de trois cents; elle inquiéta long-temps les ennemis, mais elle fut attaquée, surprise et écrasée jusqu'au dernier : cependant la race ne s'éteignit point.

Rome, en proie à des divisions continuelles, tire *Cincinnatus* de la charrue pour remplacer le consul *Valérius* qui avait été tué en combattant contre *Herdonius*, riche Sabin, qui s'était emparé du *Capitole*. Après son consulat, il est tiré de nouveau de la charrue pour délivrer *Minucius*, son successeur, qui s'était laissé envelopper par les *Éques*. *Cincinnatus* remporte la victoire, revient en triomphe, voit son fils *Céson* justifié et rappelé, quitte la dictature le seizième jour, et retourne à son champ qu'il préfère à tous les honneurs.

Les troubles continuant toujours à Rome, le sénat a recours aux conseils de *Cincinnatus*. Il fut résolu, d'après ce politique éclairé, que l'on nommerait dix *tribuns* du peuple; plus ils étaient nombreux plus il était facile de les diviser; un seul pouvait arrêter les entreprises des neuf autres. On consentit à la loi *Terentia*. Cette loi avait été proposée par *Terentius*, tribun du peuple, à l'effet de diminuer le pouvoir des consuls et de publier un corps de lois.

THÈSE XXI.

Depuis les décemvirs, jusqu'à la prise de Rome par les Gaulois. De 302 à 365.

Les dix tribuns, appelés *décemvirs*, gouvernent d'abord avec sagesse; les différends sont terminés avec la plus grande justice, et procurent à Rome une tranquillité dont elle n'avait pas joui depuis l'expulsion des *Tarquins*. Un *Grec*, exilé d'*Éphèse*, expliqua les lois apportées d'*Athènes* : on les exposa en public, sur dix tablettes de chêne ; quelque temps après on ajouta deux autres tables ; l'article qui défendait aux *patriciens* de s'allier aux *plébéiens*, n'empêcha pas le peuple de recevoir de nouvelles tables.

Si les *décemvirs* s'en étaient tenus là, leur gouvernement eût été des plus glorieux ; mais *Appius*, toujours le fléau du peuple, s'était fait nommer une seconde fois, en voilant toutes les démarches de son hypocrisie. Il eut les collègues qu'il désirait. Les *décemvirs* gardent le commandement au-delà du terme, malgré le peuple et le *sénat*. Ils se conduisent en tyrans ; ils font assassiner *Dentatus*, envoyé contre des voisins révoltés : ces tyrans détestés, le furent encore plus après l'attentat affreux d'*Appius* contre *Virginie*.

Appius resté à Rome, pendant que ses collègues étaient à l'armée, se rend amoureux de *Virginie*, fille de *Virginius* : elle était fiancée à Icilius, ancien tribun ; ne pouvant assouvir sa passion, il la suppose née d'un esclave, son client, qui la réclamait ; il était dans l'intention de l'accorder en qualité de juge à ce prétendu père et de l'enlever par ce moyen. Icilius défend en amant la jeune *Virginie* ; *Virginius*, ce vaillant *plébéien*, alors au camp, accourt pour délivrer sa fille, plaide sa cause, et, désespérant de la sauver, lui plonge un couteau dans le sein, se fait jour à travers la foule et arrive auprès de ses soldats dont il excite la haine et la vengeance.

Le peuple indigné contre les *décemvirs*, joint l'armée qui s'était retirée sur le mont sacré ; on abolit le *décemvirat* ; on rétablit le tribunat, seul soutien de la liberté ; *Valérius* et *Horatius* qu'on avait envoyés vers le peuple sont faits *consuls*.

Virginius qui était devenu tribun, accuse *Appius* qui est jeté dans la prison qu'il appelait lui-même la demeure des *plébéiens* ; on prétend qu'il y mourut avant son jugement. *Oppius*, un des *décemvirs*, est accusé et meurt de la même manière. Les huit autres s'exilent pour éviter un pareil sort.

On voyait à Rome la liberté toujours lutter contre la tyrannie ; la discorde entretenait les dissensions et la haine. Ce qui paraît le plus remarquable dans cette république, c'est l'oubli de toutes les divisions, de toutes les querelles, quand il fallait prendre les armes pour repousser des voisins révoltés. C'est cette conduite admirable qui a soutenu les Romains et qui leur a procuré l'empire du monde.

Il y avait dix-sept ans qu'on n'avait pas fait le dénombrement des citoyens ; aussi n'y avait-il aucun ordre dans la république. Les occupations nombreuses des *consuls* ne leur permettant pas de faire le cens, on créa de nouveaux magistrats qui en furent chargés. Cette charge parut d'abord si peu importante que les tribuns ne la disputèrent pas aux patriciens ; dans la suite le pouvoir des censeurs égala quelquefois celui des consuls.

Les censeurs furent bientôt chargés de faire

respecter les mœurs, de dégrader les citoyens; le soin des finances leur fut confié, etc.

Rome doit à la censure la plus grande partie de sa gloire et de sa prospérité; en effet, comme l'observe *Montesquieu*, *il y a de mauvais exemples qui sont pires que des crimes, et plus d'états ont péri parce qu'on a violé les mœurs, que parce qu'on a violé les lois.*

Général tué par ses soldats.

Vers 347, *Postumius*, tribun militaire, fut tué par ses soldats pour s'être montré trop sévère envers eux. Ce fut aussi dans ce temps que l'on paya l'infanterie: le peuple, obligé de faire la guerre à ses dépens, était toujours accablé de misères, seul motif de ses fréquentes révoltes. Il reçut ce décret du *sénat* avec une joie extrême.

Siége de Véies. De Rom. 348.

L'an de Rome 348, les Romains assiégent *Véies*, ville d'*Etrurie*, voisine de Rome, et son ennemie mortelle. Ce siége est célèbre par la manière nouvelle dont on le dirigea. On tira des lignes de *circonvallation* et de *contrevallation*, les unes pour se défendre contre les sorties, les autres contre les attaques de ceux qui pourraient donner du secours aux assiégés. Les Romains éprouvèrent quelques échecs au commencement; mais les citoyens pauvres et riches courent au siége, jurant de ne retourner qu'après la victoire. La discorde qui régnait entre les *généraux*, la peste, firent traîner la guerre en longueur.

Camille.

Camille pouvait seul la terminer; il est créé dictateur; désespérant de prendre la ville d'assaut, il pratique un chemin souterrain qui conduit au milieu de la place publique. Tandis qu'une partie des Romains attaquait les remparts, l'autre entrait dans la ville par le chemin couvert. *Véies* fut prise après un siége de dix ans.

Camille prit aussi la ville de *Faléries*. On croira difficilement qu'un maître d'école, sortant tous les jours de la ville avec ses écoliers, se soit présenté au général romain et lui ait livré cette jeunesse. On dit que *Camille*, indigné d'une pareille action, renvoya ce traître, battu des verges par ses disciples et les mains derrière le dos. Les assiégés pleins d'admiration pour la conduite de cet illustre Romain demandèrent la paix.

Le peuple était irrité de ce que *Camille* avait pris la dixième partie du butin de *Véies* pour accomplir un vœu qu'il avait fait à *Apollon*, ou plutôt de ce qu'il s'était acquis trop de réputation. Cet habile général n'attendit pas une sentence injuste, il s'exila, en priant les dieux de mettre sa patrie dans une position à le faire regretter ; le vertueux *Aristide* avait fait une demande toute contraire. C'était le sort des grands hommes d'être persécutés dans les républiques. La liberté redoutait toujours les personnes qui se rendaient célèbres !

THÈSE XXII.

Depuis la prise de Rome par Brennus, jusqu'à la guerre contre Pyrrhus, de 363 à 461.

Du temps de *Tarquin* l'ancien, les *Gaulois*, peuple de la *Gaule celtique*, avaient fait quelques irruptions ; on prétend qu'ils ont fondé *Milan*, *Crémone*, *Côme*, etc. Ils assiégent *Clusium*, ville d'*Etrurie*, qui demande aussitôt du secours aux Romains ; ceux-ci envoient trois patriciens pour faire la paix ; plus prudens que sages, ces trois ambassadeurs demandent à *Brennus*, chef de l'armée ennemie, de quel droit il venait s'emparer de l'Étrurie : il répondit qu'il pouvait s'emparer des terres qui étaient inutiles aux *Clusiens*, comme les Romains s'étaient emparés de celles qu'ils possédaient ; que l'épée fesait le droit de tout homme courageux. Les députés, sous prétexte de vouloir conférer avec les assiégés, obtiennent la permission d'entrer dans leur ville ; au lieu d'inviter les habitans à la paix, ils se mettent à leur tête et fondent sur les *Gaulois*.

Brennus se dirige sur Rome et demande que les coupables lui soient livrés. Le sénat laisse décider au peuple cette affaire délicate ; non-seulement les trois envoyés ne sont pas punis ; mais ils sont récompensés. Les Gaulois irrités font diligence pour attaquer Rome. Il n'y avait pas de consuls chez les Romains ; ils étaient gouvernés par six tribuns militaires : ceux-ci vont au devant de l'ennemi avec des troupes inégales à celles des *Gaulois*, et en nombre et en discipline ; aussi à la bataille d'*Allia* sont-ils complétement battus en 363. La consternation se répand dans Rome : enfans, femmes, vieillards, tout se réfugie dans les villes voisines ; la jeunesse se renferme dans le Capitole, bien résolue de combattre jusqu'au dernier soupir. Quatre-vingts sénateurs font vœu de mourir ; ils attendent de sang froid sur leurs chaises curules l'arrivée des Gaulois, croyant les épouvanter de cette manière. Ceux-ci entrent dans Rome, massacrent ces hommes vénérables, attaquent le *Capitole*; ils sont repoussés, mais ils mettent le feu à la ville. C'est à cette époque que furent brûlés les monumens historiques.

C'en était fait de Rome, si Camille avait voulu se venger; mais l'amour de la patrie lui fait prendre les armes; il engage les *Ardéates*, chez qui il s'était retiré, à le suivre contre les *Gaulois. Camille* ranime par sa présence le courage de ses concitoyens; il est nommé pour les commander; mais il n'accepte le commandement que lorsqu'il lui est donné avec l'assentiment de ceux qui défendaient le *Capitole*: il était persuadé qu'en eux seuls résidait le souverain pouvoir.

Un jeune plébéien brave tous les dangers, arrive au *Capitole* et annonce à *Camille* qu'il est nommé *dictateur*.

Manlius, éveillé par le cri des oies, sauve le *Capitole*, qu'on attaquait pendant la nuit; depuis, les oies furent en honneur, et les chiens qui n'avaient pas bougé furent détestés. La plupart des historiens disent que les assiégeans et les assiégés, fatigués d'un blocus qui durait depuis sept mois et qui leur fesait éprouver la disette et toutes sortes de maladies, conviennent de faire la paix. *Brennus* demande mille livres pesant d'or : on y consent; *Sulpitius*, qui avait apporté la somme, se plaint que les Gaulois se servent de fausses balances; le général ennemi met son épée sur l'or pour augmenter le poids, en s'écriant : *malheur aux vaincus!* sur ces entrefaites, *Camille* arrive; il rompt le traité, en qualité de dictateur, en disant : *c'est le fer et non l'or qui doit racheter les Romains.* On en vient aux mains et les *Gaulois* sont tous massacrés ; pas un ne reste pour aller porter la nouvelle de leur défaite.

Je ne répéterai point ici les contradictions des historiens sur les oies et la victoire de *Camille*; j'observerai seulement que ces deux événemens paraîtront plus que suspects à ceux qui n'aiment pas le merveilleux.

Quoi qu'il en soit, Rome fut rebâtie dans un an, mais si grossièrement qu'elle ressemblait à un village.

Manlius, patricien qui avait sauvé Rome, qui avait reçu trente-sept récompenses militaires, couronnes civiques, couronnes murales etc., fut accusé d'aspirer à la royauté, parce qu'il soutenait le peuple contre les nobles, qu'il payait les dettes des malheureux, etc. Après la dictature de *Cossus* qui l'avait fait arrêter, il est mis en liberté, et accusé de nouveau pour les mêmes faits. Les esprits étaient portés en sa faveur à un tel point qu'il fallut le juger hors du Champ-de-Mars, dans un lieu d'où on ne pût voir le *Capitole*. Il fut condamné à mort et précipité du *Capitole* même ; mais le peuple se repentit bientôt et il regretta son libérateur ; une peste qui survint peu de temps après, fit croire que *Jupiter* l'avait envoyée pour le venger. Cette république montra toujours un vif repentir des injustices qu'elle commit à l'égard de ses défenseurs ; mais elle ne se corrigea jamais.

Camille est nommé dictateur pour la cinjuième fois, et défait encore les *Gaulois*. Ce grand homme mourut de la peste.

Les *plébéiens* sont enfin admis au consulat; *Sextius*, *tribun*, fut fait consul; *Camille* créa, du consentement du peuple, une nouvelle charge que l'on appela *préture*, les patriciens seuls pouvaient l'occuper; le préteur, auquel on en ajouta un second dans la suite, était chargé du soin de rendre la justice; soin dont les consuls, alors à la guerre, ne pouvaient s'occuper. Préture.

On créa aussi deux *curules* ou *édiles* patriciens, pour veiller à la garde des temples, des jeux, des places publiques, etc. La magistrature curule donnait le droit de se faire porter dans une chaise d'ivoire.

Manlius Imperiosus aurait peut-être abusé de la dictature si on ne l'avait pas forcé de l'abdiquer, après avoir enfoncé le clou sacré (1). Il fut accusé ensuite de traiter son fils en esclave, en le fesant travailler à la campagne parce qu'il bégayait. Le jeune *Manlius* informé de l'accusation intentée contre son père, se rend à Rome, le poignard à la main, force le tribun à jurer qu'il ne poursuivra pas l'affaire; le peuple fut touché de sa tendresse filiale. Trait du jeune
Manlius.

On doit regarder comme des fables, le combat dans lequel le jeune *Manlius* tua, en pré-

---

(1) C'était une ancienne pratique d'enfoncer un clou dans la muraille du temple de Jupiter Capitolin, pour détourner la peste ou autres fléaux qui accablaient la république. Un dictateur était choisi pour planter le clou sacré. Les Romains croyaient apaiser la colère des dieux par cette cérémonie.

sence des deux armées, un géant *Gaulois* dont il enleva le collier qui lui fit donner l. surnom de *Torquatus*, et celui de *Valériu. Corvus*, qu'on dit avoir été favorisé par ur corbeau placé sur son casque. On ne doit pa: plus croire le miracle du gouffre où l'on assur: que se jeta *Curtius* parce que les augures avaien prédit qu'il se fermerait lorsque la chose l. plus précieuse de Rome y aurait été jetée.

En 410, les *Campaniens* se donnent aux *Romains* pour être protégés contre les *Samnites*. Les troupes de la république se corrompirent dans la fameuse ville de *Capoue*; les *Romains* formèrent un complot pour en chasser les habitans, à l'effet d'être les seuls maitres de leur pays. Les mutins furent bientôt soumis par le dictateur *Valerius Corvus*.

Rome se rendait par ses victoires déjà redoutable. *Priverne*, ville des *Volsques*, se révolta; mais elle fut vaincue. Le sénat voulait que l'on condamnât les prisonniers à mort; ils durent leur salut à la noble réponse d'un *Privernate*: on lui demanda quelle était la peine que méritaient ses concitoyens? *Celle que méritent des hommes libres qui se croient dignes de la liberté*, répondit-il. Le consul *Plautius*, lui demande encore de quelle manière ils se conduiront si on leur pardonne. *Notre conduite*, ajouta le Privernate, *dépendra de la vôtre. Si vous nous accordez des conditions équitables, nous demeurerons constamment fidèles, si vous nous en imposez de dures et d'injurieuses, notre fidélité sera courte.* Les Romains les jugèrent dignes d'eux, ils en firent des Romains.

Les *Samnites* se soulèvent de nouveau ; ils sont battus par *Fabius*, général de la cavalerie : le dictateur *Papirius* veut le faire punir pour avoir combattu sans ses ordres ; il se réfugie à Rome, son père en appelle au peuple ; le dictateur harangue contre les deux *Fabius*, il rappelle les exemples de *Brutus* et de *Manlius* ; le peuple demande sa grâce ; *Papirius* lui pardonne.

Les Romains, toujours vainqueurs, furent fortement humiliés au défilé des fourches *Caulines*, près de *Caudium*. *Pontius*, général des *Samnites*, les ayant attirés dans ce défilé, ils furent enfermés comme dans une prison ; le père de *Pontius* l'engageait à les faire tous périr, ou à les renvoyer généreusement : il ne suivit ni l'un ni l'autre avis, il les fit imprudemment passer sous le joug ; punition la plus flétrissante, et il les renvoya sur leur parole de faire la paix : c'était leur donner des forces pour continuer la guerre et venger leur honte. La guerre dura encore quelques années ; les *Samnites* furent toujours battus et *Pontius* leur général fut conduit en triomphe à Rome et eut la tête tranchée ; vengeance barbare pour des Romains qui avaient souvent montré un fond de grandeur d'âme !

THÈSE XXIII.

Depuis la guerre contre Pyrrhus, jusqu'à la guerre contre Philippe, Roi de Macédoine. De 471 à 552.

C'est à présent que nous allons voir Rome étendre ses conquêtes, et soumettre, pour ainsi dire, le monde entier ; l'affront reçu de la part des *Tarentins* va leur donner occasion de combattre sur des terres étrangères.

Tarente. *Tarente*, colonie de *Sparte*, était célèbre par son opulence, son luxe et son orgueil; elle regardait les *Romains* comme des barbares et les détestait comme de redoutables conquérans. Les *Tarentins* insultèrent quelques navires qui s'étaient présentés dans leur port; ils méprisèrent ensuite l'ambassade qu'on leur envoya pour demander satisfaction; on poussa l'insulte jusqu'à salir avec l'urine la robe de *Postumius*, chef des ambassadeurs: les *Tarentins* poussèrent des éclats de rire. *Riez maintenant, s'écria Postumius, vous pleurerez bientôt; c'est dans votre sang que seront lavées les taches de mon habit.* Ils s'en repentirent en effet, et craignant la colère des Romains, ils demandèrent du secours à *Pyrrhus,* Roi d'*Épire*, un des plus grands capitaines de la *Grèce*, instruit dans l'art militaire, sous les capitaines d'*Alexandre*.

Ce Roi ambitieux, mais brave, cherchait l'occasion de signaler sa bravoure, et de rendre célèbre son petit royaume: il se croyait déjà vainqueur de l'Italie; *Cynéas*, homme éloquent, habile politique et général expérimenté, lui représente en vain les dangers auxquels il s'exposait en courant après des conquêtes incertaines.

Pour mieux voiler son ambition, *Pyrrhus* affecta de se rendre avec peine au désir des *Tarentins*; il ne consentit à leur donner son secours qu'à condition qu'on le tiendrait en Italie le moins possible.

Cynéas fait son entrée à *Tarente* avec trois

mille hommes et se fait livrer la citadelle en attendant *Pyrrhus*. Celui-ci suit de près son ministre avec d'autres troupes. A son arrivée, il change tout dans la ville, interdit toute espèce de plaisirs, soumet les *Tarentins* à la plus sévère discipline malgré eux.

En 473, les deux armées en vinrent aux mains à *Héraclée*; on combattit avec courage des deux côtés, mais les chevaux Romains, effrayés des éléphans de *Pyrrhus*, prirent la fuite et mirent le plus grand désordre dans l'armée. Le consul *Lévius* fut entièrement battu. Cependant le vainqueur eut un si grand nombre de soldats tués, qu'il dit qu'il était perdu s'il remportait encore une pareille victoire.

Pyrrhus s'approcha de Rome de sept lieues ; mais il retourna sur ses pas à la vue des deux armées *consulaires*. Le vertueux *Fabricius* part à la tête d'une ambassade pour traiter avec le prince grec de l'échange des prisonniers. Il se fait admirer par sa sagesse; il ne montre que du mépris pour les richesses que ce Roi lui offrait pour l'engager à se retirer dans ses états. *Cynéas* suit les députés à Rome pour négocier la paix. Ses présens sont refusés, et le sénat, d'après l'avis du vieux *Appius*, fait cette réponse où l'on reconnaît le caractère ferme des Romains : « que *Pyrrhus* sorte de l'Italie, qu'il demande ensuite la paix, Rome lui fera la guerre tant qu'il sera dans son pays. » *Cynéas* fut obligé de quitter Rome le même jour. De retour auprès du Roi, il lui dit, *que cette ville lui avait paru être un temple, et le sénat une assemblée de Rois.*

On rapporte que *Fabricius* avertit *Pyrrhus* du dessein qu'avait formé son médecin de l'empoisonner. Aussi le Roi d'*Epire* disait de lui : *Il serait plus facile de détourner le soleil de sa route que Fabricius du sentier de la probité et de la justice.* Quoique tous ces beaux traits de vertu paraissent douteux, ils s'accordent assez bien avec le caractère des *Romains.*

Pyrrhus est battu à *Bénévent*, et il est tout-à-fait chassé de l'Italie, après six ans de guerre. Ce guerrier, qui ne doit être regardé que comme un illustre aventurier, alla détrôner Antigone *Gonatas*, Roi de *Macédoine*; il s'avança jusque dans le *Péloponèse*, et fut tué en assiégeant la ville d'Argos.

Carthage. Avant de tracer les principaux faits des guerres puniques, nous allons faire connaître *Carthage*, rivale de Rome, riche par son industrie; mais parvenue à un point où l'ambition est toujours la perte des empires.

Carthage avait été fondée par les *Tyriens* soixante-dix ans avant la fondation de Rome. Elle était située sur la côte d'*Afrique*, au même endroit où est actuellement *Tunis.*

Cette ville s'était élevée à un haut degré de puissance par son commerce: les *Carthaginois* possédaient la *Sardaigne*, une partie de la *Sicile* et de l'*Espagne.*

Leur navigateur *Hannon*, reçut ordre de faire le tour de l'*Afrique* par le détroit de *Gibraltar*; si les vivres ne lui eussent pas manqué, il aurait exécuté, comme les *Phéniciens* sous *Néchos*, une des plus grandes entreprises qu'aient pu former les anciens.

Carthage et *Rome* voulaient l'une et l'autre

subjuguer la *Sicile* ; tel fut le sujet des guerres que l'on appelle *puniques*. Avant de les décrire il n'est pas inutile de dire un mot de la *Sicile*.

Denys-le-Tyran, par ses victoires, ses talens, se rendit maître de *Syracuse*, soixante ans après l'expulsion de la famille de *Gélon* ; onze ans avant, en 405 avant J. C., cette ville avait mis en fuite les *Athéniens*. *Denys* chassa les *Carthaginois* de la *Sicile*. Ce Roi est célèbre par ses cruautés ; jaloux, soupçonneux, cruel, rigide envers les ennemis de la vérité, il avait une force de génie et de courage qui lui fit conserver la couronne trente-huit ans. On reconnaît en lui un fond de bonté et de justice ; son histoire en offre même des exemples ; les circonstances augmentèrent ses vices ; peut-être que d'autres circonstances auraient développé ses vertus (comme l'observe un historien moderne).

Il eut pour successeur Denys-le-Jeune, prince mou et voluptueux, qui ne mérite d'être remarqué que parce qu'il s'entoura, à la sollicitation du sage *Dion*, son beau frère, des philosophes les plus célèbres, et surtout du fameux *Platon*. Son règne eût été des plus glorieux et des plus remarquables, si ses courtisans ne l'eussent pas engagé à chasser *Dion* et ensuite *Platon*. Le Roi, en congédiant ce dernier, lui dit : *vous allez bien me dénigrer avec vos philosophes. Dieu nous préserve*, répondit-il, *de manquer tellement de matière à l'académie, que nous soyons dans le cas de penser à vous. Dion* de *Syracuse* éprouva bientôt des injustices plus grandes : ses biens furent vendus, et sa femme donnée à un autre.

Dion, malgré les avis de *Platon*, délivra sa patrie, la gouverna en sage : il fut assassiné par un ami perfide. *Denys-le-Jeune* remonta sur le trône dix ans après en avoir été chassé.

Syracuse, colonie originaire de *Corinthe*, implore le secours des *Corinthiens*. *Timoléon* arrive avec des troupes. Cet illustre général avait fait tuer autrefois son frère qui gouvernait sa patrie en tyran. Soit par chagrin ou par remords, il vivait depuis vingt ans dans la retraite : il se rend aux vœux de ses concitoyens : défait les ennemis de *Syracuse* et y établit de bonnes lois en faveur de la liberté. De retour à *Corinthe*, il quitte volontairement le pouvoir dont il était revêtu, et finit ses jours en sage, emportant les regrets de ceux qu'il avait délivrés.

Malgré les vertus de ce grand homme, quelques envieux osèrent l'accuser. Il fit la réponse suivante à ses calomniateurs : *Je remercie les Dieux d'avoir procuré à Syracuse la liberté de tout dire ; liberté inconnue sous les tyrans ; mais qui doit être contenue dans de justes bornes.*

Denys-le-Jeune fut relégué à *Corinthe* ; il était tellement misérable qu'il fut obligé d'exercer le métier de maître d'école. *Les Spartiates*, croyant épouvanter *Philippe* par son exemple, répondirent à une lettre menaçante qu'il leur avait écrite, par ces deux mots : *Denys à Corinthe.*

Syracuse eut un autre tyran dans *Agathocle*, contemporain d'Alexandre-le-Grand. Il mourut de poison après avoir lâchement abandonné son armée.

Les *Syracusains*, de nouveau assiégés par les *Carthaginois*, appelèrent *Pyrrhus*; ce roi combattit avec succès; mais il fut obligé de retourner sur ses pas. En quittant la *Sicile*, il s'écria : *Le beau champ de bataille que nous laissons aux Carthaginois et aux Romains !*

Les *Syracusains* choisirent enfin *Hiéron* pour Roi. C'est sous lui que commencèrent les guerres puniques, que l'ambition de Rome fit naître.

Les *Romains*, sous *Appius Claudius*, battent les *Carthaginois* et *Hiéron* qui s'était joint à eux. C'est la première fois que Rome porte ses armes hors du continent. Elle se rend formidable sur mer. Les traits les plus héroïques sont nombreux dans cette guerre punique. *Calpurnius*, tribun légionnaire, sauve l'armée en *Sicile* de la même manière que *Léonidas* aux Thermopyles : ses trois cents compagnons sont tués sur le champ de bataille; et il n'y a que lui de sauvé : il est couvert de blessures, et on lui donne pour récompense une simple couronne de gazon.

Régulus, consul, fait la guerre en *Afrique*; il est forcé de continuer la guerre en qualité de proconsul après son consulat; il se plaint que des voleurs lui ont enlevé ses instrumens de labourage et il veut retourner pour nourrir sa famille : la république fait labourer ses terres. Il est fait prisonnier; il est chargé d'aller à Rome proposer l'échange des prisonniers, avec promesse de retourner si les Romains n'y consentent pas. Loin d'engager ses concitoyens à consentir à cette résolution, Régulus les exhorte à la refuser et retourne se mettre pour le reste de ses jours entre les mains des ennemis.

Enfin la paix est conclue après avoir remporté de nombreuses victoires ; l'île de *Sardaigne* tombe au pouvoir des Romains, et les *Carthaginois*, ne pouvant se venger, sont obligés de la leur abandonner, malgré le traité de paix qui existait entre eux. Cette paix générale fit fermer le temple de *Janus* qui était ouvert depuis *Numa* ; rouvert peu de temps après, il ne fut refermé que sous *Auguste*.

En 530, les Romains s'emparent de l'*Insubrie* dont la capitale était *Milan*, et de la *Ligurie* ; ils gouvernent ces deux peuples sous le nom de *Gaule cisalpine*.

2e Guerre punique. Cette seconde guerre punique nous offre des événemens plus intéressans.

Les *Carthaginois* étendent leurs conquêtes en *Espagne*, sous *Amilcar* et *Asdrubal*, son gendre. *Amilcar*, avant de partir, fit jurer à son fils *Annibal* une haine irréconciliable contre les Romains.

Annibal. Le jeune *Annibal* succéda à ces deux conquérans ; il se livra bientôt aux vastes projets que lui dictait son génie. Agé de vingt-six ans, il était prudent et courageux, politique habile, donnant peu de temps au sommeil, se fesant aimer de ses soldats : possédant, en un mot, les qualités du général le plus expérimenté.

Il assiége et prend *Sagonte*, alliée de Rome en 534. Les Romains, fâchés de n'avoir pas secouru les *Sagontins*, qui s'étaient défendus jusqu'à l'extrémité, envoient une ambassade à *Carthage* pour se plaindre de la conduite d'*Annibal*. Les *Carthaginois*, au lieu de blâ-

mer la prise de *Sagonte* et de livrer *Annibal*,
comme le voulaient les Romains, prétendirent
n'avoir fait que ce que ceux-ci avaient fait en
s'emparant de la *Sardaigne*. *Fabius*, chef des
ambassadeurs, sans autres détails superflus,
fait un pli à sa robe et dit d'un ton fier : *je
porte ici la paix ou la guerre, choisissez*. Le
chef du sénat lui répondit sur le même ton,
qu'il pouvait choisir lui-même. *Prenez donc
la guerre*, ajouta *Fabius*. La faction barcine,
ennemie d'*Annibal*, l'accepta avec joie.

La conduite des *Carthaginois* qui donnait
lieu à cette guerre, était injuste à la vérité ;
cependant elle le paraîtra moins, lorsqu'on se
rappellera la conduite encore plus injuste des
Romains, lorsqu'ils s'emparèrent de la *Sardaigne* et de la *Corse*.

Rome envoya deux armées, une en *Afrique*, sous le commandement de *Simpronius*,
autre en *Espagne*, sous *Publius Scipion*. Elle
demanda en vain le secours des *Gaulois*.

Annibal passe glorieusement l'*Èbre* et les
Pyrénées, et traverse le *Rhône*, malgré sa
rapidité et les *Gaulois* qui lui refusent le passage, arrive au pied des *Alpes* au mois d'octobre ; il franchit en quinze jours ces montagnes couvertes de neiges et habitées par des
hommes féroces qui auraient pu l'accabler à
coups de pierre. Ses ruses, son courage et
celui des soldats, animés par l'espoir d'arriver dans la terre fertile qu'il leur promet, lui font surmonter tous les obstacles.
Enfin, après cinq mois et demi, depuis son
départ de Carthagène, il se trouve en Italie
avec vingt mille fantassins et deux mille cava-

liers, seuls restes de sa nombreuse armée. Ce passage des *Alpes* par *Annibal* est un des plus fameux exploits de l'histoire ancienne.

Annibal défait les Romains près du *Tesin*, où *Scipion* reçoit une blessure ; il bat, sur les bords de la *Trébie*, *Sempronius*, rappelé de *Sicile*, qui voulait combattre sans son collègue encore malade de sa blessure.

Le général *carthaginois*, après une marche des plus périlleuses, pendant laquelle ses troupes avaient toujours le pied dans l'eau, arrive en *Étrurie*. Le mauvais temps et la fatigue lui causèrent une fluxion qui lui fit perdre un œil.

Flaminius autre consul, vient se faire battre près du lac de *Trasimène*. L'artificieux *Annibal* traitait avec douceur les alliés des Romains, se flattant de les attirer ainsi dans son parti. Il se disait le libérateur de tous les peuples soumis au joug des Romains. Malgré toutes ses promesses et sa conduite magnanime, il n'eut du secours que des *Gaulois*.

Fabius, nommé dictateur, était le seul digne d'être opposé au *Carthaginois*, aussi l'inquiéta-t-il beaucoup par sa manière de camper sur les hauteurs, sans jamais livrer bataille. Une pareille conduite aurait sans doute causé la ruine totale des *Carthaginois* sans *Minucius*, général de la cavalerie, qui en décriant la marche de *Fabius* cherchait tous les moyens de combattre.

On accablait le prudent *Fabius* de reproches injustes ; on l'accusait de s'entendre avec l'ennemi ; en effet *Annibal*, pour jeter des soupçons sur le dictateur, fesait respecter ses ter-

s. Celui-ci ordonne à son fils de les vendre
en emploie l'argent à racheter les prison-
ers. Ce beau trait n'empêcha pas les Ro-
ains de lui faire partager le commandement
ec *Minucius*. Ce général de la cavalerie
aque l'ennemi, il est entouré de tous côtés
il eût été entièrement défait sans le seurs de *Fabius*, qui, oubliant tous les torts
e *Minucius* avait envers lui, fondit sur les
rthaginois et le tira de l'abime où il s'était
é par son imprudence. *Minucius* eut honte
ses fautes et remit le commandement au
tateur.

La leçon qu'on venait de recevoir, en nom-
nt un mauvais chef, ne détourna pas le
ple d'élire *Varron*, fils de boucher et bou-
r lui-même, qui s'était élevé en flattant les
mains. *Emilius*, son collègue, choisi par
sénat, possédant les talens d'un grand capi-
ne, trouva dans *Varron* un adversaire plus
edouter que l'ennemi même.

Les deux consuls commandaient un jour
cun; *Varron* profita de son jour pour lier bataille; le combat fut si violent et le car-
ge si affreux, qu'*Annibal* criait d'épargner
vaincus. *Emilius* y perdit la vie, avec qua-
te mille hommes dont trois mille étaient
cavaliers. *Varron* s'enfuit à *Vénouse*. *Anni-*
l aurait été maître de l'Italie si, au lieu de
sser amollir ses troupes par les délices de
poue, il avait marché sur Rome.

Les Romains ne se laissent point abattre par
nouvelle de ce désastre; ils suivent enfin les
nseils du prudent *Fabius*. Les nobles portent
ur argent au trésor. On enrôle la jeunesse

depuis l'âge de dix-sept ans, ainsi que huit mille esclaves. Les Romains battent les *Carthaginois* ; les esclaves, excités par l'espérance de la liberté qu'on leur avait promise, furent en partie cause de leurs succès. Dans le même temps, *Philippe*, Roi de *Macédoine*, allié d'*Annibal*, est battu dans la grande Grèce par le consul *Lévinus* ; il se rembarque aussitôt. Les *Carthaginois* se retirent aussi devant *Marcellus*, qui se couvre de gloire au fameux siége de *Syracuse*.

Marcellus et Syracuse.

Hiéronyme, petit-fils et successeur de *Hiéron*, qui était resté fidèle aux Romains, se tourna du côté des *Carthaginois*. Tyran de ses sujets, il fut assassiné. Les *Syracusains* suivirent toujours le parti des *Carthaginois*.

Marcellus fait le siége de *Syracuse* ; la présence d'*Archimède*, le plus grand géomètre de son temps, le rend plus difficile que du temps d'*Alcibiade* ; cette ville se défend pendant trois ans. Elle est prise par escalade, et *Marcellus* fait rendre des honneurs à la mémoire d'*Archimède* qu'un soldat avait tué sans le connaître. *Syracuse* qui ressemblait à *Athènes*, devient comme elle une province des Romains.

Rome remporta partout des victoires éclatantes. *Capoue* est attaquée et prise. *Annibal*, ne pouvant la secourir, forme le projet d'assiéger Rome, mais il échoue dans cette entreprise hardie.

Le célèbre *Marcellus*, vainqueur d'*Annibal*, tomba dans une ambuscade et y fut tué. Le général *carthaginois* lui rendit les derniers devoirs. Le héros romain reçut un surnom digne de ses services, il fut appelé *l'épée de Rome*.

Les deux frères *Scipion* combattaient glo-
rieusement en *Espagne*; mais s'étant séparés,
ils furent battus et perdirent la vie. A la mort
de ces deux grands capitaines tout paraissait
perdu dans cette province, lorsque *Publius
Scipion*, fils de l'aîné, âgé de vingt-quatre ans,
voulut continuer la guerre; il fut nommé *proconsul*; il prit *Carthagène* en 543. Sa vertu contribua à lui attirer l'amitié des *Espagnols*. On lui
amène une jeune captive qui charme ses yeux;
il apprend qu'elle est fiancée à un prince du
pays; il la fait conduire aussitôt à son époux. Celui-ci prend son parti et lui gagne des alliés. *Masinissa*, Roi de *Numidie*, abandonne les *Carthaginois* et devient l'ami fidèle des Romains.

L'Espagne conquise, le jeune *Scipion* est
rappelé, et dépose, sans se plaindre, l'autorité
entre les mains de ses successeurs. Arrivé à
Rome, les *Centuries* le nomment consul, quoiqu'il n'ait pas l'âge voulu par les lois.

Asdrubal, qui venait au secours de son frère,
est battu en Italie; les Romains n'auraient pas
pu résister à ces deux généraux s'ils étaient parvenus à joindre leurs troupes.

Scipion propose de porter la guerre en *Afrique*; on y consent malgré l'avis de *Fabius:* les
uns prétendent que celui-ci s'opposait à cette
guerre par jalousie contre le jeune *Scipion*,
d'autres, parce qu'il ne voulait pas qu'on af-
faiblît l'Italie. Les Romains passent en *Afrique*, et *Scipion* reçoit ordre de commencer la
guerre en qualité de proconsul, sans égard
pour les accusations de ses envieux qui lui re-
prochaient d'avoir perdu le temps en plaisirs.

Au premier avantage qu'il remporte *Masi-*

nissa se déclare en faveur des Romains; *Syphax*, autre Roi numide, rival de *Masinissa*, auparavant allié de *Scipion*, se déclare pour les *Carthaginois*.

Les Romains battent *Asdrubal* et *Syphax*; la *Numidie* est soumise et *Masinissa* épouse la célèbre *Sophonisbe* qui lui avait été fiancée et que *Syphax* avait épousée. Cette princesse avait passé de l'esclavage à la couronne.

Les *Carthaginois* en danger rappellent *Annibal* qui quitte à regret l'*Italie*. Il reçoit ordre d'attaquer *Scipion* qui était aux environs de *Carthage*; il fait examiner le camp des ennemis; les espions sont arrétés et conduits au *proconsul*; celui-ci leur fait tout voir, leur donne de l'argent et les renvoie. *Annibal*, étonné de cette conduite, lui demande une entrevue pour traiter de la paix. Il lui fait envisager les vicissitudes de la fortune, lui fait des propositions très-avantageuses; mais *Scipion* ne veut rien écouter. On livre la bataille de *Zama*; les Romains remportent une victoire complète, et *Annibal* se sauve, quoiqu'avec peine. Les *Carthaginois* épouvantés demandent la paix et *Scipion* la désire de peur qu'un successeur ne lui enlève l'honneur de la victoire; la paix fut conclue en 552. Telle fut la fin de la deuxième guerre punique.

THÈSE XXIV.

Depuis la guerre contre Philippe, jusqu'aux Gracques. De 552 à 620.

Scipion obtint les honneurs du triomphe et le surnom d'*Africain*. Rome, par ses succés, fait trembler quelques nations; elle va bientôt inonder toute la terre.

En 556, les Romains battent Philippe II, roi de Macédoine, qui avait secouru les *Carthaginois;* ils avaient entrepris cette guerre à la prière d'*Attale* Roi de Pergame, et des *Athéniens* qui se plaignaient de ses vexations. Les Romains favorisaient en apparence la liberté des *Grecs,* en attendant l'occasion de pouvoir les asservir. Les *Etoliens* prévirent leur mauvaise foi, et appelèrent à leur secours *Antiochus*-le-Grand, Roi de *Syrie,* cinquième successeur de *Séleucus.* Si *Antiochus* avait fait alliance avec *Philippe,* et avait porté la guerre en Italie, comme le lui conseillait *Annibal,* Rome aurait peut être résisté avec peine à ce nouvel ennemi (1).

Mais les Romains se ménageaient l'amitié de tous les Grecs et des autres Rois, en leur promettant leur protection; ils empêchaient, par cette politique, la réunion de plusieurs monarques contre eux.

Antiochus montra autant de lâcheté que les *Etoliens* de bravoure; ce prince, apprenant que les Romains marchaient contre lui, occupe le passage des *Thermopyles;* mais *Caton,* lieutenant du consul *Icilius,* l'attaque en suivant le sentier qu'avaient suivi *Xercès* et *Brennus;* il les met en déroute. Le Roi de *Syrie* fut obligé de prendre la fuite, et les *Etoliens* furent vaincus.

Antiochus est attaqué et vaincu dans ses

Mort
d'Annibal.

---

(1) Annibal, que les Romains demandaient sans cesse aux Carthaginois, s'était retiré auprès d'Antiochus.

états; les Romains lui donnent la loi, et le forcent de leur livrer *Annibal*. Celui-ci s'enfuit; il était partout poursuivi par la haine des Romains; il se retira enfin chez *Prusias*, roi de *Bithynie*, où il mourut.

Rome donna la liberté aux villes grecques, récompensa ses Rois alliés, en leur accordant quelques provinces, toujours dans l'espoir de soumettre un jour et ces villes et ces rois.

La guerre d'*Asie*, qui avait fait donner le nom d'*Asiatique* à *Scipion*, frère de l'*Africain*, compromit beaucoup les troupes romaines. *Caton* le censeur eût été le seul qui eût pu ramener les mœurs des anciens Romains, s'il n'avait pas eu trop de partisans des richesses à combattre. La gloire de cet illustre Romain a été ternie par l'acharnement qu'il mit à poursuivre les deux *Scipion*. Deux tribuns, excités par *Caton*, accusent *Scipion* l'Africain de s'être laissé corrompre par *Antiochus*. L'accusé se présente le jour du jugement, et dédaignant de se défendre : *A un pareil jour qu'aujourd'hui*, dit-il, *j'ai vaincu Annibal et Carthage; Romains, suivez-moi, allons au capitole remercier les Dieux*. Le peuple le suit et les accusateurs se retirent, bien résolus de renouveler leurs accusations. En effet, il fut cité de nouveau; mais il se retira dans une maison de campagne, où il finit ses jours à l'âge de quarante-sept ans. Aux qualités guerrières, il joignait l'amour des lettres. Ce grand homme disait souvent : *Je ne suis jamais moins oisif, que lorsque je n'ai point d'affaires, et jamais moins seul, que lorsque je suis sans compagnie.*

Caton suscita les mêmes accusateurs à *Scipion* l'Asiatique, après la mort de son frère ; celui-ci fut accusé d'avoir reçu des sommes immenses d'*Antiochus*, pour lui donner une paix favorable. Ses biens furent saisis ; mais, son innocence ayant été reconnue, sa condamnation fut réparée. *Sempronius Gracchus*, tribun du peuple, épousa l'illustre *Cornélie*, fille de *Scipion* l'Africain, en récompense de ce qu'il avait défendu les deux frères. Persée, qui avait succédé à *Philippe*, roi de Macédoine, avait hérité de la haine de son père contre les Romains. Rome, pour prévenir les mouvemens de ce prince, lui déclare la guerre. Le consul Licinius est battu ; et cependant il refuse la paix à Persée, qui la lui demandait aux mêmes conditions qu'on l'avait accordée à Philippe. Licinius, quoique vaincu, veut qu'il se rende à la discrétion des Romains. Persée fut fait prisonnier, en 585, par l'illustre *Paul-Emile* ; il orna le char de triomphe du vainqueur ; il mourut à Rome.

Paul-Emile, à qui on dut la défaite du roi de Macédoine, passa sa vie dans la médiocrité.

Après la mort de *Philopémen*, pris et empoisonné par les *Messéniens*, les Romains ne ménagèrent plus les *Achéens*. La destruction de cette fameuse ligue portait le dernier coup à la liberté de la Grèce entière.

Les Romains déclarent la guerre aux *Carthaginois* qui venaient d'être vaincus par *Masinissa*; *Carthage* effrayée se soumet. On leur promet la liberté, moyennant qu'ils obéissent à ce que leur prescriront les consuls. Rassurés par ces promesses, les vaincus se livrent à la

3e Guerre punique.

joie et à toutes sortes de plaisirs. On les force de livrer leurs armes ; ils font mille objections pour ne pas les donner ; mais on leur répond qu'ils doivent obéir et que Rome se chargeait de les défendre, si on les attaquait. Ils les livrent. Ils ne sont pas plus tôt sans armes, que les consuls leur ordonnent de quitter la ville parce qu'elle allait être détruite. En proie au plus grand désespoir, les *Carthaginois* reprennent du courage : des armes sont fabriquées avec une ardeur et une promptitude étonnantes. Le fer est remplacé par l'or et l'argent ; les femmes coupent leurs cheveux pour faire des cordes. Les Romains ne croyant pas à une pareille défense, attaquent la ville, sont repoussés ; leur flotte est incendiée. L'armée romaine eût été détruite si *Scipion Emilien*, fils de *Paul-Emile* et petit-fils de *Scipion* l'Africain par adoption, n'avait soutenu la retraite avec trois cents cavaliers.

Ce jeune guerrier montra tant de courage, que *Caton* fut forcé de lui donner des éloges : jusqu'alors ce censeur sévère n'avait trouvé aucun Romain digne de les recevoir.

Scipion Emilien est nommé consul pour terminer cette guerre ; il se rend maître de *Carthage*, passe tous les habitans au fil de l'épée, et, d'après les ordres du sénat, la ville est entièrement livrée aux flammes. L'incendie dura dix-sept jours. Le général *Asdrubal* vient en lâche demander la vie : sa femme, indignée de sa conduite, l'accable de reproches, poignarde ses enfans et se précipite dans les flammes. *Scipion Emilien*, qui mérite le titre d'*Africain*, fut beaucoup secondé, dans cette entreprise, par l'historien *Polybe*. Tel fut le sort de la fameuse *Carthage*; sa ruine apprend qu'un peuple de soldats vaincra toujours un peuple de marchands.

Les Romains, en Espagne, auraient été vaincus par *Viriate*, général des *Lusitaniens*, si celui-ci ne se fût contenté d'être confirmé, par la paix avec eux, dans la possession des provinces qu'il commandait.

Servilius Cepion attaque ce général et gagne des traîtres qui l'assassinent pendant son sommeil.

Les Romains, non contens de cette perfidie, voulant s'emparer de *Numance*, violent les deux traités qu'ils avaient faits avec cette ville, et nomment consul, pour la seconde fois, *Scipion Emilien*. Les Numantins font une vigoureuse résistance; mais *Numance* éprouve le sort de *Carthage*.

THÈSE XXV.

Depuis les Gracques, jusqu'à la guerre civile de Marius et de Sylla. De 620 à 665.

Les richesses avaient depuis long-temps corrompu les mœurs à Rome. La misère du peuple croissait, et la plus grande discorde régnait entre lui et le sénat. La guerre avec l'étranger avait suspendu leurs querelles à l'égard de l'inégalité des fortunes; la paix les fit renaître.

Les deux *Gracchus*, fils de l'illustre *Cornélie*, tentèrent une réforme que les circonstances rendaient impossible. *Tibérius*, beau-frère de *Scipion Emilien*, (1) s'était rendu

____

(1) Scipion Emilien fut trouvé mort dans son lit dans le temps qu'on allait le nommer dictateur. Métellus, son

célèbre par ses exploits, et, possédant le talent de l'éloquence, parvint au tribunat. Soit par ambition, soit par patriotisme, il défendit le peuple contre le sénat. Il fait renouveler la loi *Licinia*, c'est-à-dire, le partage des terres; les sénateurs ne gardent plus de mesures; se dirigent vers le capitole où se tenait l'assemblée; Tibérius haranguait le peuple dans ce moment: instruit du danger qu'il court, il porte la main sur sa tête, signal dont il était convenu de se servir pour demander du secours à ses amis. Ses ennemis publient aussitôt qu'il demande la couronne; on se précipite sur lui, et il est tué avec un grand nombre de ses cliens.

Caïus Gracchus possédait les mêmes qualités que son frère; il quitte la retraite où il s'était retiré et parvient enfin au tribunat: les conseils et les craintes de *Cornélie* ne purent l'empêcher de parvenir à cette charge. Il se montre encore plus zélé que son frère pour le peuple. Les sénateurs, qui le redoutaient, lui opposent *Livius Drusus* qui feint de protéger encore plus les plébéiens. *Gracchus* est envoyé à *Carthage* pour la faire rebâtir. En son absence tout est changé; le nombre de ses partisans diminue. De retour, il fait tous ses efforts pour se faire nommer de nouveau tribun: il échoue. On lui impute l'attentat commis sur la personne d'un licteur du consul *Oppimius*. Il se retire sur le mont *Aventin* où il est massacré avec tous ceux de son parti.

---

rival de gloire, fut sensible à cette perte; il dit à ses enfans: *Allez assister aux funérailles du plus grand homme que Rome ait produit; vous n'en verrez jamais de pareil.* On prétend que Scipion fut empoisonné.

Cornélie, mère des deux *Gracques*, supporta avec le courage d'un philosophe la perte de ses deux fils. On croyait que le malheur et l'âge lui avaient ôté le sentiment. Plutarque assure que ceux qui pensent ainsi, ignorent combien les bonnes qualités, développées par une bonne éducation, sont capables de résiscer au chagrin, et que la vertu supporte toujours avec courage les plus grands revers, quoique la fortune l'emporte quelquefois sur elle.

L'illustre mère des *Gracques* disait, en montrant ses deux fils, à une dame qui lui étalait ses bijoux : *Voilà les miens.*

Jugurtha, usurpateur du trône de *Numidie*, après avoir commis plusieurs meurtres, corrompt avec son or les Romains et échappe ainsi à leur vengeance. Cependant Rome, pour voiler le déshonneur de sa conduite à l'égard d'un pareil assassin, ordonne qu'on lui déclare la guerre.

Jugurtha remporte l'avantage au commencement ; mais le consul *Métellus* le réduit à la dernière extrémité. Celui-ci avait pour lieutenant *Marius*, homme obscur, sans éducation, audacieux, endurci à la fatigue, d'une ambition démesurée ; il s'était fait remarquer au siége de *Numance* et s'était attiré l'amitié de *Scipion* l'Africain. De simple soldat, il devint tribun militaire, puis tribun du peuple et enfin préteur ; c'était un homme à tout entreprendre pour l'exécution de ses desseins. Pour parvenir au consulat il n'eut pas honte de décrier son général *Métellus* qui avait été son bienfaiteur ; il osa même déclamer contre

les nobles; il fit tant et flatta tellement le peu
ple qu'il fut nommé consul et chargé de l[a]
guerre de *Numidie*, qu'il se flattait de ter
miner en peu de temps. Pour se faire une
idée juste du caractère de cet ambitieux, o[n]
doit lire sa harangue contre les nobles dan[s]
Salluste.

Cependant, malgré le courage de Marius
Jugurtha ne put être pris que par trahison
Sylla, questeur, et qui devint ensuite le ri
val de *Marius*, engage *Bocchus*, roi de *Mau*
ritanie, à se joindre aux Romains; *Bocchu[s]*
attire *Jugurtha*, son beau-père, à un rendez-
vous, où il lui promettait même de lui livre[r]
Sylla. Le Roi *numide* est arrêté et conduit à
Rome, où il orna le triomphe de *Marius*; il
mourut en prison. Tel devrait être le sort de
tous les scélérats.

Enfin les Romains, redoutables partout où
ils se montraient, trouvèrent dans les *Teutons*
et les *Cimbres* (1), des hommes capables de
leur résister. Cinq consuls avaient déjà été
battus par eux.

On opposa, à ces barbares, *Marius*, qui
conserva le consulat jusqu'à leur défaite entière. Cet habile capitaine, qui retournait
vainqueur de l'*Afrique*, montra dans cette
nouvelle guerre un courage extraordinaire et
la plus parfaite prudence. Aimé de ses soldats,
il se servait encore d'une prophétesse pour
mieux faire exécuter ses desseins. Cette poli-

---

(1) Ces barbares, sortis du nord de l'Europe, se diri-
gèrent sur le Tyrol, pénétrèrent dans la Gaule et firent
alliance avec quelques peuples de ce pays.

que lui fut d'un grand avantage; en effet,
en ne paraissait impossible aux Romains dès
le l'oracle ordonnait.

Marius accoutume ses troupes à ne pas s'ef-
ayer des hurlemens des *Teutons;* il tempo-
se, jusqu'à ce qu'il trouve une occasion fa-
rable, il les attaque près d'Aix en Provence,
651, et fait un tel carnage, que l'ennemi
ssa, dit-on, sur le champ de bataille, en-
ron cent mille morts. L'année suivante, pour
cinquième fois consul, il défait également
s *Cimbres* près de *Verceil. Plutarque* nous
sure que ces barbares se pendirent de déses-
ir, et que les arbres manquant, ils s'atta-
èrent à la queue de leurs chevaux pour se
nner la mort en se fesant traîner. *Sylla*
mmandait une partie de l'armée avec le *pro-
nsul Catulus,* qui partagea l'honneur du
iomphe avec *Marius.* C'est au proconsul qu'on
it la victoire, plutôt qu'à *Marius,* et cepen-
nt celui-ci est devenu célèbre, tandis que
lui-là est oublié; tels sont les caprices de la
rtune!

Marius se fait nommer consul pour la
xième fois; mais cette fois son argent eut
us de part à sa nomination que la bonne
lonté du peuple. Il s'attache le tribun du
euple *Saturnius,* et le préteur *Glaucia,* qui
nt assassinés à cause de leur cruauté et de
urs vexations.

L'illustre *Métellus,* qui avait été exilé à l'é-
oque du sixième consulat de *Marius,* est rap-
elé. Le vainqueur des *Teutons* passe en *Asie*
our n'être pas témoin de sa rentrée.

Drusus, tribun du peuple, illustre par sa

naissance et par ses talens, fit beaucoup
changemens dans la république, en faveur
peuple; pour y réussir il s'était appuyé
parti des alliés. dont l'influence était de
grande à Rome. *Drusus* leur promettait le dr
de citoyen: mais de grands obstacles s'oppos
rent aux efforts qu'il fesait pour tenir sa pr
messe. Les alliés au désespoir, jurent la per
des deux consuls. *Drusus*, instruit de le
dessein, a la générosité d'avertir le cons
Philippe, son cruel ennemi; peu de tem
après, il est lui-même assassiné; ce fut le fru
de sa générosité. Rien ne fait mieux connai
tre la vertu de ce malheureux tribun, que l
trait suivant : un architecte qui lui bâtissa
une maison, lui proposait de la tourner d
façon que personne ne put le voir : *Faites-l
plutôt*, répondit-il, *de manière que mes actions soient exposées à la vue de tout l
monde.*

A la mort de *Drusus*, les alliés, dont le
principaux étaient les *Samnites* et les *Marses*,
prennent les armes : ils combattent avec quelques succès contre *Pompée*, *Sylla* et *Marius*.
Rome termina cette guerre, appelée *sociale*,
en accordant le droit de citoyen à chaque allié,
à mesure qu'il se séparait de la cause commune.

Guerre so-
ciale.

THÈSE XXVI.

Depuis la guerre civile de Sylla et de Marius, jusqu'au
changement de la république en monarchie militaire. De 665 à 726.

La guerre *sociale* amena la guerre civile.
Les Romains étaient habitués à la révolte; un

dbitieux voulait-il parvenir? il n'avait qu'à
endre les armes; il ne manquait pas de par-
ins; c'est ce que firent Sylla et Marius.

Sylla, descendant de l'illustre famille *Cor-*
ia, par *Cornélius Rufinus* qui fut chassé
Rome en 477, parce qu'il possédait plus de
nze marcs de vaisselle d'argent, était d'un
ictère à se plier à tout, selon les conjonctu-
; d'un esprit cultivé par l'étude, d'une
ade ambition et d'un grand courage. Après
uerre de Numidie, il s'éleva aux premiè-
lignités, soit par son argent, soit par ses
igues; dans la guerre sociale il surpassa
ourage *Marius,* sous qui il avait servi en
ité de lieutenant dans la guerre contre
urtha. Ses exploits lui valurent le consu-
Il est chargé de la guerre contre *Mithri-*
, roi de Pont; mais Marius lui enlève le
mandement par le moyen du tribun *Sul-*
s.

lla, qui était à la tête de ses soldats hors
ome, y rentre l'épée à la main, résolu
ut incendier à la moindre résistance. *Ma-*
et *Sulpicius* prennent la fuite. N'ayant
rien à craindre, Sylla maintient le bon
. Il fait proscrire par le sénat *Marius,*
fils, *Sulpicius* et autres; *Scévola* fut le
qui osa lui résister; ce citoyen vertueux
épondit en cette manière, lorsqu'il pro-
la proscription : *Ni vos soldats, ni vos*
ices, ne m'obligeront à déshonorer ma
lesse, en déclarant ennemi de Rome,
par qui Rome et l'Italie ont été sauvées.
ependant *Marius,* caché dans les marais
linturnes, est pris; le soldat qui devait le

tuer, n'ose toucher un si grand homme;
Minturnois le font évader en *Afrique;* le g
verneur de cette province lui ayant signifié
sortir, il dit à l'officier, chargé de cet ord
Va lui dire que tu as vu Marius fugitif sur
ruines de Carthage! Il passa de là dans une
où il attendit, avec son fils, une occasion
vorable pour retourner à Rome.

Cinna, élu consul, fait toutes sortes
changemens; force *Sylla* à partir pour
guerre de *Pont,* en l'accusant; il trouve
adversaire dans son collègue *Octavius.* Cin
partisan de *Marius,* parent et ennemi de Syl
est chassé de Rome. Il y rentre avec Mar
et fait un massacre de tous les ennemis. M
rius surpasse son collègue en cruautés; tout
livré au carnage; tous les plus illustres R
mains sont proscrits ou égorgés. Catulus,
illustre proconsul à qui on était redevable
la victoire sur les Teutons et les Cimbr
Catulus lui-même fut exilé. Antoine, orat
que Cicéron estimait tant, éprouva le mê
sort. Cinna et Marius exercent le consu
sans daigner se faire élire. Celui-ci redout
le retour de Sylla qui était vainqueur, che
che à noyer ses inquiétudes dans la boiss
Ces excès de vin lui donnent une mort qu
désire et qui est digne de ce monstre rassa
de sang et de carnage. Ce grand capitaine av
sauvé sa patrie, mais il ternit sa gloire
voulant la perdre à la fin de ses jours.

Mithridate.   *Sylla* attaque Mithridate, Roi de Pont,
descendait des Rois de perse; ce prince,
venu puissant par ses conquêtes, sur ses v
sins, était un ennemi redoutable aux Romai

l avait profité des troubles de Rome pour
tendre son empire ; il s'était rendu maître de
Grèce. Le général romain pénètre dans cette
rovince et le fait rentrer dans le devoir. Il
onne deux batailles, désespérant de gagner
seconde, et voyant ses soldats prendre la
ite, il descend de cheval, saisit une ensei-
e, et se précipitant sur l'ennemi : *Il m'est
rieux de mourir ici, s'écrie-t-il ; vous au-
s, si l'on vous demande où vous avez aban-
né votre général, vous répondrez : à Ar-
mène.*

Flaccus, envoyé par le sénat pour ôter le
mmandement à Sylla, est tué par son lieu-
ant *Fimbria* ; celui-ci fait la guerre en
e ; mais se voyant abandonné de ses trou-
et attaqué par *Sylla*, qui venait d'accor-
la paix à Mithridate, se perce de son
e.

ylla, de retour à Rome avec quarante
le hommes, est obligé de combattre une ar-
de deux cent mille ; mais le talent de la
suasion lui attire la plupart des citoyens
stres, entre autres *Pompée, Céthégus* et
rès ; une armée consulaire se range sous
drapeaux. Il excitait le courage de ses sol-
, il leur inspirait la confiance ; *Crassus*,
oyé pour faire des levées, était forcé de
erser un pays qu'occupait l'ennemi ; il de-
de une escorte : *je te donne pour escorte,*
dit Sylla, *ton père, ton frère, tes proches,*
gnement *égorgés et dont je poursuis la*
geance. Animé par ces paroles, Crassus
onte tous les dangers et remplit son message.
e vainqueur de Mithridate défait les ar-

mées de la république, entre dans Rome, e
670, et se livre à toutes sortes d'atrocités
Tout citoyen qui lui fait ombrage est tué o
proscrit. Catilina fut un des principaux mi
nistres de sa cruauté et de sa fureur. Pou
rétablir les maux de la république, il engag
le peuple à le nommer dictateur pour un temp
illimité : il le fut en 672. Il rétablit le bo
ordre ; fait de bonnes lois ; en 674, ce des
tructeur du genre humain abdique coura
geusement et s'offre même à rendre compt
de sa conduite. Cette abdication paraîtrait e
core plus extraordinaire, si on ne voyait pa
que Sylla n'avait rien à craindre pour sa vie
ayant pour protecteurs et les soldats qu'il avai
comblés de richesses, et les esclaves qu'il avai
affranchis.

Cet habile et heureux général, fléau le plu
terrible qu'aient enfanté les discordes civiles
mourut des suites de ses débauches, à l'âg
de soixante ans, une année après son abdica
tion. Sylla paraissait avoir un cœur penchau
plutôt vers la bonté que vers la cruauté ; i
devint cruel et oppresseur, pour réprimer l
cruauté et l'oppression de l'ambitieux Marius
les circonstances en firent le plus grand de
scélérats ; d'autres temps en eussent peut-êtr
fait le plus vertueux des citoyens.

Lépidus prend les armes pour obtenir u
seconde fois le consulat ; il est vaincu pa
Pompée et par Catulus. Il se réfugie en Sar
daigne où il meurt du chagrin que lui cau
la mauvaise conduite de sa femme.

Pompée. Pompée avait été envoyé en Espagne pou
soumettre Sertorius, qui, avec peu de trou

pes, par son courage et ses talens militaires, avait déjà résisté victorieusement à plusieurs généraux romains. Après avoir terminé cette guerre, il reçut les honneurs du triomphe, et, quoique simple chevalier, il les avait déjà eus une fois, après une expédition en Afrique. *Sylla* refusait d'y consentir : *Pensez-donc*, lui dit Pompée avec fierté, *que le soleil levant a bien plus d'adorateurs que le soleil couchant.* Cette hardiesse ramena le dictateur.

La république avait à combattre des ennemis encore plus redoutables ; les esclaves de Sicile se soulevèrent sous le commandement de Spartacus, habile général de Thrace. Ils augmentèrent tellement en nombre, ils combattirent avec tant de courage, qu'ils défirent les armées de deux consuls et d'un préteur, qui étaient venus les attaquer. En 682, Crassus est envoyé contre eux et les défait ; il fallait un tel capitaine pour y réussir. *Spartacus*, qui fut forcé par ses soldats d'engager un combat décisif, se conduisit en général expérimenté et courageux ; au moment de commencer l'action, il fait tuer son cheval en disant : *Je n'en manquerai pas si je suis vainqueur, je n'en aurai pas besoin si je suis vaincu.* La victoire fut long-temps douteuse ; enfin *Spartacus* fut tué et les esclaves vaincus.

Pompée bat quelques fuyards qui s'étaient alliés, et, s'attribuant l'honneur de la victoire, écrit au sénat : *Crassus a remporté la victoire sur les esclaves ; mais j'ai coupé jusqu'aux racines de la rébellion.* En flattant les préjugés du peuple, il s'en fait aimer et est nommé consul, malgré les profusions de Crassus, son collègue. Il obtient le pouvoir de faire la guerre aux pirates qui infestaient la Méditerranée; ce pouvoir était excessif; il devait le garder pendant trois ans et pouvait lever autant de soldats qu'il voulait. Il détruisit les pirates en quatre mois et augmenta par là l'enthousiasme que le peuple avait pour lui.

Lucullus et *Cotta*, consuls, sont envoyés contre Mithridate qui avait recommencé la guerre : le premier sauve son collègue, battu par le Roi de Pont. Il chasse ce monarque de ses états. Mithridate fugitif, fait empoisonner ses sœurs, ses femmes et surtout la fameuse *Monime*, de peur qu'elles ne tombent au pouvoir du vainqueur. Lucullus traverse l'Euphrate, le Tigre, et défait les Arméniens; passe l'année suivante le mont Taurus et met en fuite *Tigrane*, roi d'Arménie, gendre de Mithridate, dont il avait pris la défense.

Les soldats n'aimaient pas Lucullus ; ils l'abandonnent après la défaite d'une armée romaine que commandait *Tiagrius*; elle avait été battue par *Tigrane* et *Mithridate*, qui, profitant de la discorde qui régnait parmi les troupes ennemies, étaient rentrés dans leurs royaumes.

On rappelle Lucullus et *Pompée* le remplace; Lucullus obtint le triomphe à son retour à Rome, quoique *Pompée* l'eût décrié avec bassesse. Il vécut dans la retraite. Il est célèbre non-seulement par la guerre contre Mithridate, mais encore par son luxe et sa magnificence. Un jour qu'il mangeait seul, son maître d'hôtel le servit d'une manière moins somptueuse qu'à l'ordinaire : *Ne savais-tu pas*, lui dit-il, *que Lucullus soupait aujourd'hui chez Lucullus?*

Cet homme illustre se conduisit dans la guerre en grand capitaine romain, et en satrape de *Perse* dans sa vie privée.

Mithridate, abandonné de tous ses alliés, se dirige vers le Bosphore; mais au moment où il se disposait à suivre l'exemple d'Annibal, en portant la guerre en Italie, il apprend la révolte de son fils *Pharnace*; il se perce de son épée dans un château où il était assiégé par ses propres sujets. Ce Roi défiant et soupçonneux s'était tellement accoutumé au poison qu'il lui fut impossible de s'empoisonner.

Les Romains, transportés de joie en apprenant sa mort, récompensèrent *Pharnace*, en lui donnant le royaume du Bosphore.

Tandis que Pompée combattait dans la Syrie et qu'il enlevait ce royaume à *Antiochus* l'Asiatique, légitime héritier des *Séleucides*, Rome faillit être détruite par la scélératesse de *Catilina*. Ce Romain, d'une famille illustre, ambitieux, accablé de dettes et capable de tout entreprendre, à la tête des mécontens et des débauchés, forme l'affreux projet d'incendier la ville et d'assassiner les principaux citoyens. Cicéron est instruit du complot par *Fulvie*, épouse de *Curius*, l'un des conspirateurs. Il s'en sert adroitement pour se faire nommer consul; il fait donner le consulat à *Antoine*, et écarte Catilina lui-même, son compétiteur. Celui-ci, trompé dans son attente, presse l'exécution de ses horribles desseins. Cicéron le dénonce en plein sénat; Catilina se sauve, réunit ceux de son parti et se prépare à se défendre; Antoine marche contre lui et taille en pièces cette armée de révoltés. Catilina fut tué dans la mêlée.

Jules-César, gendre de Cinna, avait quitté Rome pendant la proscription de *Sylla*; celui-ci avait dit à ceux qui, pour le sauver, le fesaient passer pour un homme de plaisirs et de débauches: *Ne voyez-vous pas dans ce jeune homme plus d'un Marius?* le dictateur l'avait bien jugé. Il rentre dans Rome; s'attache le peuple par des profusions; rassemble les partisans de Marius et attend une occasion favorable pour se déclarer. Les traits suivans donnent une idée de son caractère. Un jour, en lisant l'histoire d'*Alexandre-le-Grand*, *hélas!* dit-il en pleurant, *Alexandre avait conquis à mon âge tant de royaumes, et moi je n'ai rien fait encore de mémorable!* En passant dans un village des Alpes, un de ses gens demandait si l'on briguait aussi les charges en ce pays; César répondit: *J'aimerais mieux être ici le premier, que le second à Rome.*

De retour de l'Espagne, où il avait eu le commandement d'une armée, il aspirait au consulat; il avait besoin d'être soutenu par Crassus ou par Pompée, rivaux ennemis; il ne pouvait s'attacher à l'un sans irriter l'autre. Il fait tout son possible pour les réconcilier, il y parvient. Il leur propose de gouverner la république tous les trois ensemble: ils forment le triumvirat. Le célèbre Caton prévit que ce corps entrainerait la ruine de la république.

Dès qu'il est nommé consul, il donne une

loi agraire plus sage que les précédentes ; le sénat et Caton s'y opposent ; mais la loi passe par le moyen de Crassus et de Pompée. De peur de perdre la protection de ce dernier, César lui donne sa fille en mariage, et craignant l'éloquence de Cicéron, il fait nommer au tribunat Claudius, ennemi irréconciliable de l'orateur ; il se fait accorder le commandement des Gaules pour cinq ans et quatre légions ; il savait que les armes seules pouvaient favoriser ses entreprises.

Claudius établit une loi qui déclare criminel quiconque a fait mourir un citoyen avant le jugement du peuple. Il n'en voulait qu'à Cicéron ; les complices de Catilina avaient été mis à mort sans le jugement du peuple ; mais Cicéron n'avait fait que suivre l'ordre du sénat. Cet orateur, d'un caractère pusillanime, demande en suppliant et en habit de deuil, du secours ; il ne trouve que des ingrats ; Pompée, lui-même, lui ferme sa porte ; il n'attend pas d'être exilé, il quitte Rome et se retire en Grèce.

Pompée reconnaît ses erreurs ; irrité contre Claudius, qui ne le ménageait plus, et jaloux de la gloire que César acquérait dans les Gaules, il fait rappeler Cicéron ; celui-ci est comblé d'honneurs en arrivant à Rome ; ses maisons sont rebâties aux dépens de la république. Son crédit procure à Pompée, à l'occasion d'une disette de grains, la charge de surintendant des vivres dans tout l'empire pendant cinq ans.

Les triumvirs s'unirent par de nouveaux engagemens. Pompée obtint le consulat de l'Espagne ; Crassus, celui de la Grèce, de la Syrie et de l'Egypte ; les amis de César lui firent continuer pour cinq ans son commandement des Gaules ; la république donna à ces trois généraux un pouvoir illimité.

Crassus, après avoir pillé le temple de Jérusalem, attaque les Parthes, peuple redoutable dans la guerre. Les Romains sont taillés en pièces, et Crassus est tué ainsi que son fils. Ce général qui ne fesait la guerre que pour assouvir sa cupidité, avait jusqu'alors balancé le pouvoir de César et de Pompée. A sa mort, toutes les factions reparaissent à Rome, tout est dans le désordre ; Claudius est assassiné par Milon.

Caton, dans l'intérêt de la liberté, s'oppose à ce que Pompée soit nommé dictateur ; il propose de le nommer seul consul ; il était par ce moyen, comptable de sa conduite. Pompée fut donc seul consul, chose qu'on n'avait pas encore vue. Il créa deux nouvelles lois contre la violence et la brigue : ces lois eussent été bonnes, si on les avait suivies ; d'après la première, il fait condamner Milon à l'exil, pour avoir tué Claudius. L'éloquence de Cicéron, son ami et son défenseur, ne put le sauver. Pompée, lui-même, viola la seconde en fesant absoudre Métellus Scipion, accusé de brigue, et près d'être condamné.

César, de victoires en victoires, avait porté ses armes jusque dans la Grande-Bretagne. Ses conquêtes et ses richesses lui avaient gagné un grand nombre de partisans. La fin de son gouvernement approchait, et Pompée employai tous les moyens pour le faire rappeler ; s'il avai

réussi, César dépouillé du commandement militaire eût été remis au niveau des simples citoyens. *Curion*, son partisan, pour détourner
le coup que voulait lui porter *Pompée*, est
d'avis de continuer ou de révoquer ces deux
généraux, tous deux à craindre pour la république. *Pompée* n'y veut pas consentir; *Curion*
prétend qu'on doit les déclarer tous deux ennemis du peuple, s'ils ne quittent pas leur
commandement. César de son côté consent à
abdiquer si son rival abdique.

Pompée refuse, persuadé que les consuls et
le sénat suffisaient pour exécuter ses desseins.
César, capitaine courageux et expérimenté,
avait pour lui le peuple et une armée victorieuse. La guerre civile s'allume; César est déclaré ennemi de Rome, s'il ne cesse pas ses
fonctions de général. *Pompée* est chargé de
défendre la république en 704; après avoir
beaucoup hésité, César passe le *Rubicon*, et
Rome consternée prend les armes contre lui.
Rien ne résiste à son courage; *Pompée* quitte
l'Italie; César est maître du trésor; soumet l'Espagne; porte la guerre en *Macédoine*, contre
son rival, et le défait à la fameuse bataille de
Pharsale en 705. Il usa de modération après
la victoire; il fit brûler les papiers de Pompée,
en disant, qu'il aimait mieux ignorer des crimes que d'être obligé de les punir.

Pompée se réfugia en Égypte, où il fut assassiné sous le règne du fils de Ptolémée Au-
lète, qu'il avait lui-même rétabli sur son trône.
César ne témoigna que de l'indignation et de
l'horreur envers ce Roi perfide.

La belle Cléopâtre, sœur et femme du Roi Cléopâtre.

d'Egypte, devait partager la couronne avec lui. César soutient ses droits, et livre une bataille où Ptolémée fut tué avec son ministre *Photin*. Une partie de la bibliothèque des Ptolémées fut brûlée.

Cléopâtre mise sur le trône, César porte la guerre contre Pharnace, Roi du Bosphore et fils du célèbre *Mithridate*. Il le défait entièrement. C'est en parlant de cette expédition, qu'il dit ces trois phrases laconiques : *veni, vidi, vici*, je suis venu, j'ai vu, j'ai vaincu.

Il retourne à Rome ; il y fait son entrée en maître ; il met fin à tous les troubles, et pardonne à tout le monde. Pendant que les attraits de Cléopâtre prolongeaient son séjour en Egypte, les fils de Pompée, Scipion et Caton avaient rassemblé des troupes en Afrique, pour s'opposer à lui.

Le conquérant des Gaules marche en Afrique, et remporte trois fois la victoire : Caton, renfermé dans la ville d'Utique, conseille à ses amis de prendre la fuite ou de se rendre au vainqueur. Quant à lui, pour ne pas survivre à la liberté de sa patrie, il se donne la mort avec son épée, après s'être entretenu tranquillement avec deux philosophes, et avoir lu le dialogue de Platon, sur l'immortalité de l'âme. César, apprenant sa mort : *O Caton*, s'écrie-t-il, *je t'envie ta mort puisque tu m'as envié la gloire de te conserver la vie*. Il fut surnommé *Caton d'Utique*. Ce Romain était vertueux ; mais il manquait de beaucoup de prudence.

César, de retour à Rome, est comblé d'honneurs, on lui décerne quatre triomphes en un mois. Il fut nommé dictateur pour dix ans,

Les profusions faites aux soldats, les jeux, les spectacles et les repas, où vingt-deux mille tables étaient servies, lui attiraient l'admiration et l'amour du peuple. La liberté n'était plus qu'une ombre.

Il réforme le calendrier.

Après la bataille de Munda en Espagne, où il défit les deux fils de Pompée, qui s'étaient de nouveau révoltés, il fut nommé dictateur perpétuel avec le titre d'empereur; ce titre était donné aux généraux qui avaient mérité de la patrie; mais ils le quittaient avec leur commandement; il devint dans la suite celui des Rois.

César avait irrité les républicains, soit par son orgueil, par son imprudence. *Cassius* forme une conspiration; il y fait entrer Brutus, descendant du premier consul et gendre de Caton; Brutus ne pouvait souffrir la royauté, quoiqu'il dût la vie à César, et qu'il en fût aimé comme un fils. Les entretiens de Cassius et des lettres anonymes, ainsi conçues: *Tu dors Brutus; tu n'es plus le même*, réveillèrent en lui l'amour de la liberté. Son épouse *Porcia*, fille de Caton, voyant que son mari lui cachait quelque chose d'important, se fait une profonde blessure à la cuisse, pour voir si elle était assez forte pour résister à la douleur. Assurée de garder le secret dans les tourmens même les plus cruels, elle montre la plaie à son époux, lui en explique la cause. *Fasse le ciel*, s'écrie *Brutus*, après lui avoir confié le secret, *que je me rende digne d'être époux de Porcia!*

César devait être assassiné en plein sénat;

soit soupçon, soit pressentiment, il balançait de se rendre à l'assemblée : cependant il brave tout, persuadé que la république n'attenterait pas à ses jours, dans un moment où elle avait besoin de lui pour réparer la défaite que *Crassus* venait d'essuyer en fesant la guerre contre les Parthes. Les conjurés le percent de coups. Ayant aperçu Brutus, il s'écrie : *Et toi aussi, mon fils Brutus!* il se couvre aussitôt de son manteau et reçoit ainsi la mort à l'âge de cinquante-cinq ans.

Octavius, depuis Auguste, était alors âgé de dix-huit ans et étudiait en éloquence à Apollonie en Épire. Il était petit-fils de Julie, sœur de Jules-César : à la mort de son oncle il se rend à Rome et ne craint pas de se déclarer son héritier. Il se brouille et se réconcilie plusieurs fois avec Antoine qui était consul. Le parti républicain se fortifiait : Octavius, en habile politique, se joint à Lépidus et à Antoine, pour marcher contre Brutus et Cassius qui étaient en armes dans la Macédoine. Ils conviennent de se partager le gouvernement sous le nom de triumvirs. Lépidus est chargé de gouverner à Rome, et Antoine et Octavius, de faire la guerre aux conjurés.

On livre la bataille de Philippes, en 711, sur les confins de la Macédoine et de la Thrace. Brutus veut engager l'action malgré l'avis contraire du prudent Cassius : il taille en pièces les légions d'Octavius qui s'était caché sous prétexte de maladie ; autant celui-ci était habile au cabinet, autant il était lâche un jour de combat. Le vainqueur poursuit les fuyards. Antoine saisit ce moment, tombe sur les troupes de Cassius et les met en fuite; celui-ci ne connaissant pas l'heureuse position de son collègue, se fait tuer par un de ses affranchis. Brutus suit l'avis de Cassius, il évite une seconde bataille, persuadé que l'ennemi ne pourrait rester long-temps en ce pays sans manquer de vivres; mais ses soldats le forcent d'en venir aux mains; il est battu, et, à l'exemple de son collègue, il se donne la mort d'un coup d'épée. Avec eux périt la république.

Les triumvirs, pour cimenter leur union, avaient fait massacrer leurs plus proches parens et leurs plus grands amis. Lépidus sacrifie son frère: Antoine, son oncle, et Octavius, Cicéron.

On peut se faire une idée claire du caractère de Cicéron et de Caton, en lisant le passage suivant de Montesquieu : « Je crois, dit-il, que « si Caton s'était réservé pour la république, « il aurait donné aux choses un tout autre « tour. Cicéron, avec des parties admirables « pour un second rôle, était incapable du pre- « mier ; il avait un beau génie, mais une « âme souvent commune. L'accessoire chez « Cicéron, c'était la gloire. Cicéron se voyait « toujours le premier : Caton s'oubliait tou- « jours. Celui-ci voulait sauver la république « pour elle-même, celui-là pour s'en vanter. »

Les triumvirs se défirent de tous ceux qu'ils redoutaient encore. Antoine va en Asie pour en retirer tout l'argent possible ; il force Cléopâtre, reine d'Egypte, à se justifier de la conduite équivoque qu'elle avait tenue pendant la guerre. Elle parut devant lui, non en accusée, mais en reine triomphante. Elle n'eut pas de peine à le captiver par ses charmes ; Octavius saisit cette occasion pour mettre ses projets ambitieux à exécution. Il se défait de Lépidus qui lui demande la vie en suppliant et qui finit ses jours dans l'obscurité. Fulvie, épouse d'Antoine, le brouille avec Octavius, pour l'obliger à quitter Cléopâtre. Réconciliés de nouveau, et après avoir partagé entre eux toutes les provinces, Antoine retourne auprès de la reine d'Egypte. Pendant son séjour à Athènes, les habitans poussèrent la flatterie jusqu'à lui donner Minerve en mariage. Il se livra à toutes sortes d'excès : il donna des royaumes à Cléopâtre et aux enfans nés de leurs amours.

Octavius se déclare contre lui : l'accuse devant le sénat et se prépare à la guerre. Antoine, loin d'en venir à un accommodement, répudie Octavie, sœur de son collègue, qu'il avait épousée après la mort de Fulvie. La nouvelle des préparatifs de guerre de son ennemi ne lui fait point abandonner les festins et les plaisirs ; du milieu de la plus affreuse débauche il se dispose à combattre.

Bataille d'Actium.

En 722, on livre la fameuse bataille navale d'*Actium*. Cléopâtre qui avait conseillé à Antoine d'engager le combat sur mer, quoiqu'il fût plus fort sur terre, prit la fuite avec ses galères, au milieu de l'action. Celui-ci, qui avait montré le plus grand courage dans les autres guerres, abandonne ses troupes et suit sa maîtresse. Agrippa, général d'Octavius, remporte la victoire. L'armée de terre d'Antoine passe sous les drapeaux. Le vaincu se donne la mort l'année suivante dans la ville d'Alexandrie. La belle Cléopâtre, pour ne pas servir à l'ornement du triomphe du vainqueur, se la donne aussi par la piqûre d'un aspic.

Octavius se vit enfin maître de la république en 724.

Les vices, les richesses des Romains et la bataille d'Actium détruisirent, jusqu'aux fondemens, cette république qui n'en méritait plus le nom depuis long-temps.

THÈSE XXVII.

Depuis l'an de Rome 726, jusqu'au règne de Vespasien.
De 17 à 69 de J.-C.

La liberté perdue, il n'y avait qu'un gouvernement tel que celui d'Octavius pour remédier à tous les désordres de Rome. Il se fait donner le nom d'*Auguste* par le sénat. Pour mieux tromper le peuple il feint de vouloir abdiquer: il consulte ses deux ministres Agrippa et Mécène ; il suivit le conseil de celui-ci qui lui disait de n'en rien faire pour le bien public et pour la sûreté de sa personne. Agrippa, vrai citoyen, lui conseillait d'exécuter un si généreux projet. Auguste est prié d'accepter la dictature pendant dix-ans (le sénat avait connu sa feinte); ainsi de dix ans en dix ans, il fut toujours maître, ayant seulement le nom honorifique d'*empereur*. On le surnomma dans la suite *le Père de la Patrie*.

Le peuple et le sénat n'avaient qu'en apparence les droits qu'ils avaient sous la république : il n'y avait plus de liberté. Quoi qu'il en soit, Auguste n'aurait pas régné long-temps s'il avait eu l'imprudence de se faire nommer roi : il l'était réellement, et cependant les Romains n'auraient pas souffert qu'il en eût pris le titre.

Auguste fut obligé de faire la guerre aux Germains, peuple libre et belliqueux, habitant au-delà du Rhin. Drusus fut envoyé contre eux : mais cet excellent général mourut dans sa trente-unième année, après avoir remporté plusieurs fois la victoire. Tibère, son frère aîné, qui s'était déjà illustré en combattant contre les Daces, les Dalmates, etc., le remplaça et termina heureusement la guerre. Auguste refusa les honneurs du triomphe. Le temple de *Janus* fut fermé pendant douze ans.

Mécène, adroit courtisan et habile ministre, lui attirait les éloges de tous les hommes de lettres, en leur prodiguant des faveurs. Sous son ministère, la littérature fut poussée au plus haut degré : il fut le protecteur d'Horace et de Virgile; il mourut en 745, bien regretté de l'empereur.

Auguste ne se montrait jamais en public sans être couvert d'une cuirasse; ses craintes le forcèrent à désigner Agrippa pour son successeur. Pour dissiper totalement ses inquiétudes, les sénateurs s'offrirent à le garder chacun son tour. Le jurisconsulte Labéon, partisan zélé de la république, fut cause qu'on n'exécuta point ce projet en fesant cette plaisanterie : *Je suis dormeur, ne comptez pas sur moi.*

L'empereur, au comble de la fortune dans sa vie politique, n'était pas heureux dans sa vie privée. Sa famille ne lui causa que des chagrins : sa fille Julie donna tant de publicité à ses débauches qu'il fut obligé de la faire condamner à l'exil, par le sénat. Sa petite-fille, du même nom et aussi débauchée que sa mère, fut traitée comme elle. Ses fils Caïus et Julius qu'il avait adoptés, moururent fort jeunes. Il fut forcé d'adopter Tibère, son gendre, qu'il n'aimait pas et qui s'était retiré depuis sept ans à Rhodes.

Une conspiration redouble ses inquiétudes ; Cinna, petit-fils de Pompée, avait juré sa perte : il était chef du complot. Auguste en est instruit, il balance entre la vengeance et le pardon ; cependant la crainte de se rendre odieux par sa cruauté, et les conseils de Livie, l'engagent à pardonner. Il mande Cinna et le fait consul, après lui avoir reproché sa perfidie ; il se fit, par ce moyen, un ami qui lui fut toujours fidèle.

Ce fut neuf ans après la naissance de J.-C. que Varus, à la tête de trois légions, fut entièrement battu par les Germains, sous le commandement d'Arminius, Germain, devenu chevalier romain, qui les avait soulevés pour délivrer sa patrie. Le général romain se donne la mort de désespoir. L'empereur fut tellement affligé de cette perte, qu'on dit qu'il frappait la tête contre les murailles en s'écriant : *Varus, rends-moi mes légions !* Tibère fut envoyé en Germanie ; sa prudence fit rentrer les ennemis dans le devoir. A son retour, Auguste l'associa à l'empire, et le sage Germanicus fut laissé avec huit légions pour garder le Rhin.

Défaite de Varus.

Auguste mourut à l'âge de soixante-seize ans, après en avoir régné quarante-quatre.

Mort d'Auguste. De J.-C. 14.

On prétend qu'il dit à ses confidens, au moment de sa mort : *N'ai-je pas bien joué mon rôle ? la pièce est finie, applaudissez.*

On ne peut refuser des éloges à sa manière de gouverner ; il s'attachait à faire oublier la perte de la liberté. On peut dire que les bontés d'Auguste firent oublier les cruautés d'Octavius.

Tibère lui succéda l'an 14 de J.-C. ; à peine monté sur le trône il fit assassiner le jeune Agrippa, qu'Auguste avait adopté, et qu'il avait ensuite exilé à cause de ses vices. Après ce trait de barbarie, il feint de refuser l'empire ; il se fait prier de l'accepter. Il gouverne d'abord avec douceur parce qu'il craint Germanicus qui est adoré de l'armée. Les troupes de Germanicus s'étaient déjà révoltées en faveur de ce général, qui, loin d'en profiter, les fit rentrer dans l'ordre. Tibère, jaloux de sa gloire, le rappela au moment où il se disposait à attaquer les Germains, qui avaient pris de nouveau les armes. Il l'envoya ensuite en Asie, où plusieurs provinces s'étaient révoltées. Pison fut nommé en même temps gouverneur de Syrie. Germanicus remporte partout la victoire ; mais il tombe malade et meurt à Antioche, conjurant ses amis de poursuivre Pison par qui il croyait avoir été empoisonné. Pison est accusé à Rome ; tous les Romains étaient tellement irrités de la mort de Germanicus que Tibère n'osa pas protéger ouvertement l'accusé. Il fut condamné à mort. On ne doute pas qu'il n'eût agi d'après les ordres de l'Empereur : ce qui semble le prouver, c'est la lettre que Pison lui écrivit pour lui recomman-

ler ses enfans. Il fut trouvé mort dans sa chambre le lendemain, nouveau soupçon sur Tibére.

L'empereur se retire dans l'île de Caprée,
qu'il rend célèbre par ses débauches et ses
cruautés. Il quittait Rome, parce qu'il ne pouvait s'y livrer en liberté à tous ses vices et à
ses fureurs.

Séjan son ministre, conspire contre lui;
Tibère le ramène par la douceur; le fait nommer consul; le dénonce dans la suite au sénat
et le fait exécuter. Dès-lors il ne garde plus
de ménagement; il déploie toute sa cruauté.
Etant tombé malade, il fut étouffé sous des
matelas, par l'ordre de Macron, préfet des
cohortes prétoriennes, qui avait épousé le
parti du jeune Caïus, fils de l'infortuné Germanicus.

Caïus, surnommé *Caligula*, était chéri des
Romains, comme fils de Germanicus; mais il
attira leur haine, en se montrant digne de
succéder à Tibère. Il devint un monstre de
tyrannie. On jugera de sa cruauté par les traits
suivans : *Plût à Dieu que le peuple Romain
eût qu'une tête,* disait-il, *je la couperais
un seul coup.* Étant en présence des consuls
se mettant à rire : *Je pensais,* leur dit-il,
*que je puis d'un clin-d'œil vous faire égorger
tous deux.*
Caligula porte la folie jusqu'au point de se
faire adorer comme Jupiter, Junon, Bacus,
etc... Il fut assassiné par Chéréa, tribun
une cohorte prétorienne, à la fin de la quatrième année de son règne, 41 ans de J.-C.
Quoique les sénateurs et Chéréa voulussent
établir la république, les soldats qui dési-

raient un empereur, parce qu'ils y trouvaie[nt]
leur avantage, proclament Claude, qui tren[-]
blait d'être tué. Il était frère de Germanicu[s,]
bon, mais esprit faible; sans éducation,
était incapable de régner.

Messaline, son épouse, célèbre par ses dé[-]
bauches et ses crimes, régnait à sa pla[ce]
avec quelques affranchis, dont les plus conn[us]
sont Narcisse et Pallas. Elle fit tuer Silan[us]
qu'elle n'avait pu séduire. Elle épousa, l'a[n]
48 de J.-C., Sicilius, sans que son mari le su[t.]
Le timide Claude, en apprenant cette nouvell[e,]
se met à crier : *Suis-je encore empereur?* El[le]
serait parvenue à le fléchir, si Narcisse ne l'av[ait]
fait tuer. Il serait inutile de détailler ici l'ho[r-]
rible conduite de cette femme impudique.

Le sénat approuve le mariage de Clau[de]
avec sa nièce Agrippine, seconde Messa[-]
line, mais moins débauchée que la premièr[e,]
quoique aussi criminelle. Elle fait adopter s[on]
fils Domitius, surnommé Néron, au préju[-]
dice de Britannicus, frère d'Octavie que Do[-]
mitius avait épousée. Elle fait tout pour pro[-]
curer la couronne à son fils. Elle se défait
soit par le meurtre, soit par le poison, [de]
tous ceux qui lui causent quelque ombrag[e.]
Elle rappelle l'illustre Sénèque, qui avait ét[é]
exilé pour cause d'adultère avec une princess[e,]
pour le donner à son fils en qualité de gouver[-]
neur. Elle met le brave Burrhus à la tête de[s]
gardes prétoriennes. Craignant que Domitia[,]
sœur de son premier mari, n'eût quelque in[-]
fluence sur l'esprit de Néron, elle la fit con[-]
damner à mort comme coupable de magie[.]
Claude qui n'avait pas l'autorité, mais seule[ment]

ient le titre d'empereur, ayant reconnu le
ort qu'il avait fait à Britannicus, en adoptant
Néron, se disposait à réparer sa faute, lors-
ue Agrippine, après avoir éloigné Narcisse,
uteur du repentir de l'empereur, le fit empoisonner par la célèbre Locuste. Il était âgé
e soixante trois ans; (de J.-C. 54).

Les trois règnes que l'on vient de voir ne
ont, pour ainsi dire, remarquables, que par
s crimes qu'ils ont enfantés. Celui qui suit,
 les surpasser par la cruauté de Néron.

Néron gouverna avec sagesse tant que Séné-
ue et Burrhus eurent quelque empire sur lui.
est ce Néron qui disait, lorsqu'il fallait si-
ner un arrêt de mort : *Je voudrais ne pas
voir écrire.* Mais, bientôt corrompu par
s courtisans, il se livre à toutes sortes de
bauches. Il fait empoisonner Britannicus,
rce que sa mère Agrippine, irritée de ne
s gouverner, le menaçait de se déclarer en
 faveur. Celle-ci, accusée de trahison, est
assée du palais, et y est ensuite rappelée.
éron fait distribuer les biens de Britannicus
 Sénèque, à Burrhus et à ses courtisans,
ur se les mieux attacher. Déguisé avec ses
mpagnons de débauches, il court, pendant
 nuit, dans les rues, volant et insultant tous
s passans, content de ces bassesses, quoi-
'il ne revint jamais sans être blessé. Le sé-
ateur Montanus, qui l'avait maltraité dans
e de ses courses nocturnes, ayant appris
e c'était Néron, lui écrivit une lettre d'ex-
se, L'empereur ne lui répondit que par ces
ots : *quoi! un homme qui a frappé Néron
t encore!* il fut obligé de se tuer lui-même.

Néron, gagné par les artifices de l'impud
que Poppée, dont il était éperduement amo
reux, veut donner la mort à sa mère en la f
sant embarquer, sous prétexte de venir
voir, dans un vaisseau qui devait couler
fond en pleine mer. Le projet ne réussit pas
Agrippine se sauva ; mais beaucoup de ses ge
y périrent. L'empereur, consterné de cet év
nement, consulte, sur le parti qu'il avait
prendre, ses ministres Burrhus et Sénèque, q
n'étaient pas, dit-on, étrangers à ce complot
Ceux-ci hésitent quelque temps ; enfin ils l'e
gagent à faire assassiner Agrippine. Anicet s
charge de cette exécution. La princesse lui dit
en le voyant à la tête des assassins : *frappe c
ventre qui a porté Néron*. Elle fut percée d
coups. Délivré de sa mère, l'empereur s'a
donne encore plus à ses penchans vicieux.

Néron porte la guerre dans la Grande-Bre
tagne. Suétonius, général habile, fait la con
quête de l'île de Mona (Anglesey). C'est l
principalement qu'habitaient les *druides*, prê
tres qui sacrifiaient des victimes humaines :
la divinité. Il défait la redoutable reine Boadi
cée, qui se tua du désespoir d'avoir été vaincu
(61 de Jésus-Christ).

A Rome, quatre cents esclaves sont mis à
mort, parce que l'un d'eux a tué son maître.

Burrhus meurt, et Néron est soupçonné
d'avoir hâté sa mort. Sénèque se retire pou
éviter une disgrâce.

Toujours entraîné par sa maîtresse Poppée,
Néron fait égorger Octavie, son épouse, et se
livre aux plus affreux excès. On le croit au
teur d'un incendie qui détruisit plus des deux

ers de Rome. Néron, pour se disculper, sans
oute, accuse les chrétiens d'être coupables de
t incendie, et en fait mourir un grand nom-
e par les plus cruels tourmens.

En 65 de J.-C., il se forme une conspira-
on contre lui. Pison et Epicharis, affranchie
femme d'une vie déréglée, en étaient les
efs. Le complot fut découvert et les conjurés
ndamnés à mort. On cite la réponse de Su-
us, l'un des conjurés, qui montre dans ce
main beaucoup de hardiesse et de courage ;
était tribun, et Néron lui demandant pour-
oi il avait violé son serment : *Je te haïssais,*
dit-il ; *personne ne t'a été plus fidèle, tant*
tu as mérité l'amour de ton peuple : en te
ant parricide de ta mère, meurtrier de ta
me, cocher, histrion, incendiaire, je n'ai
n'empêcher de te haïr.

énèque est soupçonné d'avoir eu part à
e conjuration ; Néron, quoique son élève,
étestait secrètement ; il saisit cette occasion
r s'en défaire. Ce philosophe reçoit l'ordre
ourir et se fait ouvrir les veines. Sa femme
line en fait autant. « Ce Sénèque, dit l'abbé
illot, ne sera jamais le modèle des vrais
ilosophes, ni des bons écrivains. Son style
ecté corrompit le goût, sa morale fastueuse-
ment austère, fut démentie par ses ac-
us. » Un grand nombre d'autres person-
s illustres éprouvèrent le même sort ; en-
e autres le poëte Lucain, qui avait comblé
n d'éloges dans sa Pharsale ; et le célèbre
ral Corbulon, qui n'avait pas trempé dans
nspiration, mais qui était devenu redou-
à cause de son mérite.

L'empereur se met à la tête d'une armée [de] musiciens et de bateleurs, et parcourt la Grè[ce]. Il gagne aux jeux publics dix-huit cents co[u]ronnes. Il était bassement flatté partout, par[ce] qu'on le craignait.

Enfin une seconde conspiration, dont [les] chefs étaient Vindex, général dans la Gau[le]; Galba, gouverneur d'Espagne; et Virgini[us] qui commandait en Germanie; délivra Rome [du] plus cruel tyran que la terre ait porté. Au [lieu] de prendre les armes pour s'opposer aux révol[tés], il se cache dans la maison d'un affran[chi]. Le sénat le condamne à mourir par le suppl[ice] de *l'ancienne coutume*, c'est-à-dire, à être [at]taché à un poteau et battu des verges jusqu['au] dernier soupir. Ce lâche tyran essaie de [se] donner la mort, et n'en a pas le courage. C[e]pendant, à la vue des soldats qui allaient [le] saisir, il s'enfonce un poignard à la gorge a[vec] le secours de son secrétaire. Ainsi finit [ce] monstre âgé de trente ans.

Il fut le dernier de la race d'Auguste: a[il] mit-il le comble à la cruauté de Tibère, [de] Caligula et de Claude.

Galba, âgé de soixante-treize ans, succè[de] à Néron; il commet de grandes fautes: s'atti[re] par son avarice, la haine de ses soldats et [du] peuple: il adopte l'illustre Pison pour s[e] faire un appui; mais Othon, mari de l'infâ[me] Poppée et favori de Néron, avant que sa fe[m]me se fût livrée à l'empereur, homme cou[vert] de dettes et ne vivant que dans la débauch[e], gagne les soldats qui le proclament emper[eur] et massacrent Galba et Pison.

Avant le meurtre de Galba, Vitellius,

ermanie, s'était révolté ; c'était encore un
omme adonné à tous les vices. Sa jeunesse
issée avec Tibère ne contribua pas peu à
velopper son penchant à la crapule. Cécina
Valens, ses généraux, firent seuls la guerre.
thon est battu et se donne la mort, après un
gne de trois mois. On assure que, ne voulant
s croire la nouvelle de sa défaite que lui ap-
rtait un de ses soldats, celui-ci se tua à ses
ds pour la mieux confirmer.

Vitellius gouverna également d'une manière
ligne et barbare ; il s'attira bientôt le mépris
'a haine de ses sujets. Vespasien, général Vespasien.
ne grande réputation, parvenu aux honneurs
s le règne de Caligula et de Claude, était
Judée, à la tête d'une armée, contre les
s ; il est élu empereur d'Orient par ses
lats. On voit que depuis quelque temps les
lats étaient maitres de donner des empires.
rimas, général de Vespasien, marche con-
Cécina et Valens et les met en fuite. Sabi-
préfet de Rome, frère ainé de l'empereur
rient, force Vitellius à abdiquer à des con-
ns honteuses. Celui-ci quitte son épée et
mmande, en pleurant, sa famille au
et. Le peuple, touché de ses larmes et de
riste position, se soulève en sa faveur, et
ius est forcé de se retirer dans le capitole.
nas arrive à son secours, met tout à feu
sang, et demeure maitre de la ville. On
brait ce jour là la fête des Saturnales (1).

Les saturnales étaient des fêtes que l'on célébrait,
ois de septembre, en l'honneur de Saturne, et pen-
lesquelles les maîtres servaient leurs valets.

On prétend que les massacres de cette journée ne firent pas cesser les réjouissances publiques.

Vitellius finit d'une manière bien tragique. Le même peuple, qui venait de se battre pour le sauver, le saisit dans le logement d'un esclave où il était caché, le traîne sur la place publique, la corde au cou, et jette son corps dans le Tibre.

THÈSE XXVIII.

Depuis Vespasien, jusqu'à Constantin. De J.-C. 69 à 306.

Vespasien seul pouvait, par son admirable conduite dans le gouvernement, faire oublier aux Romains les cruautés des sept tyrans ses prédécesseurs. Je ne rapporterai point la guérison d'un manchot et d'un aveugle, miracles qu'on lui attribue au moment de son départ d'Alexandrie et qui sont plus que douteux, malgré les témoins que nomme Tacite. Il régna en bon prince, quoiqu'il eût été dans sa jeunesse l'adulateur des tyrans : il réprima heureusement la révolte des Gaulois et des Bataves.

Prise de Jérusalem.

Sous Néron, Vespasien avait été chargé de soumettre la Judée ; il l'avait presque entièrement subjuguée : restait encore à prendre la capitale de ce royaume. Titus, son fils aîné, continue la guerre et se rend maître de Jérusalem. La prise de cette ville fut plutôt l'ouvrage des Juifs qui étaient divisés entre eux, que des Romains ; la faction des *zélateurs* y eut surtout la principale part. Les Juifs ne voulant point écouter les propositions raisonnables du général romain, Jérusalem fut emportée d'assaut et ensevelie sous les flammes.

L'historien Josephe, de nation juive, vivait dans ce temps là ; il avait abandonné ses compatriotes pour servir les Romains : il a écrit l'histoire de cette guerre ; mais ses exagérations et ses flatteries, et plus encore sa crédulité, empêchent d'y ajouter foi.

Vespasien mourut à l'âge de cinquante-neuf ans (de J.-C. 79). Il était tellement pénétré des devoirs qu'impose la souveraineté, qu'au moment d'expirer il fit tous ses efforts pour se lever sur son lit en disant : *il faut qu'un empereur meure debout.*

Titus se montra le digne successeur de Vespasien ; il sacrifiait tout au devoir : pour ne pas violer la loi des Romains, qui défendait d'épouser une étrangère, il renvoie Bérénice, fille du roi juif Agrippa, dont il était amoureux ; il se fit le reproche d'avoir perdu un jour sans faire du bien.

Cet empereur, surnommé les *délices* du genre humain, mort à l'âge de quarante ans, n'en régna que deux. C'est sous ce grand prince qu'eut lieu l'éruption du mont Vésuve ; Herculanum et Pompeïa furent ensevelis sous des montagnes de cendres ; Pline le naturaliste, voulant observer de trop près cet horrible phénomène, fut victime de sa curiosité ; il commandait alors la flotte de Misène.

Domitien, frère de Titus, fait regretter le règne de Vespasien et de Titus, en rappelant les temps affreux d'un Caligula et d'un Néron. Un seul trait suffira pour faire connaître la méchanceté de son caractère : il fait dîner, dans une salle tendue de noir, les principaux chevaliers et sénateurs ; il les renvoie dans la persuasion qu'ils allaient être assassinés et les rassure par des présens, après s'être réjoui de leur frayeur ; tous tremblaient sous ce monstre. *Il était défendu*, dit Tacite, *et de parler et d'entendre.* Il fut assassiné dans son palais (95 de J.-C.). Sa femme était à la tête des conjurés.

C'est par cet empereur qu'Agricola, beau-père de l'historien Tacite, fut rappelé de la Grande-Bretagne, où Vespasien l'avait envoyé et où il s'était couvert de gloire, tant par ses exploits que par sa manière de gouverner les vaincus. S'il mourut tranquille, il le dut à sa modestie et à sa circonspection. Pour connaître à fond cet illustre Romain, on doit lire sa vie dans Tacite, chef-d'œuvre de cet écrivain.

Apollonius de Tyane.

Apollonius de Tyane, que l'on comparait à J.-C., parla, dit-on, à Domitien, auprès de qui on l'avait accusé de magie, avec la plus grande liberté et n'en fut point puni. On assure qu'il prédit à Éphèse la mort de Domitien, le jour même de son assassinat. Les crédules le font mourir en disparaissant tout à coup aux yeux du public. Il était venu à Rome sous Néron, *pour le plaisir*, disait-il, *de voir quelle bête c'était qu'un tyran.*

Nerva.

Nerva, nommé Empereur, était d'un caractère trop faible pour gouverner ; il régna cependant avec bonté. Les prétoriens abusèrent de sa faiblesse pour égorger les assassins de Domitien. Nerva adopta Trajan.

Trajan.

Trajan gouverne Rome, non en maître, mais en chef de la république, en observant les lois. En nommant le préfet du prétoire :

Servez-vous de cette épée pour moi, lui dit-il, *si je gouverne bien; contre moi, si je gouverne mal.*

Il soumet les Daces, passe le golfe persique et pénètre jusqu'à l'océan, et s'écrie : *si j'étais plus jeune je porterais la guerre dans l'Inde.*

On ne peut reprocher à ce prince vertueux que d'avoir voulu trop reculer les bornes de son empire. Forcé par une maladie de retourner sur ses pas, il envoya Adrien en qualité de général; mais il ne put conserver ses conquêtes sur les Parthes.

Trajan mourut en Sicile (de J.-C. 117), après avoir régné dix-neuf ans. La colonne trajane fut élevée pour perpétuer la mémoire de la conquête de la Dace, pays qui comprenait une partie de la Transilvanie, la Valachie, etc.

Ce prince fut le protecteur des gens de lettres, et surtout de Pline le jeune, fils adoptif et neveu de Pline le naturaliste, de Juvénal, de Plutarque, qu'il fit consul, et de Tacite. Ce dernier fait le plus grand éloge de son règne par cette phrase : *siècle heureux*, dit-il, *où il est permis de penser ce qu'on veut, et de dire ce qu'on pense.*

Adrien, par une adoption supposée, succède à Trajan; il gouverne en homme habile. Il abandonne les conquêtes de son prédécesseur, pour ne s'occuper que du gouvernement : il le rend, par ce moyen, tranquille et heureux. Les Juifs, qui s'étaient révoltés, sont persécutés. Il mourut après avoir adopté Antonin; il était extrêmement jaloux des gens de lettres; il mérite quelques reproches.

Adrien.

Antonin.
de J.-C. 138.

Antonin gouverna en vrai philosophe ; le plus bel éloge que l'on puisse faire de lui, c'est de dire, qu'on ne trouve rien de remarquable dans l'histoire de son règne de vingt-deux ans. Il était originaire de Nîmes. Ce sage empereur fit quelques lois excellentes ; il mourut regretté des Romains : il avait adopté Vérus et Marc-Aurèle. Reconnaissant de grands défauts dans Vérus, il l'éloigna des affaires du gouvernement et donna sa fille en mariage à Marc-Aurèle. Son nom fut aussi célèbre que celui d'Auguste, et plusieurs empereurs le prirent comme titre respectable ; mais peu s'en rendirent dignes.

Marc-Aurèle.
161.

Marc-Aurèle est élu empereur avec Vérus, son frère adoptif : il fut le modèle des bons princes : il se montra trop indulgent à l'égard de son frère, livré aux plus affreuses débauches. Il marcha contre les Germains avec lui, ne voulant pas le charger seul du commandement, comme il l'avait fait dans la guerre contre les Parthes, où Vérus s'était livré aux plus grands excès. Une maladie violente le délivra, dans cette campagne, d'un collègue si dangereux à cause de ses vices.

Marc-Aurèle fit pendant cinq ans la guerre en Pannonie ; il gagna la bataille célèbre que l'on attribue aux prières de la *légion fulminante* (1).

Cassius, général expérimenté, s'était révolté

---

(1) Les Romains, pendant le combat, mouraient de soif : à la prière de la légion fulminante, composée de chrétiens, il tomba une pluie mêlée de grêle et de foudre qui les désaltéra et qui accabla les ennemis.

dans le temps que Marc-Aurèle combattait en Pannonie. Ce vertueux empereur lui aurait pardonné, comme il pardonna à sa famille, s'il n'eût été assassiné par deux de ses officiers, trois mois après la révolte.

Marc-Aurèle mourut de la peste, en 180 de J.-C. et 933 de Rome, dans la Pannonie, où la guerre l'avait rappelé. Son règne fut celui de la justice et de l'humanité. La philosophie morale fut respectée; cependant, comme cela arrive toujours, quelques imposteurs s'en servent pour voiler leur hypocrisie et pour tromper le peuple.

C'est sous cet empereur philosophe que vivent Galien, célèbre dans la médecine, et Apulée, Africain, que les païens ont comparé à J.-C., ainsi qu'ils l'avaient fait d'Apollonius de Tyane.

Ce prince, revêtu des meilleures qualités, eut trop de faiblesse pour Commode, son fils, et pour Faustine, sa femme. Loin de ramener cette seconde Messaline à son devoir, il donna des dignités à ses amans.

Les ouvrages de cet empereur suffiraient pour lui assurer l'immortalité, s'il ne l'avait acquise par sa manière de gouverner son peuple. Sa vie ne respire que bonté et justice, et ses maximes, que vertu (1).

Commode, n'imita pas Marc-Aurèle, son père; mais il imita si bien la férocité et les débauches de Domitien, que la vie de l'un

Galien,
Apulée.

Commode. 180.

____

(1) On ne saurait trop étudier la vie et les maximes de cet empereur, le plus grand et le plus vertueux des philosophes.

semble être la vie de l'autre. Il se fit tellem(
détester, que sa sœur Lucilla avait formé u(
conspiration pour l'assassiner. Le comp(
ayant été découvert, celle-ci fut condamné(
mort. Après en avoir déjoué plusieurs autr(
il fut enfin assassiné par Marcia, sa concubi(
qui était inscrite sur la liste des personnes q(
devait faire mourir le lendemain : il était â(
de 31 ans.

Pertinax, vieillard qui s'était illustré so(
Marc-Aurèle par ses vertus et ses services m(
litaires, est conduit par Létus, préfet du p(
toire, un des chefs de la conjuration, au ca(
où les prétoriens le proclament empereur, (
gouverne avec sagesse ; mais ses soldats, ir(
tés de son avarice, l'assassinent dans son p(
lais. Létus lui-même, dont les vues ambitie(
ses avaient été trompées, fut le premier à l(
exciter à la révolte.

L'empire est mis à l'enchère. Didius J(
lianus l'emporte sur Sulpicianus, beau-pè(
de Pertinax, et est nommé empereur moye(
nant vingt-cinq mille sesterces pour chaq(
prétorien.

Le peuple indigné proclame empereur, N(
ger, général célèbre, qui était alors gouve(
neur de Syrie ; mais Septime-Sévère, pl(
diligent que lui, feignant de vouloir veng(
le meurtre de Pertinax, se fait élire empere(
par les légions qu'il commandait en Illyrie(
marche sur Rome ; se délivre de Didius, (
le fesant condamner par le sénat et exécut(
ensuite.

Septime-Sévère, après avoir rétabli les a(
faires de Rome, poursuit Niger en Asie ; g(

gne trois batailles à la dernière desquelles son rival est tué. Il veut se défaire ensuite d'Albin, gouverneur de la Grande-Bretagne, qu'il avait été forcé de créer César en quittant Rome. A son retour d'Asie, il lui ôte son titre. Celui-ci, se voyant perdu, se fait nommer empereur, et se dirige vers l'Italie. Ayant été battu par Sévère entre Lyon et Trévoux, il se donna la mort.

Cet empereur, n'ayant plus rien à redouter, se livre à des vengeances terribles. Tout ce qui lui porte ombrage est mis à mort. Il se laissait gouverner par Plautien, son ministre, comme Tibère, par Séjan. Ce favori ambitieux fit épouser sa fille à Bassien, surnommé *Caracalla*, fils aîné de Septime. Ce mariage fut cause de sa mort. Caracalla était ennuyé de son épouse, et détestait Plautien ; il accusa ce ministre de trahison. L'empereur lui reproche son ingratitude. Bassien le perce de son épée au moment où il allait se justifier.

Sévère fait la guerre dans la Grande-Bretagne avec ses deux fils, Caracalla et Géta. Par ce moyen, il croyait faire cesser la haine qui existait entre les deux frères. Il pardonne à Caracalla qui veut l'assassiner. Il lui pardonne encore l'année suivante, après avoir fait périr ses complices dans la conjuration. Il tombe malade, et, ne pouvant résister au chagrin que lui causait la conduite horrible de ses deux fils et surtout de Caracalla, il meurt à Yorck, âgé de 66 ans ; il en avait régné 18. C'est sous le règne de cet empereur que Tertullien écrivait l'apologie des chrétiens (1).

______

(1) Les chrétiens, d'après ce que dit Tertulien, com-

Caracalla et Géta gouvernent ensemble
mais celui-ci est tué, entre les bras de sa mè[re]
Julie, par son frère, aidé de quelques assas[-]
sins. Caracalla se fait reconnaître seul empe[-]
reur, en gagnant les soldats par d'immens[es]
largesses. Il fait massacrer tous les personna[-]
ges marquans. On peut dire que sa cruaut[é]
surpassa, peut-être, celle de Domitien et d[e]
Néron. Pour une légère offense qu'il avait r[e]
çue des habitans d'Alexandrie, il ordonna leu[r]
massacre. Son surnom de Caracalla lui vie[nt]
de *Caracalle*, habillement Gaulois dont [il]
s'était revêtu. En 217, Macrin, préfet du pr[é]
toire, fatigué des horreurs de ce prince, l[e]
fait assassiner et prend sa place. Il est bient[ôt]
lui-même détesté. Moesa, sœur de l'impératri[ce]
Julie, opère une révolution en faveur de so[n]
petit fils Héliogabale. Macrin marche cont[re]
les révoltés. Ses troupes l'abandonnent et il e[st]
mis à mort.

Héliogabale, en montant sur le trône, pro[-]
met d'imiter Marc-Aurèle; mais il se montr[e]
bien plus digne des Néron, des Domitien [et]
des Caracalla. Il tue de sa propre main Gan[-]
nys, son gouverneur, à qui il devait sa fortune[.]
L'histoire de ce prince n'est qu'un mélange d[e]
cruautés et de folies. Il fit admettre au sénat
Moesa, son aïeule. Il établit un sénat de fem[-]
mes pour juger des modes, des voitures, etc[.]
Il se rend ridicule par toutes sortes de su[-]
perstitions bizarres. Il change de femmes tou[s]
les ans. Il meurt assassiné par les soldats d[e]

mençaient à être nombreux sous Septime-Sévère; i[ls]
étaient cependant persécutés.

prétoire qui voulurent se donner, pour maître, Alexandre-Sévère qui avait été adopté par l'empereur. Héliogabale était âgé de 18 ans.

Quoique jeune, *Alexandre-Sévère* gouverne avec beaucoup de sagesse. Rempli de talens et de vertus, il donne tous ses soins à réprimer les méchans et à faire le bien de ses sujets. Cette maxime : *faites aux autres ce que vous voudriez qu'il vous fût fait*, était la sienne. Il passe pour un des meilleurs princes de l'empire romain. Il s'adonnait souvent à l'étude ; ses auteurs favoris étaient Platon, Cicéron, Virgile et Horace.

Sous son règne l'Orient changeait de face : Arsace avait établi l'empire des Parthes l'an de Rome 502. Ce peuple guerrier avait toujours résisté aux Romains ; mais *Artaxercès* attaque Artaban leur Roi, le tue et rétablit le trône de Cyrus, en renversant celui des Arsacides. Le nom des Perses, oublié depuis longtemps, remplaça celui des Parthes qui existait depuis 475 ans (1).

Artaxercès revendique la Syrie, la Mésopotamie, etc., provinces dépendantes de son empire. Alexandre l'attaque et le défait, selon quelques historiens, ou est battu, selon quelques autres. C'est une des difficultés de l'histoire qu'il est impossible de résoudre.

Alexandre retourne à Rome pour s'opposer aux incursions des Barbares, sortis du nord

Alexandre-Sévère. 222.

Artaxercès.

---

(1) Quelques historiens assurent que les Perses et les Parthes étaient le même peuple ; qu'ils avaient seulement changé de nom, et qu'ils s'étaient formés à la guerre, en combattant pour s'opposer aux invasions fréquentes des Romains.

de la Germanie, qui ravageaient la Gaule. Au milieu de ses victoires, il fut égorgé, à l'âge de 26 ans, par ses soldats, que Maximin, un de ses principaux généraux, avait fait révolter.

L'empire romain, depuis la mort de ce sage prince, fut pendant 50 ans dans un état affreux. « C'était une espèce de république ir- « régulière, dit Montesquieu, telle, à peu « près, que l'aristocratie d'Alger, où la milice, « qui a la puissance souveraine, fait et défait un « magistrat qu'on appelle Dey ; et peut-être « est-ce une règle assez générale, que le gou- « vernement militaire est, à certains égards, « plutôt républicain que monarchique. » Plus de cinquante empereurs se disputent l'empire. Les soldats les proclamaient, les soldats les égorgeaient (1).

Maximin, Goth d'origine, qui avait fait as- sassiner Alexandre, et qui, par son courage, de simple pâtre était parvenu aux premiers grades militaires, et, par sa perfidie, à l'em- pire, fut tué par ses soldats.

Dèce, célèbre par la persécution que le christianisme essuya sous son règne, fut tué par les Goths dans une embuscade. Les païens en font un prince sage, et les chrétiens, un tyran.

Postume, qui avait pris le titre d'empereur, régna en bon prince dans la Gaule, l'espace de sept ans. Comme les autres, il fut victime de l'indiscipline des soldats.

---

(1) Ce serait fatiguer la mémoire que de parler ici de tous les empereurs jusqu'à Aurélien ; seulement je ferai mention de ceux qui sont le plus dignes de remarques : pour de plus grands détails on peut lire Crévier.

En Orient, *Odénat*, prince de Palmyre, fit trembler les Perses. Il mourut assassiné. La fameuse Zénobie, sa femme, était, dit-on, du nombre des complices. Elle exerça le pouvoir impérial comme reine d'Orient.

Claude II régne peu de temps, mais avec gloire ; il marche contre les Goths (1), qui avaient inondé l'Europe, les attaque vers le Danube et les défait entièrement. Cette victoire est une des plus mémorables de l'histoire. Il mourut d'une maladie contagieuse.

Aurélien, soldat de fortune, s'empare du trône ; il remporte une victoire éclatante sur Zénobie, reine d'Orient, qui ambitionnait l'empire romain. Il chasse les barbares qui ravageaient l'Italie. Il rétablit l'ancienne ville de *Genebum*, appelée Orléans, de son nom *Aurelianum*. Il ternit ses belles actions en fesant mourir Longin (2), auteur d'une lettre impérieuse que Zénobie, son élève, lui avait écrite. Il portait la guerre contre les Perses pour se venger des pertes que Sapor, leur Roi, avait fait éprouver aux Romains ; il était déjà dans la Thrace, lorsqu'il mourut victime d'une conspiration formée par Mnesthée, l'un de ses secrétaires, qu'il avait menacé de punir pour quelques fautes.

Depuis six mois, le sénat et l'armée se renvoyaient l'élection d'un empereur ; enfin le sénat choisit *Tacite*, un de ses membres, qui

Aurélien. 270.

Tacite.

----

(1) Les Goths étaient des barbares sortis de Scandinavie ; ceux qui se fixèrent en occident, furent appelés Visigoths ou Goths d'ouest ; et ceux qui se fixèrent en orient, Ostrogoths.

(2) C'est l'auteur du *Traité du Sublime*.

n'accepte que malgré lui. Ce respectable vieillard, doux et modéré, aurait fait le bonheur de son peuple, si des assassins qui craignaient sa vengeance, ne lui eussent donné la mort six mois après son avénement à la couronne; ils avaient assassiné un parent de l'empereur, qui gouvernait Rome, pendant qu'il fesait la guerre en Asie contre les Goths.

Par respect pour Tacite l'historien, dont il se glorifiait de descendre, il fit placer ses ouvrages dans toutes les bibliothèques.

Probus, digne de succéder à Tacite, respecte, comme lui, le sénat, et s'attire par ses vertus et son courage, l'estime générale. Il chasse de la Gaule, les Vandales, les Francs et les Bourguignons, tous barbares sortis des forêts de la Germanie. Il est massacré par ses soldats dans une sédition.

Corus, préfet du prétoire, règne peu de temps. Il avait défait les Sarmates, (peuple d'Asie) et repoussait vivement les Perses, lorsqu'il fut frappé de la foudre dans sa tente. Quelques historiens pensent qu'il fut tué par Aper, préfet des gardes. Cet empereur était né à Narbonne.

Ses deux fils lui succèdent. Le préfet des gardes tue Numérien, le plus jeune. Il est lui-même mis à mort par *Dioclétien*, élu empereur. Celui-ci était persuadé que, par le meurtre d'Aper, dont le nom signifie sanglier en latin, il accomplissait la prophétie d'une druidesse qui lui promettait l'empire, après avoir tué un sanglier. Tarin, l'aîné des deux frères, périt de la main des officiers dont il avait déshonoré les femmes.

Dioclétien, d'une naissance obscure, dut son élévation à son mérite et à sa fortune. Il fut heureux dans la guerre contre les barbares qui fondaient de tous côtés sur l'orient et l'occident. Comme ces peuples sauvages augmentaient sans cesse en nombre, *Dioclétien,* s'associa Maximien, issu de basse extraction, mais grand capitaine. Celui-ci chassa les Germains de la Gaule, et l'autre eut de grands succès contre les Perses et les barbares. Ils créèrent deux Césars pour commander chacun une armée et leur conférèrent le droit de leur succéder. Ce qui étonne le plus chez ces deux empereurs, c'est leur abdication : ils quittèrent le même jour leur empire, et se retirèrent dans la solitude, laissant pour successeurs, les deux Césars. *Dioclétien,* en simple particulier, vécut heureux encore quelque temps. On ignore le genre de sa mort. On croit généralement qu'il fut empoisonné. Il avait régné glorieusement pendant vingt-ans. Il avait accordé à Narsès, Roi des Perses, petit fils de Sapor, une paix qui dura quarante ans.

Constance-Chlore, ainsi nommé à cause de sa pâleur, était aussi bon, juste et vaillant, que Galérius était brutal, cruel et ambitieux. Ce dernier avait cependant beaucoup de bravoure. Ces deux Augustes, voyant que la différence de leur caractère les mettait dans l'impossibilité de gouverner ensemble, convinrent de se partager l'empire. *Constance* eut l'occident et Galérius l'orient. Le premier rendit son peuple heureux et mourut au retour d'une expédition contre les Pictes, laissant pour successeur son fils Constantin. Le second gouverna

Dioclétien.
284.

Constance-
Chlore.

en tyran. A l'exemple de leurs prédécesseurs, ces deux empereurs nommèrent deux Césars, Maximien. neveu de Galérius, et Sévère, tous deux indignes de ce rang.

THÈSE XXIX.

Depuis Constantin-le-Grand jusqu'à la destruction de l'empire d'Occident, par Odoacre. De J.-C. 306 à 476.

Constantin.

GALÉRIUS. redoutant *Constantin*, lui refuse le titre d'Auguste. et le donne à Sévère ; mais Maxence, fils de Maximien. qui avait été élu empereur à Rome, le lui dispute. Celui-ci, ne pouvant se soutenir lui seul. invite son père à remonter sur le trône. Maximien reprend l'autorité impériale et engage. mais inutilement, son collègue Domitien à en faire autant. Ce prince sage préféra toujours sa retraite. Sévère, abandonné de ses soldats, est forcé de s'ouvrir les veines.

Constantin, après avoir évité tous les piéges qu'on lui tendait. et principalement ceux de Maximien qui était devenu son beau-père. se vit en état de résister à Maxence. C'est pendant qu'il se dispose à lui livrer bataille, qu'il embrasse le christianisme. On donne, pour cause de sa conversion. l'apparition miraculeuse de la croix de Jésus-Christ. Depuis, le *labarum*. sur lequel il fit mettre le monogramme de J.-C.. fut l'étendard des Romains. Autant *Constantin* est le protecteur zélé des chrétiens, autant Maxence l'est des païens.

Constantin passe les Alpes ; attaque son rival. le tue et entre en vainqueur dans Rome. Sa bonté, ses bonnes lois font oublier la tyrannie de Maxence. Il fait condamner à mort les délateurs. Il protége les chrétiens sans persécuter les païens.

Maximien, qui avait partagé l'empire avec Licinius, que Galérius avait nommé César après la mort de Sévère, gouvernait l'Asie. Voulant posséder seul le souverain pouvoir, il entreprend de détrôner *Constantin* et Licinius. Il attaque celui-ci, et en est vaincu. Il s'empoisonne dans sa fuite. Licinius partage l'empire avec *Constantin* dont il avait épousé la sœur à Milan. Ils se brouillent bientôt. L'empereur d'Orient est battu deux fois par son beau-frère, et est obligé de se rendre. *Constantin* le fait étrangler peu de temps après, quoiqu'il lui eût promis de lui conserver la vie.

Pour réprimer les hérésies qui se répandaient dans l'église, *Constantin*, seul maître de l'empire, assemble le concile de Nicée, en Bithynie, l'an 325. Trois cent dix-huit évêques, sans compter les autres prêtres, s'y rendirent ; tous, à l'exception de dix-sept, condamnent les livres d'Arius (1).

Constantin transfère le siége de son empire à Bysance, ville située sur le Bosphore de Thrace, à laquelle il donne le nom de Constantinople. Il y éleva des édifices superbes. Cette nouvelle capitale fut une seconde Rome.

En abandonnant Rome, cet empereur fit une grande faute ; il en fit une plus grande encore, en retirant les troupes des frontières pour les mettre en garnison dans les villes de

Concile de Nicée. 325.

Translation du siège de l'empire romain à Constantinople.

---

(1) Arius, prêtre d'Alexandrie, niait la divinité de J.-C. : il fut exilé par *Constantin* et rappelé ensuite.

l'intérieur ; il laissa, par ce moyen, une libre entrée aux barbares, et fut cause que ses soldats perdirent beaucoup de leur ancienne discipline.

Cet empereur, qui a été surnommé *grand*, ne se montra pas habile politique, comme il l'avait été au commencement de son règne. On lui doit de grands éloges pour le bien qu'il a fait au christianisme (1) : mais on ne peut pas lui refuser le reproche d'avoir attiré les barbares, en ôtant toutes les barrières qui pouvaient les arrêter, et en accordant des dignités aux Goths, après les avoir vaincus. On ne peut pas non plus, malgré ses grandes qualités, lui refuser le titre de cruel. Sa cruauté, selon quelques historiens, fut la seule cause de la translation du siége de l'empire à Constantinople : il ne pouvait plus habiter Rome où il était détesté à raison de ses crimes : en effet, il avait fait mourir, sans vouloir l'entendre, son fils Crispus, accusé par l'impératrice Fausta, sa seconde femme, d'avoir voulu attenter à son honneur. Crispus, fut reconnu innocent, et Fausta, accusée d'un commerce infâme, fut mise à mort. Son neveu Licinien éprouva le même sort, ainsi que plusieurs autres grands de l'empire. Il avait aussi fait assassiner son beau-frère et son beau-père. Après de tels crimes il n'est pas étonnant que les Romains le détestassent, et que lui-même voulût s'éloigner d'une ville qui lui rappelait sa barbarie.

---

(1) Il a été honoré comme saint ; il est encore en vénération chez les Moscovites et chez les Grecs.

Constantin mourut à Nicomédie, en Asie, où il fesait la guerre avec avantage à Sapor II. Il était âgé de soixante-trois ans. Il reçut le baptème avant d'expirer.

Constantin, en mourant, avait partagé son empire à ses trois fils; faute de plus qu'il commit. *Constantin*, l'aîné, eût la Gaule et les provinces de l'occident; *Constantius*, l'Afrique et l'Illyrie, et *Constance*, le plus jeune, l'Italie. *[Fils de Constantin.]*

Ces trois frères se font la guerre. Les deux premiers meurent assassinés; *Constance*, s'étant défait de quelques rivaux par ses généraux, règne pendant trente-huit ans, gouverné par ses femmes et ses eunuques.

Julien, son successeur, qu'on a surnommé *l'apostat*, à cause de son retour au paganisme, montra plus de sagesse et de courage que lui. Les barbares le redoutaient. Malheureusement pour l'empire, il ne vécut que deux ans. Il fut tué dans un combat contre les Perses, où il donna des preuves d'une grande valeur. *[Julien.]*

Jovien élu empereur sur le champ de bataille, fait une paix honteuse avec les Perses; s'empresse de retourner à Constantinople et à Rome, où il était attendu avec impatience; mais il est trouvé dans son lit, en Galatie, étouffé par la vapeur du charbon qu'on avait allumé dans sa chambre. Ce prince favorisa le christianisme. *[Jovien.]*

Valentinien, empereur d'occident, et Valens, son frère, qu'il s'était donné pour collègue, résistent avec peine aux barbares. Valens, empereur d'Orient, succomba même aux attaques des Huns et des Alains (1).

Théodose, né en Espagne, fils du célèbre général que l'empereur Gratien avait fait mourir, se rend illustre par ses exploits. Le meurtrier de son père l'associe à l'empire, pour s'en faire un appui; il lui cède enfin l'orient. *Théodose* réprime les barbares; gouverne pour Valentinien II; défait Maxime qui voulait détrôner le jeune empereur. Celui-ci ayant été assassiné, il réunit l'empire et gouverne avec sagesse. Il établit d'assez bonnes lois. Avant de mourir il partagea ses états à ses deux fils Arcadius et Honorius.

Ce prince ternit la gloire de son règne, en ordonnant le massacre de Thessalonique, en 390 (2). Saint Ambroise le soumit à une pénitence de huit mois de retraite.

Arcadius en orient et Honorius en occident, furent deux princes faibles et incapables de régner. Ils oublient la patrie pour s'occuper des disputes de religion. Aussi les barbares en profitèrent-ils. Stilicon et Rufin, ministres de ces deux empereurs, jaloux l'un de l'autre, engagent les Goths à envahir l'empire.

---

(1) Ces peuples habitaient entre la mer Caspienne, le mont Caucase et les Palus-Méotides. Les Huns étaient connus à la Chine plus de 2000 ans avant J.-C.

(2) Un des généraux de *Théodose* ayant fait mettre en prison un cocher du cirque, refusa de le faire sortir, lorsque les habitans de Thessalonique le réclamaient pour les courses. Ceux-ci, irrités de ce refus, l'assassinent; plusieurs autres personnes marquantes furent aussi victimes de leur fureur. L'empereur, transporté de colère, résolut de se venger. En effet, il fit assembler le peuple dans le cirque, feignant de lui donner un spectacle, et fit tout massacrer indistinctement. On prétend qu'il y périt quinze mille hommes.

Alaric, Roi des Visigoths, attaque la Grèce,
se rend maître d'Athènes et ruine le Péloponèse; menace Rome en 402, mais il est repoussé par Stilicon qui lui livre plusieurs batailles sanglantes sans pouvoir cependant le vaincre. Le Roi des Visigoths, abandonné de ses soldats que la famine fesait déserter, fut obligé de retourner en Illyrie, attendant l'occasion de se venger des Romains qui l'avaient trompé plusieurs fois.

Les Goths, au nombre de 200,000 hommes sous le commandement de Radagaise, tombent sur l'Italie. Ils sont vaincus par Stilicon. D'autres peuples barbares inondent la Gaule. *Alaric* revient, trois ans après, avec une nouvelle armée : il demande une somme pour se retirer. Stilicon engage Honorius à la lui accorder. Olympius, qui lui devait sa fortune, saisit cette occasion pour le rendre suspect à l'empereur. Stilicon est arrêté et exécuté. *Alaric*, après la mort de celui-ci, défait les Romains, leur impose les conditions de paix qu'il veut; se fait donner cinq mille livres d'or, trente mille d'argent, des ôtages, et se retire. On voit qu'à cette époque les Romains étaient chassés de partout; partout les barbares remportent des victoires. Dans la Grande-Bretagne, ce sont les Pictes et les Écossais; en Espagne, ce sont les Alains, les Suèves et les Vandales. Tout fut mis à feu et à sang dans cette partie de l'Europe; aux massacres des barbares se joignirent la peste et la famine : les hommes se dévoraient entre eux, et, chose incroyable! une femme mangea ses quatre enfans.

Ces barbares traitent avec douceur les va
cus, du moment qu'ils sont paisibles posse
seurs de leurs conquêtes. Tous ces peuple
et même les Sarrasins, ont souvent été co
fondus sous le nom de *Vandales*.

Les Romains manquent encore de parc
au Roi Visigoth : celui-ci assiége Rome po
la troisième fois et la livre au pillage,
fesant, toutefois, respecter l'honneur des fe
mes et les édifices sacrés. Il épargne le sa
autant qu'il peut. Avant d'en venir à cet
cruelle extrémité, *Alaric* avait employé tout
les voies de la douceur; toujours trompé,
avait donné l'empire à *Attale*, préfet de Rome
le jugeant incapable de gouverner, il eut l
générosité de rendre la couronne à Honorius

Alaric aurait pu s'emparer de Ravenne, o
résidait Honorius, et régner en Italie; mais i
préférait l'Afrique, dont une seule victoir
pouvait le rendre maître. Il veut piller l
Sicile avant d'entreprendre cette conquête
une tempête lui détruit une partie de sa flotte
Cet illustre conquérant, qui n'avait de barbar
que le nom, mourut à Cosence dans le temps
qu'il s'occupait à réparer son malheur. Ataulfe,
son beau-frère, lui succéda.

La manière dont il fut enterré est digne de
remarque : les soldats le déposèrent dans un
fosse creusée sous le lit d'une rivière qu'ils
avaient fait détourner; on remit les eaux dans
leur cours naturel, et ceux qui avaient été
occupés à ce travail furent égorgés.

Ataulfe, aussi courageux qu'Alaric, ne souhaitait que la paix et un établissement dans
l'empire. Il épouse Placidie, malgré son frère

Honorius. Il s'empare de Narbonne et de Tou-
louse. Honorius fut forcé de lui donner un
petit royaume en Espagne. Il n'en jouit pas
long-temps : il fut assassiné, peu de temps
après son arrivée, par un de ses écuyers.

C'est vers la même époque que les Bourguignons se fixent dans la Gaule.

C'est sous Honorius que les *Francs* s'éta-
lirent en France, en 420. L'histoire de leur
roi Pharamond est douteuse. On croit généralement que Clodion fut le véritable fondateur de la monarchie des *Francs* (438) ; mais
celui qui mérite les honneurs de cette fondation, celui qui rendit ses sujets redoutables
par les armes et qui contribua beaucoup à
achever la ruine de l'empire romain, c'est
Clovis (1). *Établissement des Francs.*

Sous Théodose II les Vandales, sous le
commandement de Genséric, subjuguent l'A-
frique. Cet empereur est l'auteur du Code
théodosien.

On ne trouve, pendant le règne de Théodose II, que révolutions continuelles ; que
batailles entre les barbares qui se disputent
l'empire.

Les Huns, les plus terribles des peuples
barbares, forcent Théodose à leur payer tribut. Le célèbre *Attila* et son frère Bléda étaient
leurs Rois. Ces deux habiles et courageux généraux portent la guerre dans la Tartarie, *Attila.*

---

(1) Je continue l'histoire romaine jusqu'à la destruction de Rome. Quoique les Rois de France aient part
aux guerres qui vont suivre, j'en parlerai le moins que
je pourrai, attendu que je commence l'histoire moderne
à Clovis.

s'avancent jusque vers la Chine, et revienne
en Europe attaquer de nouveau les Romai
qu'ils regardaient comme des lâches. *At*
soumet ses ennemis et fait mourir son frè
pour avoir seul le souverain pouvoir.

Théodose ne l'arrête qu'à force d'argent,
lui donne le titre de général des Romains, tit
qui ne devait pas, disait *Attila*, le détourn
des projets qu'il avait faits de détruire l'empi
Romain. Théodose eut la lâcheté de voulc
le faire assassiner, mais il ne réussit pas da
son exécrable dessein.

Genséric, ennemi de Théodoric, Roi d
Visigoths, attire *Attila* dans la Gaule. C
royaume était livré aux plus grands ravag
Plusieurs Rois barbares y fesaient la guer
avec succès. Cependant le célèbre Aétius, g
néral romain, aidé de Théodoric, de Mérové
Roi des Francs, auquels se joignent les Bou
guignons, les Armoriques et d'autres peupl
barbares, attaque *Attila* près d'Orléans et
repousse vers la Belgique, après lui avo
livré une bataille sanglante en Champagn
le Roi des Huns faillit y perdre la vie.

Attila revient peu de temps après et répa
la terreur dans toute l'Italie. Aétius et Valer
tinien III, empereur d'Occident, se retirent
Rome et laissent aux ennemis les plus bell
contrées de l'empire. Milan tombe au pouvo
du vainqueur en 452. C'est pendant ces guerr
que *Venise*, célèbre dans l'histoire modern
commença à être construite par des pêcheu
réfugiés dans les îles du golfe. De simpl
cabanes furent les commencemens de cet
superbe ville.

Le redoutable *Attila*, qu'on a appelé le *fléau de Dieu*, épargne Rome et se retire, bien résolu de retourner si on n'exécutait pas les conclusions du traité. Il mourut l'année suivante.

Aëtius, qui avait, en quelque sorte, retardé la chute de l'empire, fut tué par Valentinien III qui le redoutait à cause de son ambition. Après lui, les barbares envahissent tout ; Genséric pille Rome et les temples sacrés qui avaient été respectés par Alaric.

Odoacre (1), en 476, à la tête des Hérules, peuple sorti de la Prusse, fond sur l'Italie, bat les Romains, et force *Augustule*, dernier roi de Rome, de quitter la couronne. On donna à cet empereur, nommé Romulus, le titre d'Auguste, qu'on changea en celui d'*Augustule* par mépris pour sa personne. C'est en lui que finit l'empire d'Occident, an de Rome 1229. La réflexion de Montesquieu fait connaître, en peu de mots, la cause de la puissance de la décadence de l'empire romain. « Rome, dit-il, s'était agrandie, parce qu'elle n'avait eu que des guerres successives ; chaque nation, par un bonheur inconcevable, ne l'attaquant que quand l'autre avait été ruinée. Rome fut détruite parce que toutes les nations l'attaquèrent à la fois et pénétrèrent partout. »

Odoacre.
476.

Augustule.

---

(1) Depuis les successeurs de Valentinien III, empereur d'occident jusqu'à **Augustule**, l'histoire est peu intéressante.

THÈSE XXX.

D'Odoacre jusqu'aux batailles des Sarrasins.

Odoacre rétablit la paix, soulage le peuple et gouverne d'une manière admirable.

Théodoric, Roi des Ostrogoths, était l'allié de Zénon, empereur d'Orient. Il en avait reçu le titre de patrice. S'étant brouillé avec lui, il prend les armes et se dispose à attaquer Constantinople. Il obtient une entrevue de l'empereur; lui demande ses droits sur l'Italie pour faire la conquête de cette province: ils lui sont accordés.

Ce conquérant, à la tête de sa nation, marche sur l'Italie; remporte trois batailles complètes sur Odoacre qui se défend en grand capitaine. Celui-ci réduit à la dernière extrémité se renferme dans Ravenne, capitale de son empire, où il est assiégé pendant deux ans et demi. Forcé par la famine, il se rend; donne au vainqueur Ravenne et toute l'Italie, ne conservant pour lui que le titre de souverain: peu de temps après il fut assassiné par *Théodoric* lui-même, en 494 (1).

Ce Roi des Visigoths sembla vouloir oublier le crime dont il venait de se rendre coupable. Il établit de bonnes lois; il surpassa en sagesse Odoacre qui s'était montré digne d'un grand Roi; il fit observer la justice, il gouverna le

____

(1) Quelques historiens justifient *Théodoric*, en disant qu'il avait découvert une conspiration contre sa personne; d'autres assurent que la perfidie seule le poussa à commettre ce meurtre.

Romains et sa nation par les mêmes lois et de la même manière ; il voulut qu'une égalité parfaite régnât entre les deux peuples. En un mot, si le meurtre d'Odoacre n'avait terni sa gloire, on pourrait le comparer aux Marc-Aurèle et aux Titus.

Théodoric, aussi habile politique que bon Roi, avait conservé la paix en fesant alliance avec les princes qui l'environnaient, et en épousant la sœur de Clovis devenu redoutable depuis la défaite de Siagrius, général des Romains dans la Gaule. En 505, il enleva la Pannonie à Anastase (1), empereur d'Orient, par le moyen de Pitzia un de ses généraux. Il finit sa carrière à l'âge de 74 ans.

Justinien, quoique d'origine obscure, était versé dans les lettres et surtout dans la jurisprudence (2). Il était despote et ambitieux ; il était zélé partisan des catholiques. Les hérétiques essuyèrent sous lui une horrible persécution. On ne peut pas cependant assurer qu'il agit ainsi par amour pour la vérité, puisqu'il persécuta, à la fin de son règne, les orthodoxes. Ce prince épousa Théodara, fille de théâtre, livrée à la débauche la plus infâme.

Justinien fesait la guerre à Cabadès, roi de Perse. *Bélisaire*, son général, connu par

---

(1) La première guerre de religion a eu lieu sous cet empereur, entre les catholiques et les eutychiens. Anastase protégeait les derniers ; Justin, son successeur favorisa les catholiques.

(2) C'est à cet empereur que nous devons le code qui porte son nom. En occident les lois lombardes firent disparaître celles de *Justinien*. Ce ne fut qu'au douzième siècle qu'on trouva à Amalsi un exemplaire du *Digeste*.

son courage et sa vertu, battit les Perses, en 530; mais l'année suivante et la veille de Pâques, il fut, à son tour, battu à la bataille de Callinique. Les soldats furent cause de cette défaite; quoique affaiblis par le jeûne, ils voulurent combattre malgré *Bélisaire*.

Les Romains eurent quelques succès en Arménie (1). *Chosroés* succéda à Cabadès; il était capable de réparer les pertes de sa nation. Les Perses mettent ce Roi au-dessus de Cyrus.

Justinien aurait été peut-être massacré par la faction verte (2), dans les jeux du cirque, si *Bélisaire* n'était venu à son secours, en dissipant les séditieux avec ses troupes.

Bélisaire porte la guerre en Afrique, où il arrive avec dix mille hommes de pied et six mille chevaux. Il attaque Gélimer et le met en fuite; il refuse d'entrer dans Carthage toute illuminée pour le recevoir, de crainte que les soldats ne maltraitassent les habitans pendant la nuit. Il entre le lendemain, non en vainqueur, mais en libérateur, dans cette ville, que les Vandales possédaient depuis quatre-vingt-quinze ans.

Ce grand homme éprouva bientôt le danger qu'il y a à servir avec gloire un maître d'un caractère faible. Sa conquête le fait calomnier auprès de *Justinien*. On l'accuse de vouloir se révolter : il reçoit de l'empereur le choix de

----

(1) Les Orientaux seront appelés Romains, jusqu'au temps de Charlemagne, époque à laquelle ils seront nommés *Grecs*.

(2) La faction bleue était favorisée par *Justinien*, et la verte, par Théodora sa femme.

rester ou de revenir. N'ignorant pas tout ce qu'on tramait contre lui, il part aussitôt pour se disculper. On lui décerne les honneurs du triomphe; avant lui personne ne les avait reçus dans l'empire d'Orient.

Les peuples de l'Afrique se soulevèrent dès que ce général fut parti. Les autres généraux employèrent quatorze ans pour les soumettre, tandis qu'il n'avait fallu que trois mois à *Bélisaire*.

Les Romains conservèrent ces conquêtes environ cent ans; après ce temps, les Sarrasins s'emparèrent de l'Afrique et les Vandales disparurent pour toujours.

Justinien, sous prétexte de venger la mort d'Amalasonte (1), entreprend la conquête de l'Italie. *Bélisaire* entre dans Naples, après un siége de vingt jours. Les Goths choisissent pour leur Roi, Vitigès, général expérimenté, parce que Théodat ne veut pas s'opposer à l'ennemi. Ce nouveau Roi rassemble son armée à Ravenne. *Bélisaire* se présente aux portes de Rome qui se rend avant d'être attaquée. Il y soutint, en 537, contre Vitigès, un siége d'un an et neuf jours; celui-ci fut obligé d'abandonner son entreprise. En 539, le général romain assiége Vitigès dans Ravenne, et le force à faire sa reddition. Il l'emmène à Cons-

(1) A la mort de Théodoric, sa fille Amalasonte gouverna pour son fils Athalaric encore jeune. Celui-ci étant mort de débauches, sa mère crut bien faire en donnant la couronne à Théodat, préfet de Toscane, en se réservant le pouvoir de le diriger dans le gouvernement. Théodat y consentit; mais il la fit bientôt étrangler dans une forteresse, où il l'avait fait emprisonner.

tantinople, où *Justinien* le rappelait encore par des motifs de jalousie. Ce vertueux Romain avait refusé plusieurs fois la couronne que lui offraient les peuples qu'il avait vaincus. Sa grandeur d'âme est d'autant plus admirable qu'il fesait de pareils sacrifices pour servir un ingrat.

Chosroès soumet les Romains au tribut, après s'être rendu maître d'Antioche, ville aussi célèbre que Constantinople. *Justinien* envoie, contre ce roi, le vainqueur d'Afrique et d'Italie. Les Perses sont repoussés : mais *Bélisaire*, au milieu de ses victoires, est rappelé pour combattre une seconde fois en Italie. Le général, qui lui succède avec trente mille hommes, se laisse battre par quatre mille Perses. On doit remarquer que les armées romaines étaient vaincues partout où *Bélisaire* ne se trouvait pas.

Les Ostrogoths possédaient Pavie et Vérone. Ildebald, leur Roi, fut assassiné à cause de ses injustices; Evaric, son successeur, le fut également. Le célèbre *Totila*, digne d'être comparé à Théodoric-le-Grand, porte la terreur dans Rome et dans Ravenne; ses soldats, dans ce siècle de barbarie, observaient la plus exacte discipline. Ce grand capitaine usait de beaucoup de douceur à l'égard des vaincus, ce que n'avaient pas toujours fait les empereurs.

Bélisaire, en 544, est envoyé en Italie. Il avait si peu de troupes, qu'il ne put quitter Ravenne; c'est alors qu'il écrivit à l'empereur la lettre suivante : « Je suis arrivé ici sans « hommes, sans argent et sans armes; les « troupes que j'y ai trouvées, toujours battues,

« redoutent l'ennemi et n'obéissent plus à
« leurs chefs : elles réclament plusieurs années
« de paye. Si votre dessein était seulement
« d'envoyer Bélisaire en Italie, Bélisaire y
« est ; si vous voulez qu'il soumette vos en-
« nemis, donnez-lui les secours dont il a
« besoin. »

Cependant *Totila* assiége Rome et s'en rend
maître : il épargne les habitans ; il se contente
de reprocher aux sénateurs d'avoir trahi un
peuple qui ne cherchait qu'à faire leur bonheur. En effet, ces peuples barbares s'étaient
souvent montrés plus humains que les Romains.
On pourrait difficilement trouver des règnes
où la douceur et la justice aient été mieux
observées que sous Théodoric et Amalasonte.
Totila, ne pouvant garder Rome, parce qu'il
était obligé d'en retirer ses soldats pour porter
les armes ailleurs, se décidait à la détruire :
il changea de résolution, après avoir reçu une
lettre de Bélisaire, qui lui fesait observer,
qu'il ternirait toute sa gloire en détruisant la
ville qui avait autrefois fait trembler l'univers.

Bélisaire, après le départ de l'ennemi, se
renferme dans Rome et s'y défend contre
Totila ; mais, manquant de tout, il est contraint de retourner à Constantinople. On lui
reproche d'avoir levé de fortes contributions
sur l'Italie, en la quittant. il semble qu'on
pourrait l'excuser sur le besoin pressant où il
se trouvait d'amasser de l'argent pour son retour. La conduite sans reproches, qu'il avait
tenue dans ses campagnes précédentes, ne doit
laisser aucun doute sur son désintéressement
et sa vertu.

Narsès.

L'empereur envoie en Italie son favori *Narsès*, eunuque parvenu de l'esclavage aux plus grands honneurs ; il avait de grandes qualités, beaucoup de courage et de prudence, mais peu de connaissances dans l'art militaire. Il obtint de *Justinien* l'argent et les troupes qu'il voulut ; son extérieur de piété et ses succès fesaient croire à ses soldats qu'il était inspiré : il n'en fallait pas davantage pour vaincre.

Narsès défait Totila, qui meurt de ses blessures, entre dans Rome, marche de là sur Cumes, où s'était retiré Théia, que les Goths avaient choisi pour remplacer Totila, et s'en rend maître. Théia est tué au moment qu'il change de bouclier. Toute l'Italie est soumise et *Narsès* permet aux Goths de la quitter, de se retirer avec leurs effets, mais sans armes, et de vivre les alliés de l'empire. Les Lombards, dans cette guerre, aidèrent de leurs armes le général romain. L'Italie resta treize ans au pouvoir de *Narsès*. De son côté, *Justinien* s'occupait d'affaires théologiques, principales causes des malheurs toujours croissans de son gouvernement. Il épuisait son trésor pour acheter la paix des Perses et employait ses troupes à soumettre les Goths. Malgré les succès de ses généraux, les tremblemens de terre, la peste et les guerres continuelles ruinaient ses sujets. Des peuples de la Tartarie, les Albares et les Turcs, viennent fondre sur l'empire ; *Justinien* les repousse avec l'argent.

L'année suivante Bélisaire, qu'on avait oublié depuis dix ans, est chargé d'attaquer les Huns qui avaient inondé la Thrace. Tout tremblait : lui seul était capable de les vaincre ;

l les bat avec peu de troupes ; l'envie le fait
appeler et on aime mieux chasser l'ennemi ,
n lui fesant des pensions, que de voir triom-
ber cet illustre capitaine. Les ennemis de
élisaire l'accusèrent d'être l'auteur d'une cons-
iration contre l'empereur ; il fut enfermé
endant sept mois ; il se justifia et *Justinien*
i rendit ses bonnes grâces. Il mourut peu
e temps après. On ne doit pas ajouter foi à
fable qui le fait mourir en mendiant son
in , ayant les yeux crevés.

Justinien, que quelques historiens ont ap-
lé *Grand*, et qui n'eut de grandeur que
lle que lui acquirent Bélisaire et *Narsès*,
ourut âgé de quatre-vingt-quatre ans , au
ilieu des disputes théologiques.

Les Lombards , peuple de la Germanie , Alboin. 568.
mmandés par leur Roi *Alboin*, s'emparent
l'Italie , en 568. Rome et quelques places
aritimes restèrent sous la domination de
mpire ; les Lombards les avaient laissées
oyennant un tribut.

Alboin gouvernait son peuple avec justice ;
s vaincus aimaient son règne. Il mourut as-
siné par Péridée. Voici la cause de sa mort :
vait épousé Rosmonde, fille de Cunimond ,
i des Gépides, qu'il avait tué dans un com-
t ; il avait fait , du crâne de Cunimond , une
upe pour s'en servir dans les festins. Un
ir qu'il était échauffé par le vin , il la pré-
te pour boire à Rosmonde ; celle-ci , trans-
rtée de colère , se prépare à la vengeance.
pouvant décider Péridée à assassiner le Roi ,
e emploie la ruse pour l'y forcer. Ce brave
icier vivait avec une des femmes de la Reine ;

Rosmonde passe la nuit à la place de cet[te] femme, et se fesant ensuite connaître : *il fau[t,* lui dit-elle *, ou assassiner Alboin, ou mour[ir] de ses mains.* Péridée se rendit et tua le Roi[.]

Justin II.

Les Perses, sous *Justin II*, successeur d[e] Justinien, envahissent l'empire. Cet Empereu[r] malheureux, au désespoir de ne pouvoir s'op[-] poser à l'ennemi, tombe dans la démenc[e.] Cependant Tibère, soldat de fortune, qu'[il] avait créé César, marche contre Chosroès qu'il bat complètement. Celui-ci mourut qu[el-] que temps après.

Tibère.

Tibère succède à Justin, en 578; fait l[e] bonheur de ses sujets; établit la paix dans so[n] empire, soit en l'achetant, soit en l'obtenan[t] par les victoires de son général Maurice su[r] les Perses.

Maurice.

Maurice, grand capitaine, monta sur l[e] trône. Il fut cause du massacre de douze mill[e] Romains, en refusant la rançon de ces pri[-] sonniers au Klan, chef des Albares.

Phocas.

Phocas né en Cappadoce, de parens obs[-] curs, entre, deux ans après l'exécution de[s] prisonniers romains, dans Constantinople, [à] la tête d'une armée de séditieux. Il se fai[t] nommer empereur, et fait trancher la tête au[x] cinq fils de Maurice et à lui-même ensuite[.] Cet empereur infortuné, disait, en assistan[t] au supplice de ses fils : *ô Seigneur, que vou[s] êtes juste, et que vos jugemens sont équi[-] tables !*

Phocas, le modèle des monstres, fait bapti[-] ser tous les Juifs par force. On forme un[e] conspiration contre lui; son gendre, Priscus[,] engage Héraclius, exarque d'Afrique, à atta[-] quer le tyran. Le fils d'Héraclius arrive avec une flotte, fait *Phocas* prisonnier, et le fait égorger en présence du peuple. Le jeune Héraclius fut élu empereur à sa place. Ce prince fit la guerre aux Perses; défit plusieurs fois Chosroès II, en 622, et fit enfin la paix avec lui.

Celui qui devait opérer une grande révolution dans l'empire, et porter un coup terrible au christianisme, parut. *Mahomet*, né d'une famille illustre, à la Mecque, en Arabie, exercé, dès sa jeunesse, à la fatigue et aux armes, joignait au courage et à l'audace une grande ambition. Il entreprend de réformer le culte des Arabes, qui s'était corrompu; âgé de plus de quarante ans, il s'annonce, en 614, comme le prophète de Dieu, pour rétablir la religion d'Abraham et d'Ismaël. Le dogme fondamental de ce prophète était: *qu'il n'y avait qu'un seul Dieu, et qu'il en était l'envoyé et le serviteur.* Ce dogme est renfermé dans son *Koran* (1). *Mahomet* avait peu de partisans à la Mecque; il y fut persécuté, il y aurait péri victime de son enthousiasme, s'il ne se fût sauvé à Médine. Sa persécution donna plus de poids à ses paroles; ses principes furent goûtés. Cette fuite de *Mahomet* fait époque chez les mahométans; on l'appelle *hégire*. Ce prophète, avec cent treize hommes, battit les Mecquois qui étaient au nombre de mille. Cette victoire et ses talens, lui procurèrent,

Mahomet.

Hégire.

---

(1) Koran ou Alcoran, veut dire le *livre* ou *la lecture par excellence;* ce livre contient les préceptes et les lois de Mahomet.

dans l'espace de neuf ans, la conquête de toute l'Arabie, pays que les Romains n'avaient pu soumettre. « Il avait, dit Voltaire, une élo- « quence vive et forte, dépouillée d'art et de « méthode, telle qu'il la fallait à des Arabes ; « un air d'autorité et d'insinuation, animé par « des yeux perçans et par une physionomie « heureuse ; l'intrépidité d'Alexandre, sa li- « béralité, et la sobriété dont Alexandre au- « rait eu besoin pour être un grand homme en « tout. »

Mahomet écrivit à plusieurs princes pour les engager à embrasser sa religion qu'il appelait *l'islamisme*. Quelques-uns devinrent ses prosélytes, et d'autres furent indignés de ses propositions. Héraclius lui fit des présens, et le prince des Cophtes, gouverneur d'Egypte, lui envoya une fille de la plus rare beauté ; on l'appelait *la belle Marie*.

Tout à la fois prophète et conquérant, *Mahomet* porta les armes contre les Romains. La cause de cette guerre fut l'assassinat de son ambassadeur, par un des gouverneurs d'Héraclius. Caled, un des plus fameux généraux arabes ou sarrasins (1), surnommé *l'épée de Dieu*, mit plusieurs fois en déroute l'armée de l'empereur.

Mahomet mourut à l'âge de soixante-trois ans et demi, en 632. On a débité beaucoup de fables sur ce grand homme, fondateur d'un très-vaste empire ; mais, selon Voltaire, « De « tous les législateurs et de tous les conquérans, « il n'en est aucun dont la vie ait été écrite avec

____

(1) Ces deux noms désignent le même peuple.

« plus d'authenticité et dans un plus grand dé-
« tail, par ses contemporains, que celle de
« *Mahomet*. Otez de cette vie les prodiges dont
« cette partie du monde fut toujours infatuée,
« le reste est d'une vérité reconnue. »

En mourant, Mahomet nomma Ali, son gendre, son successeur; cependant *Abubé-ker*, son beau-père, fut préféré. C'est cette préférence qui donna naissance à ce grand schisme qui divise les Turcs et les Persans. Ceux-ci sont de la secte d'Ali, et ceux-là de celle d'Omar, successeur d'*Abubéker*.

Abubéker se rend maître d'une grande partie de la Syrie en moins de deux ans. Il meurt avec la réputation d'un homme très-généreux; il ne dépensait pas plus de cinquante sous de notre monnaie, par jour. Il est révéré comme saint dans l'Alcoran. Le commencement de son testament est assez curieux : *Testament fait par Abubéker, au moment qu'il doit passer de ce monde dans l'autre; dans le temps où les infidèles commencent à croire, où les impies ne doutent plus, et où les menteurs disent la vérité.*

Le calife (1) *Omar*, son successeur, achève la conquête de la Syrie; il s'empare de Damas, ville célèbre par ses ouvrages d'acier et par ses étoffes de soie, tandis que ses généraux se rendaient maîtres de la Perse. Il prend Jérusalem et laisse aux juifs et aux chrétiens une entière liberté de conscience. C'est d'après son ordre

Abubéker.

Omar.

---

(1) Calife, signifie lieutenant de Mahomet. Ses successeurs régnèrent sous ce titre. Les califes étaient en même temps rois et pontifes.

qu'Amrou, un de ses généraux, brûla la fameuse bibliothèque d'Alexandrie. *Omar* ne permettait d'autre lecture que celle de l'Alcoran. Il expira en 644 (1).

Othman lui succéda, et détruisit, l'année suivante, cet empire des Perses, si redoutable aux derniers Romains, et cette ancienne religion des mages, qu'Alexandre-le-Grand avait respectée.

Ali, qui s'était retiré dans l'Arabie, se rendit illustre par ses exploits. Il fut assassiné la cinquième année de son califat.

---

(1) Sous le califat d'*Omar*, un gouverneur d'Égypte joignit le Nil à la mer Rouge, en creusant un Canal que les anciens Rois avaient fait, que Trajan avait rétabli et que la négligence et les temps avaient comblé.

FIN DE L'HISTOIRE ROMAINE.

HISTOIRE MODERNE.
THÈSE XXXI.

Depuis Clovis, jusqu'à Charlemagne. De 486 à 768.

J'ai continué l'histoire romaine jusqu'à la conquête de l'Espagne par les Sarrasins, pour ne pas interrompre les faits. Comme celle de notre pays doit nous intéresser le plus, je suis forcé de revenir au temps de Clovis. C'est par ce Roi que je commencerai l'histoire moderne; les règnes de Pharamond, Clodion, Mérovée (1), Childéric, premiers Rois de France, n'étant remplis que de doutes.

Les Francs ou Français (2), dont les possessions s'étendaient depuis l'Escaut jusqu'à la Somme, en Picardie, commandés par *Clovis*, mettent en fuite, près de Soissons, Siagrius général des Romains. *Clovis*, fils de Childéric, était alors âgé de dix-neuf ans; il s'attacha les Gaulois en respectant leur religion; il épousa Clotilde, nièce de Gondeband Roi des Bourguignons. Exhorté par cette pieuse princesse à embrasser le christianisme, il se fit baptiser par saint Remi, évêque de Reims, après avoir vaincu les Allemands à la bataille de Tolbiac, près de Cologne. Il attribua cette victoire au dieu des chrétiens, qu'il avait invoqué pendant ce combat. Ce prince se servit de la religion pour étendre les

---

(1) La première race des Rois Francs, dite des Mérovingiens, tire son nom de ce Roi.

(2) Les Francs étaient un des peuples barbares venus de la Germanie.

limites de son royaume; il attaqua les Visigoths (1) parce qu'ils étaient ariens. Il tua leur Roi à la bataille de Vouillé, aux environs de Poitiers, en 507. Il mourut en 511; il déshonora la fin de son règne par sa cruauté et sa perfidie envers ses parens. Ses quatre fils se partagèrent le royaume.

Théodebert. *Théodebert* roi d'Austrasie, fils de Thierri et petit fils de Clovis, se rendit célèbre par ses vertus et par la conquête du royaume de Bourgogne, en 534; cependant ce grand Roi se montra perfide, en attaquant tour à tour Vitigès, roi des Ostrogoths et Justinien, empereur des Romains, tous deux ses alliés.

Deux reines infâmes. *Brunehaut,* épouse de Sigebert, Roi d'Austrasie, et *Frédégonde,* épouse de Chilpéric, Roi de Soissons, sont devenues illustres par leurs crimes. *Brunehaut* fut condamnée aux plus affreux supplices par Clotaire II, fils de *Frédégonde.* Cette cruelle femme avait fait périr dix Rois, ou enfans de Rois. *Frédégonde* fit assassiner son mari.

Pépin-Héristel. *Pépin Héristel,* maire du palais, détrône Thierri et gouverne, sous ce titre, pendant vingt-sept ans. C'était un homme prudent et courageux; il battit les Saxons et les Suèves.

Charles-Martel. 714. *Charles-Martel,* son fils, lui succéda dans la charge de maire du palais; il avait tout le pouvoir d'un Roi, tandis que Thierri II n'en avait que le nom (2). On peut regarder *Char-*

---

(1) Les Visigoths occupaient le pays situé entre le Rhône et la Loire.

(2) Les derniers Rois de la race de Clovis jusqu'à Pépin, sont nommés fainéans à cause de leur faiblesse et de leur inertie.

les-*Martel* comme le sauveur de la France; sans lui les musulmans l'auraient asservie. Il dompta les Saxons et repoussa les Sarrasins; le vaillant Abdérame (1) leur chef, fut tué dans une bataille livrée près de Poitiers. Sous cet habile duc des Français (*Charles* avait pris le titre de duc des Français), le peuple fut heureux et les ennemis furent chassés de partout.

L'*Espagne* fut envahie par les *Sarrasins* ou *Maures*. On prétend que le comte Julien, pour venger sa fille, que Rodrigue avait déshonorée, engagea ces conquérans à passer dans son pays. Il serait plus vraisemblable de croire qu'il les attira pour venger Vitiza, son gendre, détrôné et assassiné par Rodrigue. Muzza, gouverneur en Afrique, sous le calife Valid-Almanzor, envoya un de ses généraux pour attaquer les Espagnols. On livra bataille en 712 dans les plaines de Xérès, où le roi des Visigoths fut tué. L'archevêque de Séville, Oppas, parent de Vitiza, embrassa le parti des musulmans; tandis que le courageux Pélage, retiré dans les montagnes des Asturies, repoussa toujours les ennemis et gouverna son petit royaume en liberté. Maîtres de l'*Espagne*, les *Maures* firent des incursions en France et furent vaincus par Charles, comme je l'ai déjà dit ci-dessus.

Carloman, fils de Charles-Martel, se fait moine et laisse tout le pouvoir à son frère *Pé-*

---

(1) En 750 le califat passa de la famille des Ommiades dans celle des Abassides. C'est après avoir échappé au massacre des Ommiades qu'Abdérame se retira en Espagne, où il devint très-puissant.

pin. Celui-ci aspirait à la royauté, quoiqu'il eût fait couronner Childéric III. L'ambitieux *Pépin* sachant que le pape Zacharie avait besoin de lui contre l'empereur grec et les Lombards, lui soumet la question suivante : *Quel est le plus digne de régner, ou celui qui porte le titre de Roi et est incapable de gouverner, ou un ministre qui exerce l'autorité royale avec honneur?* Zacharie prononça en faveur de *Pépin*. Aussitôt Childéric est rasé et renfermé dans un monastère, et le ministre sacré à Soissons par saint Boniface, évêque de Mayence. C'est ainsi que finit en 751 la race des Mérovingiens, après deux cent soixante-dix ans de règne.

Le pape Etienne III n'ayant pu obtenir du secours de Constantin Copronyme, empereur des Grecs, alors occupé aux querelles des images contre Astolphe, Roi des Lombards, passe en France; donne la couronne et l'onction sacrée à *Pépin*, et l'engage à marcher contre son ennemi. Le Roi de France bat les Lombards qui s'étaient avancés jusqu'aux portes de Rome; s'empare de l'exarchat de Ravennes, et le donne au pape et à ses successeurs (1). Il dompte les Esclavons et les Saxons, divise son royaume en fiefs, et meurt à Saint-Denis, en 768, âgé de cinquante-quatre ans. Il avait laissé la couronne à Charles et à Carloman, et avait enfermé dans un monastère, Gilles, son troisième fils.

---

(1) C'est de cette donation que vient la puissance temporelle du trône Pontifical.

THÈSE XXXII.

Depuis Charlemagne, jusqu'à Hugues-Capet.
De 768 à 987.

CHARLES, appelé depuis *Charlemagne*, se trouve à la tête d'un puissant empire à la mort de Carloman son frère. Il épouse la fille de Didier, Roi des Lombards. Il la répudie bientôt pour conquérir les états du père. Ce malheureux Roi, qui avait donné asile à la veuve de Carloman et à ses deux fils, fut fait prisonnier et enfermé dans un cloître, où il mourut. En lui finit la monarchie des Lombards qui subsistait depuis deux cent six ans.

Charlemagne porte ses armes contre l'Espagne; il remporte plusieurs victoires; mais à son retour le duc de Gascogne taille en pièces son arrière garde à Roncevaux, où fut tué le fameux Roland, son neveu, tant célébré par les romanciers. Les Saxons toujours rebelles, soutiennent une guerre de trente ans contre le monarque français.

Le brave *Witikind* réveille sans cesse dans le cœur de ses compatriotes l'amour de la liberté. Ce général bat complétement les Français en 782. *Charlemagne* se venge cruellement de cette défaite, en fesant trancher la tête à quatre mille cinq cents des principaux Saxons. Enfin, le terrible *Witikind*, voyant l'inutilité de ses efforts, se soumet et embrasse le christianisme.

Léon III, insulté dans Rome, se sauve auprès du Roi des Français qui le comble d'honneur, le renvoie et le suit en Italie. Le jour de

Noël, Léon, vers le milieu de la messe, met la couronne impériale sur la tête de *Charlemagne* et le peuple s'écrie : *Vive Charles, Auguste empereur des Romains!* Selon Eginhard, son secrétaire, *Charles* ne s'attendait pas à une pareille cérémonie; il en parut même chagrin. L'ambition de ce prince fait croire tout le contraire. Voilà un second empire d'Occident créé par les Romains sans en avoir le droit.

Irène.

L'impératrice *Irène*, qui avait fait mourir son fils Constantin Porphyrogénète, pour avoir seule le souverain pouvoir, propose à *Charles* de l'épouser. Elle voulait par ce moyen conserver ses États d'Italie. Le mariage devait avoir lieu ; mais *Irène* fut mise dans un monastère et détrônée par le patrice *Nicéphore* qui s'empara des rênes de l'empire. Le nouvel empereur, craignant la puissance de *Charles*, lui envoya des ambassadeurs et on fixa les limites des deux empires.

Charlemagne protégeait les lois, la religion, les lettres et les sciences. Il était en correspondance avec le savant *Haroun-al-Raschild*, vingt-cinquième calife. C'est ce fameux Arabe qui lui fit présent d'une horloge sonnante; c'est la première qu'on ait vue en France. Les Arabes pouvaient alors servir de maîtres à l'Europe. Aux talens, à la bravoure, *Charles* joignait un esprit capable de former et d'exécuter les plus grandes entreprises. Il a fallu un génie tel que le sien pour gouverner un État qui comprenait la France, l'Allemagne, une partie de la Hongrie, les Pays-Bas, le comté de Barcelone en Espagne, et le continent de l'Italie jusqu'à Bénévent. Cet habile et sage empereur mourut à Aix-la-Chapelle, sa demeure ordinaire, à l'âge de soixante-onze ans, en 814 ; il avait régné quarante-sept ans. Malgré ses grandes connaissances en politique, il partagea, comme plusieurs Rois l'avaient déjà fait, son empire à ses enfans ; véritable moyen pour l'affaiblir et le détruire.

Les Romains furent obligés de quitter la *Grande-Bretagne* (1) pour s'opposer aux incursions des Barbares. Les Bretons appelèrent à leur secours les Saxons et les Angles ou Anglais contre les Écossais et les Pictes. Ils furent subjugués par leurs protecteurs qui fondèrent, au milieu du cinquième siècle, les sept royaumes que l'on connaît sous le nom d'*Heptarchie* (2).

Offa, roi de Mercie, assassina le Roi d'Estanglie et s'empara de ses états. Il alla à Rome, et pour obtenir l'absolution du pape Adrien Ier, il établit le *denier de saint Pierre* (3). Ce monarque envoya à Charlemagne le célèbre Alcuin, regardé alors comme très-savant, parce qu'on ne savait presque pas lire.

En 827, Egbert, Roi de *Wessex*, dernier prince des familles royales, réunit l'*Heptarchie* en un seul royaume. Ce Roi, persécuté dans sa jeunesse, trouva un asile auprès de Charlemagne. Instruit à la cour de ce grand homme, il gouverna avec sagesse. Il repoussa

---

(1) L'*Angleterre* n'a reçu le nom de Grande-Bretagne que sous Anne Stuart. Voyez Thèse XL.

(2) Ces sept royaumes étaient celui de Mercie, d'Estanglie, de Wessex, de Northumberland, de Kent, de Sussex et d'Essex.

(3) C'était une taxe d'un denier par maison, que les

toujours les attaques des Danois, pirates qu
devenaient de jour en jour plus redoutables

Louis Ier. *Louis Ier*, dit le *Débonnaire*, empereur.
fut faible et malheureux : ses fils se révoltèren
plusieurs fois contre lui. Il fit crever les yeux à
Bernard, Roi d'Italie, petit-fils de Charlemagne, qui voulait le détrôner. Il fut forcé d'abdiquer et de se renfermer dans l'abbaye de
Saint-Médard. Il fut remis sur le trône par ses
fils qui l'avaient chassé, et mourut dans la
vingt-huitième année de son règne. Les Normands (1) firent à cette époque une descente
sur les côtes du Poitou.

Charles-le-
Chauve. Les fils de Louis-le-Débonnaire se font la
guerre. *Charles* et *Louis* attaquent *Lothaire*,
leur aîné, et gagnent cette sanglante bataille
de Fontenay en Bourgogne, où cent mille
hommes perdent la vie. Les Normands, profitant de ces guerres civiles, s'avancent jusqu'à
Paris. *Charles-le-Chauve* n'ose les combattre :
Il leur cède des établissemens en France, à
condition qu'ils s'opposeront aux incursions
de leurs compatriotes. Cet empereur, aussi
faible au dedans qu'au dehors, distribue des
terres aux seigneurs sous le titre de fiefs : de là
le *régime féodal*.

Charles-le-Chauve porte du secours au pape
Jean VIII contre les Sarrasins, quoiqu'il ne
puisse pas chasser les Normands qui inondent

---

papes exigèrent ensuite comme un tribut. Le denier va-
lait à peu près trois livres d'aujourd'hui.

(1) Les Normands, c'est-à-dire hommes du nord,
venaient de la Scandinavie qui renferme la Suède, la
Norwége et le Danemarck. Plusieurs des peuples qui
avaient envahi l'empire romain avaient la même origine.

ses propres états. Arrivé en Italie, ses seigneurs le trahissent, et Carloman, son neveu, se met en marche pour lui enlever la couronne. L'empereur prend la fuite; il est attaqué d'une grave maladie et meurt dans une chaumière.

Les Danois ou Normands, ravageaient l'Angleterre. *Alfred-le-Grand*, successeur d'Ethelred Ier son frère, est vaincu plusieurs fois et abandonné de ses troupes. Sans perdre courage, il se retire chez un berger où il passe six mois. Instruit qu'un seigneur anglais a remporté quelques avantages sur les Danois, il se déguise en joueur de harpe; s'introduit dans le camp des ennemis; les amuse, examine tout, va joindre les Anglais qui étaient sous les armes, attaque les barbares un jour qu'ils célébraient une fête et les met en déroute. Tout lui obéit, et, en Roi sage, fait des vaincus ses sujets. Après avoir sauvé la patrie, il la gouverne en grand homme; il fait de bonnes lois, favorise les lettres, fonde l'académie d'Oxford et se montre en tout le protecteur du genre humain. « Je ne sais, dit Voltaire, « s'il y a jamais eu sur la terre un homme plus « digne des respects de la postérité qu'Alfred- « le-Grand, ... supposé que tout ce qu'on « raconte de lui soit véritable. » Il mourut en 901, âgé de cinquante-trois ans.

La France était toujours en proie aux guerres civiles. *Charles-le-Gros*, fils de Louis-le-Germanique, est élu empereur et possède tout l'empire français; mais il est incapable de le défendre. Il commet un trait de lâcheté en achetant la paix des Normands. Au lieu de les éloigner, il leur fournissait les moyens de lui faire la guerre. Sa perfidie rappela bientôt ces redoutables conquérans ; en 886, ils assiégent Paris. De part et d'autre, on combattit courageusement ; Eudes, comte de Paris, Robert, son frère et l'évêque Goslin se couvrirent de gloire. Il y avait déjà plus d'un an que les assiégés se défendaient, lorsque *Charles-le-Gros* parut avec une nombreuse armée. Quoique supérieur en forces, il n'ose en venir aux mains avec Sigefroid, chef des Normands ; il aime mieux acheter une paix honteuse. L'Allemagne, l'Italie et la France abandonnent *Charles-le-Gros*. Tous ses sujets sont indignés de sa conduite infâme. Eudes fils de Robertle-Fort, qui s'était attiré l'estime des Français par son courage, est élu Roi. Il ne veut régner qu'en qualité de tuteur de Charles-leSimple, qui avait été dépouillé de ses Etats par *Charles-le-Gros.*

Eudes mourut en 898, sans avoir eu le temps d'apaiser les troubles civils du royaume. Charles-le-Simple était si peu digne de gouverner, qu'il n'avait pas la force de résister aux seigneurs de son royaume, qui étaient en guerre les uns contre les autres. Le fameux *Rollon*, chef des Normands, après avoir ravagé l'Angleterre, profite de cette anarchie, entre en France et s'empare de Rouen. Le Roi lui offre sa fille et des provinces moyennant qu'il embrasse le christianisme. Ce redoutable guerrier, aussi prudent que courageux, y consent. Il gouverne la Normandie, province qui tire son nom de ces barbares ; la rend florissante, en inspirant à ses sujets le goût de l'agriculture.

Louis IV étant mort, l'Allemagne appartenait à Charles-le-Simple ; mais trop méprisé
des Allemands pour être reconnu empereur,
Othon, duc de Saxe, fut nommé à sa place.
Celui-ci, trop âgé pour accepter la couronne,
engagea les États à choisir Conrad, duc de
Franconie ; ce qu'ils firent en effet en 911.
Depuis, la maison de France n'a plus régné
en Allemagne.

Sous *Conrad Ier*, les Huns ou Hongrois ra-
vagèrent son empire ; ils le soumirent à un
tribut. Ils allèrent ensuite porter la dévasta-
tion en Lorraine et en Languedoc. Ce peuple
barbare fut plus cruel que ceux qui l'avaient
précédé. *Conrad* mourut en 919, sans enfans
mâles. Il avait nommé, pour son successeur,
Henri, fils du même Othon qui lui avait procuré la royauté en la refusant.

Henri, dit l'Oiseleur, soumit ses vassaux
rebelles ; défit les Huns ; les chassa et rétablit
l'ordre et la tranquillité parmi son peuple.

Othon Ier, son fils, est proclamé empereur.
Il porte ses armes en Danemarck et en Bohême,
force ces peuples à payer le tribut qu'ils avaient
exigé des Allemands sous les règnes précédens.
Othon, le plus grand prince de son siècle,
donne la loi à tous ses voisins ; dompte plusieurs fois les Italiens révoltés ; déclare la
guerre à l'empereur grec Nicéphore Phocas
qui avait fait assassiner ses ambassadeurs (1) ;
détruit l'armée grecque et renvoie les prisonniers à Constantinople, le nez coupé ; il fait

Conrad Ier.

Othon Ier. 936.

---

(1) Ces ambassadeurs devaient emmener la fille de l'em-
ereur grec, qu'Othon devait épouser.

dans la suite la paix avec Jean Zimiscès, su
cesseur de Nicéphore, assassiné par ses sujet
La mort d'*Othon*, qui a bien mérité le surno
de *Grand*, arriva en 973.

Dans les neuvième et dixième siècles, temp
d'ignorance et de barbarie, on ne voit qu'u
surpations, guerres civiles, meurtres et grand
crimes.

THÈSE XXXIII.

Depuis Hugues-Capet, jusqu'à la première croisade
De 987 jusqu'à la fin du onzième siècle.

Hugues-Capet.
987.

Hugues-Capet (1), fils de Hugues-le-Grand
descendant de Robert et de Eudes, usurpe l
couronne de France, au préjudice de Charles
duc de Lorraine, frère du Roi Lothaire. Pa
sa dévotion feinte ou réelle, son adresse et l
force, il parvient à se faire reconnaître dan
une assemblée nationale. Il fait prisonnie
Charles qui lui avait déclaré la guerre. C
malheureux prince mourut captif dans la tou
d'Orléans, en 992. *Hugues* se rend digne d
commander aux Français, comme guerrier
courageux et expérimenté et comme législateur profond. Il se fait sacrer à Reims et s'associe Robert, son fils. Il régna dix ans et mourut à l'âge de cinquante-sept ans.

Espagne.

L'*Espagne*, envahie plusieurs fois par des
barbares, gouvernée par un si grand nombre
de petits Rois, n'offre pour ainsi dire aucun

---

(1) C'est à *Hugues-Capet* que doit son nom la race des
Capétiens. La race des Carlovingiens finit à Louis V dit
le fainéant.

détail intéressant jusqu'à présent ; cependant on ne doit pas passer sous silence, Alphonse III, dit le Grand, qui accrut par son courage et sa sagesse le royaume des Asturies, fondé par Pélage ; Garcias Ximénès, Français d'origine, qui fonda le royaume de Navarre ; Ramire II, Roi des Asturies et de Léon, qui remporta en 938, la victoire éclatante de Simencas sur les Maures (1) ; et l'illustre *Almanzor*, vice-roi de Cordoue, ennemi le plus terrible des chrétiens, qui, les ayant vaincus dans plus de cinquante combats, fut enfin complètement battu par eux en 998. Ce grand homme ne voulant pas survivre à son malheur, se laissa mourir de faim.

Almanzor.

Les Anglais qui n'avaient plus cet ancien courage qui les avait rendus maitres de la *Grande-Bretagne*, se soumirent à Swenon, Roi de Danemarck, et, en 1017, à *Canut-le-Grand*, son fils, qui possédait trois royaumes : le Danemarck, la Norwége et l'Angleterre. *Canut* alla en pélerinage à Rome. Il mourut dans les exercices de la dévotion. Ses fils ne régnèrent pas long-temps. Les Anglais chassèrent les Danois en 1041, et élurent Roi, Édouard-le-Confesseur, prince de l'ancienne famille royale, qui gouverna d'une manière faible.

Angleterre.

Canut. 1017.

L'empire des *Arabes*, au neuvième siècle, est gouverné par plusieurs califes. Tunis, Alger, etc... deviennent autant d'états particuliers. L'empire de Maroc obéit à un chef,

Empire des Arabes.

---

(1) On assure que quatre-vingt mille Maures périrent à cette bataille.

nommé Miramolin. Les califes de Bagdad furent chassés par leurs troupes auxiliaires, les Turcs ou Turcomans, peuple de la Tartarie. Ces barbares, dont l'origine est la même que celle des Huns, respectèrent la religion des *Arabes* et gouvernèrent sous le nom de sultans.

L'histoire de l'empire de *Constantinople* est l'histoire des meurtres. Chaque empereur ne parvient à l'empire qu'en assassinant celui qui est sur le trône. Il est rare de trouver un prince habile et courageux, et lorsqu'il s'en trouve un, comme Isaac Comnéne, par exemple, il ne peut faire le bien sans s'attirer la haine des moines : parce qu'il se sert, pour le bien public, du superflu de leurs richesses.

Au neuvième siècle, les querelles de la religion, et surtout la conduite que tint Michel III, à l'égard des patriarches Photion et Ignace, firent naître le grand schisme qui sépare l'église grecque de la latine. Les Grecs et les Latins se méprisaient mutuellement. Cette division des deux églises a toujours subsisté.

Quarante ou cinquante Français, partis de la Normandie pour aller en pélerinage à la Terre-Sainte, sauvèrent, à leur retour, la ville de Salerne (1) que les Sarrasins assiégeaient. Ils refusèrent la récompense qu'on leur offrait, et retournèrent chez eux. Le récit de

___

(1) Dans ce temps-là, c'est-à-dire vers la fin du 10e siècle, les Sarrasins fesaient des incursions dans la Pouille la Calabre et la Sicile, pays dont les empereurs grecs et latins se disputaient la souveraineté.

leur victoire et des richesses qu'on pouvait retirer de ces riches contrées, engagea un grand nombre de Normands à passer en Italie et à y exercer leur ancienne valeur. Après avoir combattu avec quelques succès, tantôt pour les Grecs, tantôt pour les Latins, ils fondèrent, en 1029, la ville d'Averse.

Peu de temps après, Guillaume *Fier-à-Bras* ou *Bras-de-Fer*, et ses frères, fils de Tancrède de Hauteville, entreprennent la conquête de la Pouille, et y réussissent. Fier-à-Bras est nommé comte de cette province par ses soldats. Cette famille de héros eut à soutenir ses droits de conquête contre Léon IX qui craignait pour les terres de l'Église. Ces conquérans lui offrent l'hommage de leurs fiefs; sur son refus, ils attaquent, en 1053, l'armée qu'il commandait en personne, la détruisent, font le pape lui-même prisonnier, en reçoivent l'absolution et lui donnent la liberté.

Tandis que l'Espagne était divisée entre les musulmans et les chrétiens; qu'en France la race des Capétiens se fortifiait de plus en plus, ainsi que les Normands dans les Deux-Siciles, un autre héros, *Guillaume-le-Bâtard*, duc de Normandie, conquérait l'Angleterre.

Les Anglais, après Édouard-le-Confesseur, mort sans enfans, décernèrent la couronne à Harold, seigneur puissant et entreprenant. *Guillaume-le-Conquérant* prétendait avoir des droits sur l'Angleterre; il supposait, en sa faveur, un testament d'Édouard. Sa réputation et celle de ses compatriotes, lui attirèrent les plus fameux guerriers de son temps. Il débarque en Angleterre à la tête de soixante mille combattans, en 1066. Il met les Anglais en déroute à Hastings. Harold y perd la vie. Cette seule victoire le rendit maître du royaume. Les lois qu'il fesait exécuter sévèrement, et la force de ses armes le firent régner paisiblement. Voulant se venger d'une raillerie de Philippe Ier, il entre en France, et serait arrivé jusqu'à Paris, si une mort subite ne l'eût arrêté dans sa marche, en 1087.

Hildebrand, connu sous le nom de *Grégoire VII*, s'est rendu illustre par son ambition, son courage et son audace. Ce pape, terrible ennemi de tous les Rois chrétiens, aspirait à la monarchie universelle, selon quelques historiens. Sa conduite et ses lettres semblent le prouver. Ce souverain pontife eut des démêlés violens avec *Henri IV*, empereur d'Allemagne. Il le força, après l'avoir excommunié, à venir se faire absoudre à Rome. *Henri IV*, ne pouvant résister aux affronts qu'il recevait de ce pape, lui déclara la guerre; il s'empara de Rome. *Grégoire*, assiégé dans le château Saint-Ange, serait tombé entre les mains de son ennemi, sans la donation des états de la comtesse Mathilde au saint-siége et le secours de *Robert Guiscard*, duc de la Calabre et de la Pouille. Il se retira à Salerne, d'où il excommunia de nouveau l'empereur. Il mourut l'année suivante 1085, en prononçant ces paroles de l'Écriture-Sainte : *j'ai aimé la justice et haï l'iniquité : c'est pourquoi je meurs en exil.*

On doit remarquer qu'Hildebrand, qui fesait trembler tous les souverains de la chrétienté, respecta toujours le fameux Guillaume-le-Conquérant. La raison en est bien simple; c'est que le Roi d'Angleterre ne craignait pas les foudres du vatican et que *Grégoire* redoutait les armes de Guillaume.

Henri IV, qui avait dit-on combattu dans soixante-six batailles, finit d'une manière plus malheureuse que *Grégoire VII*. Sans cesse poursuivi par les papes et trahi par son fils, il se retira à Liège. Capable, comme il le disait, d'exercer les fonctions de lecteur ou de chantre, on eut la cruauté de lui refuser une prébende qu'il demandait pour vivre; il mourut dans cette ville en 1106.

THÈSE XXXIV.

Depuis la première croisade, jusqu'à la mort de saint Louis. De la fin du douzième siècle à la fin du treizième.

Grégoire VII avait le projet de délivrer Jérusalem du joug des Turcs; mais les guerres qu'il fut obligé de soutenir contre Henri IV, l'empêchèrent de l'exécuter. Enfin Urbain II, non moins ambitieux qu'Hildebrand, se sert du zèle d'un ermite, nommé Pierre, né en Picardie. Ce religieux enthousiaste, revenu de la Terre-Sainte, dépeint avec tant de force les mauvais traitemens que les musulmans faisaient souffrir aux chrétiens, que toute l'Europe prend les armes pour les venger. En 1095, Urbain II tient un concile à Clermont en Auvergne. Il y prêche la guerre sainte. Chacun reçoit de sa main une croix faite de drap rouge, qu'on portait à son habit. C'est pour cette raison qu'on a donné le nom de *croisés* à ceux qui eurent part à cette expédition.

Quoique le projet de conquérir la Terre-Sainte parût imprudent, il ne laissa pas d'être adopté par les Européans. Plusieurs motifs les y engageaient : leur haine contre les Sarrasins, la délivrance du saint-sépulcre, les indulgences que le pape promettait, l'appât des richesses et la passion des armes.

Pierre l'ermite, en sandales, une corde à la ceinture, marche à la tête de quatre-vingt mille hommes. Il attaque les Hongrois, parce qu'ils lui refusent des vivres. Ceux-ci, irrités de sa conduite, prennent les armes et font un massacre affreux des chrétiens croisés. Pierre arrive avec les débris de son armée à Constantinople, où il est bien reçu de l'empereur Alexis Comnène. Ce prince prudent et sage s'empresse de faire partir ces hôtes dangereux qui ravageaient et pillaient sa capitale. Il leur fournit des vivres et des vaisseaux.

Les chrétiens obtiennent quelques succès parce que les Turcs sont gouvernés par un grand nombre de petits chefs divisés entre eux. En 1097, ils s'emparent de Nicée sur Soliman. Édesse tombe au pouvoir de Baudouin, frère de Godefroi de Bouillon. Antioche est prise et *Jérusalem* est soumise en 1099. Godefroi de Bouillon est nommé Roi de cette ville.

« Depuis le quatrième siècle, dit Voltaire, « le tiers de la terre est en proie à des émigra- « tions presque continuelles. Les Huns, ve- « nus de la Tartarie chinoise, s'établissent « enfin sur les bords du Danube; et de là,

« ayant pénétré sous Attila dans les Gaules et
« en Italie, ils restent fixés en Hongrie. Les
« Hérules, les Goths s'emparent de Rome. Les
« Vandales, vont des bords de la mer Baltique,
« subjuguer l'Espagne et l'Afrique; les Bour-
« guignons envahissent une partie des Gaules;
« les Francs passent dans l'autre. Les Maures
« asservissent les Visigoths, conquérans de
« l'Espagne, tandis que d'autres Arabes éten-
« daient leurs conquêtes dans la Perse, dans
« l'Asie mineure, en Syrie, en Égypte. Les
« Turcs viennent du bord oriental de la mer
« Caspienne, et partagent les états conquis
« par les Arabes. Les croisés de l'Europe
« inondent la Syrie en bien plus grand nombre
« que toutes les nations ensemble n'en ont ja-
« mais eu dans leurs émigrations, tandis que le
« Tartare Gengis subjugue la haute Asie. Ce-
« pendant au bout de quelque temps il n'est
« resté aucune trace des conquêtes des croisés;
« Gengis, au contraire, ainsi que les Arabes,
« les Turcs et les autres, ont fait de grands
« établissemens loin de leur patrie. »

La division des princes chrétiens et le refus
de rendre hommage de leurs principautés à
l'empereur Alexis, furent cause d'une nouvelle guerre. Déjà les ennemis avaient repris
la plupart des places, lorsqu'on proposa dans
l'assemblée de Vézelai une seconde *croisade*.
Saint Bernard, abbé de Clairvaux, la prêche,
Louis-le-Jeune, Roi de France, pour expier
le massacre de Vitri (1), prend la croix avec

2ᵉ Croisade.
1146.

____

(1) Louis, en fesant la guerre au rebelle Thibaut, comte
de Champagne, s'était rendu maître de Vitri et avait

Éléonore, sa femme ; l'empereur la prit aussi
Ces deux monarques trahis par Manuel Comnène, beau-frère de Conrad III et empereur
de Constantinople, qui les craignait autant
qu'Alexis avait redouté les premiers croisés
et par quelques princes chrétiens, furent
vaincus et obligés de retourner, n'emportant
d'autre avantage que celui d'avoir visité les
saints lieux.

L'abbé Suger avait voulu détourner le Roi
d'une pareille entreprise ; mais les exhortations
de saint Bernard l'emportèrent sur les sages
conseils de cet habile ministre.

Suger étant mort, Louis VII, ne craignant
plus la sagesse et la prudence de ce grand
homme, répudia Éléonore, qu'il haïssait depuis qu'il la croyait coupable d'avoir eu des
liaisons suspectes avec un jeune Turc, et avec
Raimond, prince d'Antioche. L'adultère ne
pouvait pas lui servir pour la répudier : il
employa le prétexte de parenté. Le Roi de
France perdit par sa faute plusieurs provinces
qui formaient la dot de la reine, et accrut la
puissance de Henri II qu'Éléonore épousa.

Henri II, premier Roi de la maison de
Plantagenet, troubla la tranquillité dont il
jouissait en voulant affaiblir le pouvoir du
clergé. Pour mieux exécuter son dessein, il
nomma évêque de Cantorbéry, son chancelier
Thomas Becket ; mais celui-ci en changeant de
place, changea de conduite. Il s'opposa fortement à ses entreprises, et fut un de ses plus te-

Henri II
et
l'Église. 1162.

---

ordonné le massacre de treize cents personnes réfugiées
dans une église.

ribles ennemis. Il soutint que le Roi n'avait pas le droit de faire condamner à mort par ses tribunaux, un prêtre qui avait commis un assassinat. *Becket* quitta l'Angleterre. Il y retourna quelque temps après et se réconcilia avec *Henri*. Les querelles, loin d'être terminées, recommencèrent avec plus de violence. Le prince irrité eut l'imprudence de dire : *personne ne me vengera de cet ennemi qui trouble continuellement mes états ?* Aussitôt quatre gentilshommes se rendirent auprès de *Thomas* et l'assassinèrent dans son église. *Henri*, craignant la cour de Rome, fit pénitence de ce meurtre, en allant nu-pieds au tombeau du saint évêque, et en recevant des coups de verges des moines de l'abbaye. Il mourut en 1189, des chagrins occasionés par la révolte de ses fils.

Frédéric Ier, dit Barberousse, soumet l'Italie en 1154. Il est reconnu empereur par Adrien IV ; mais il est forcé de lui tenir l'étrier. La troisième croisade mit fin aux disputes de cet empereur avec les papes.

Les chrétiens d'Asie étaient dans un tel désordre que les Turcs les avaient réduits à la dernière extrémité. Pour surcroît de malheur, les ordres militaires et religieux des Templiers, des Hospitaliers et des Teutons, qui devaient veiller à la défense de leurs compatriotes, étaient ennemis l'un de l'autre. *Saladin*, persan d'origine, s'empare du trône, après la mort de Noradin, sultan d'Alep. Cet habile général soumet la Perse, la Mésopotamie, la Syrie et l'Arabie. Il fait prisonnier Gui de Lusignan, Roi de Jérusalem ; prend

Frédéric Barberousse,

Saladin,

cette ville; traite son captif avec générosité et le renvoie ensuite.

3ᵉ Croisade. À la nouvelle de la prise de Jérusalem, toute l'Europe se soulève. Une troisième croisade est résolue. Philippe-Auguste, Roi de France, et le vieux Henri II, Roi d'Angleterre, ennemis entre eux, oublient tout, se croisent et imposent une dîme, appelée *Saladine*, sur tous ceux qui ne prendront pas les armes.

Barberousse partit le premier avec son fils aîné. Il attaqua d'abord Isaac l'Ange, empereur des Grecs, qui avait embrassé le parti de *Saladin*; il battit plusieurs fois les Turcs, arriva en Syrie et mourut, pour s'être baigné dans le Salif, anciennement Cydnus, de la même maladie dont Alexandre avait guéri par l'habileté de son médecin. Son fils fut tué au siége de Ptolémaïs.

Siége d'Acre. 1191. Philippe-Auguste et Richard-Cœur-de-Lion, fils d'Henri II, jaloux l'un de l'autre, firent des prodiges de valeur au *siége d'Acre*, où ils étaient arrivés brouillés. Après une résistance de trois ans, la ville capitula. *Saladin*, malade ou occupé à soumettre quelques rebelles, n'avait pu secourir les assiégés. Le Roi de France, fatigué de leur peu de succès, laissa quelques troupes et revint dans ses états. Richard, moins prudent que lui, continua à poursuivre les musulmans, battit *Saladin*, et fit avec lui une trêve de trois ans pour retourner dans son royaume. Ainsi le résultat de cette expédition fut la prise d'*Acre*. On doit avouer, à la honte du nom chrétien, que les Européans violèrent souvent la foi des traités et que le généreux *Saladin* la respecta toujours.

Richard fait naufrage. Il traverse l'Allemagne sous l'habit de pélerin. Il est pris par le duc d'Autriche, avec qui il s'était brouillé au siége d'Acre. Il est livré pour une somme d'argent à l'empereur Henri VI, qui a la lâcheté, de concert avec Philippe-Auguste, de le tenir en prison pendant quinze mois. Les torts du malheureux Roi d'Angleterre étaient d'être allié de Tancrède, bâtard du dernier Roi Roger III, qui s'était emparé de la Sicile, au préjudice de l'épouse de l'empereur, héritière de ce royaume. Enfin il obtint sa liberté pour une rançon de 50,000 marcs d'argent. Il déclara aussitôt la guerre à Philippe qui, profitant de son absence, avait fait révolter le prince Jean, son frère. On se battait depuis plusieurs années, lorsque *Richard*, en 1199, fut tué d'un coup de flèche, en assiégeant un château dans le Limousin, où il espérait trouver un trésor.

Henri VI parvint, par ses cruautés, à réunir la Sicile à son empire; mais, en 1197, il reçut la juste récompense de ses crimes : Il fut empoisonné par sa femme même.

L'Espagne, qui ne prend pas encore part aux affaires générales de l'Europe, ne présente que les faits suivans qui soient dignes de remarque : le *Cid*, fameux guerrier, perd les bonnes grâces d'Alphonse VI, Roi de Léon et de Castille, en voulant lui faire répéter trois fois le serment qu'il fesait entre ses mains, pour se purger de l'assassinat commis sur son frère Sanche, Roi de Castille, dont il était soupçonné. Alphonse rappelle bientôt ce héros pour assiéger Tolède. La réputation du *Cid* et le zèle des religieux attirent un grand nombre de guerriers étrangers. Tolède est prise en 1085, et Valence en 1094. On a donné le nom de *grand* à cet Alphonse VI qui a dépouillé son frère, qui s'est souillé de toutes sortes de crimes et qui a persécuté le Cid qui lui gagnait des batailles.

Alphonse le *batailleur*, Roi de Navarre et d'Aragon, fait la conquête de Saragosse et y établit sa demeure. Battu par les musulmans en 1134, il en meurt de chagrin. Il laisse son royaume aux Templiers. Ceux-ci réclament, en 1141, les états d'Aragon. Quelques terres leur sont accordées; c'est, sans doute, pour imiter ces ordres religieux, que les Espagnols établirent les ordres militaires d'Alcantara, de Calatrava et de Saint-Jacques.

Bataille de Bouvines.

En 1200, Innocent III met le royaume de France en interdit, parce que Philippe-Auguste avait répudié Ingelberge. Celui-ci est obligé de la reprendre et de quitter Agnès de Méranie qui meurt de désespoir. Le pape excommunie Jean-sans-Terre et donne la couronne d'Angleterre à Louis, fils du Roi de France. Philippe gagna la fameuse *bataille de Bouvines*, contre le Roi d'Angleterre, l'empereur Othon et plusieurs autres princes. Louis est couronné; mais, excommunié par le pape, il est contraint d'abdiquer en faveur de Henri, fils de Jean-sans-Terre. Le Roi Jean, après avoir été vaincu, au lieu d'apaiser ses sujets les irrita tellement qu'ils prirent les armes et l'obligèrent à signer la *grande charte*, fondement de leur liberté.

Pendant le règne de Philippe, une *qua-* 4ᵉ Croisade.
trième croisade fut prêchée. Elle eut le même
sort que les précédentes. Michel Paléologue
chassa les latins en 1261 : leur empire a Constantinople avait duré cinquante-huit ans. C'est
sous le même Roi qu'eut lieu le massacre des hérétiques du Languedoc, connu sous le nom de
croisade contre les Albigeois.

L'empereur Frédéric II, élu en 1220, fut Guelfes et Gibelins.
continuellement en guerre avec les papes.
L'Italie était déchirée par les factions *Guelfes*
et *Gibeline.* Les *Gibelins* soutenaient les droits
de l'empereur, et les *Guelfes* ceux du pape.
Ces deux partis existaient depuis un siècle ;
cet empereur d'Allemagne, presque toujours
persécuté, avait fait rentrer dans l'ordre tous
les révoltés d'Italie. Il fut, à ce qu'on prétend,
empoisonné par son fils Mainfroi, en 1250.

Gengis-Kan, vaillant capitaine, comman- Gengis-Kan.
dait les Tatares, qui tiraient leur nom de
Tatarkan, l'un de leur plus illustres généraux. Nous les appelons Tartares. Ils habitaient au-delà du Taurus et du Caucase, contrées occupées anciennement par les Scythes.
Toujours vainqueur, *Gengis* subjugua l'In-
dostan, une partie de la Chine, la Perse jusqu'à l'Euphrate et la Tartarie. La Russie fut
ravagée par ses soldats ; ce conquérant mourut
en 1226. Ses quatre fils se partagèrent son empire et étendirent ses conquêtes. La famille de
Gengis détruisit le califat des Abassides. « Il
« y eut ainsi, dans le douzième et treizième
« siècles, dit encore Voltaire, une suite de
« dévastations non interrompue dans tout l'hé-
« misphère. Les nations se précipitèrent les

« unes sur les autres par des émigrations pro-
« digieuses, qui ont établi peu à peu de grands
« empires ; car, tandis que les croisés fon-
« daient sur la Syrie, les Turcs minaient les
« Arabes ; et les Tartares parurent enfin, qui
« tombèrent sur les Turcs, sur les Arabes,
« sur les Indiens, sur les Chinois. Ces Tartares
« conduits par *Gengis* et par ses fils, changè-
« rent la face de toute la grande Asie, tandis
« que l'Asie mineure et la Syrie étaient le
« tombeau des Francs et des Sarrasins. »

Saint Louis. La reine Blanche de Castille, mère de *Louis IX*, gouverna pendant la minorité de son fils avec prudence et sagesse. *Saint Louis* devenu majeur, défait à Taillebourg ses vassaux ligués contre lui avec le roi d'Angleterre, Henri III. Il se croise ensuite contre les Sarrasins ; s'embarque à Aigues-Morte, en 1248 ; se rend maître de Damiette, et est fait prisonnier avec ses deux frères à la bataille de Massoure, où il combattit avec le plus grand courage. Il donne, pour sa rançon et celle de ses sujets, Damiette et quatre millions de notre monnaie. A la mort de la reine Blanche, *saint Louis* retourne en France, où sa présence était d'une grande utilité ; il réforme les abus, protége la religion et les lois, qui s'étaient beaucoup affaiblies dans son absence. Il entreprend une seconde croisade, malgré les mauvais succès de la première ; il fait le siége de Tunis. Une maladie contagieuse lui fait périr une partie de son armée ; lui-même meurt de cette peste avec un de ses fils. Ce grand Roi, mort à l'âge de cinquante-cinq ans, après en avoir régné quarante-quatre, se montra grand en tout : il fit le bonheur de ses sujets; il les aurait rendus encore plus heureux, s'il avait pu modérer son zèle pour les croisades. Il fut le fondateur de l'hospice des Quinze-Vingts et le protecteur des arts et des sciences; rigide observateur des mœurs, il les fit respecter. On rapporte que la vertueuse Blanche lui disait souvent que, quoiqu'elle l'aimât beaucoup, elle préférerait le voir mourir que de lui voir commettre un seul péché mortel.

L'Allemagne était en proie à l'anarchie. Lubeck se ligua avec quelques voisins, en 1241, pour protéger le commerce. Bientôt plus de quatre-vingts villes des plus puissantes formèrent cette confédération, qu'on appelle *ligue anséatique*. Les Allemands, fatigués des désordres de l'empire, donnèrent la couronne à *Rodolphe* de Habsbourg, descendant d'une ancienne famille d'Alsace. Le choix tomba sur lui parce que ses richesses, qui se réduisaient à bien peu de chose, ne le rendaient pas redoutable. C'est pourtant de lui que s'éleva l'illustre maison d'Autriche. *Rodolphe* fait la guerre à Ottocar, Roi de Bohême, dont il avait été le grand maître-d'hôtel. On livra une bataille près de Vienne, où Ottocar fut tué.

Charles d'Anjou, frère de saint Louis, se rendait odieux à tous les Italiens par sa manière tyrannique de gouverner. On n'attendait qu'une occasion pour se révolter : un Français la procura bientôt en insultant une femme au milieu d'une rue, le lundi de Pâques, au moment qu'on allait à vêpres. C'était à Palerme; aussitôt tous les habitans tombèrent indistinctement sur les Français et en firent un massacre affreux : les autres villes en firent autant. Cette révolution est connue sous le nom de *Vêpres Siciliennes*. On prétend que Procida, gentilhomme dépouillé de tous ses biens, avait préparé ce complot, et qu'il y avait fait entrer Pierre III, Roi d'Aragon, Michel Paléologue et Nicolas III. Charles d'Anjou, quoique soutenu par une armée que lui avait envoyée son neveu, Philippe-le-Hardi, Roi de France et fils de Louis IX, ne put conserver le royaume qu'il avait enlevé à Mainfroi. Celui-ci avait péri en combattant contre les Français.

Inquisition.

C'est sous saint Ferdinand, Roi de Castille, que s'établit *l'inquisition*, tribunal qui condamnait au feu les hérétiques. Cordoue fut au pouvoir de Ferdinand III, en 1236. Les Maures en étaient maîtres depuis plus de cinq cents ans. Ferdinand enleva aussi Séville à ces conquérans, en 1248.

Jacques Ier, Roi d'Aragon, se rendit célèbre par la conquête des îles Majorque et Minorque et de la ville de Valence en 1238.

Alphonse dit le Sage.

Alphonse X, dit le Sage, Roi de Castille, illustra son règne par l'encouragement qu'il donna aux lettres et aux sciences. Il établit deux chaires de physique dans l'université de Salamanque (1). Le reste de l'histoire d'Espagne ne commence à devenir clair et intéressant qu'au temps de Ferdinand et d'Isabelle.

---

(1) Ce fils de saint Ferdinand eut le malheur de voir son propre fils se révolter contre lui. Il fut réduit à implorer le secours du roi de Maroc.

THÈSE XXXV.

Depuis Philippe-le-Bel, jusqu'à la destruction de l'empire grec par les Turcs. De la fin du treizième siècle jusque vers le milieu du quinzième.

Le règne de *Philippe-le-Bel*, fils et successeur de Philippe-le-Hardi, est un des plus célèbres de l'histoire de France. De grands événemens, de grandes fautes, de grandes actions l'ont illustré.

Philippe résista avec fermeté aux menaces de Boniface VIII. Dans la crainte que ses sujets ne l'abandonnassent dans sa querelle avec ce pontife, il assembla les états-généraux. C'est la première fois que le tiers-état, ou les communes, paraît avoir été convoqué.

C'est Boniface VIII qui institua le *jubilé*. Il promit une indulgence pleinière à ceux qui visiteraient les églises de Rome pendant l'année 1300. Cette ville fut enrichie par la quantité de pélerins qui y accoururent. Cette cérémonie devait avoir lieu tous les cent ans ; elle fut devancée de cinquante par Clément VI, l'an 1350 ; l'an 1385, Urbain VI la devança encore, et Paul II en fixa le terme à vingt-cinq ans.

Philippe et Clément V, jaloux des richesses des *templiers*, cassèrent leur ordre ; emprisonnèrent le grand-maître, Jacques de Molai ; le firent brûler avec plusieurs autres templiers, hors la porte Saint-Antoine, à Paris, et s'emparèrent de leurs trésors. Leurs terres furent données aux hospitaliers de Saint-Jean-de-Jérusalem, qui avaient enlevé l'île de Rhodes aux

Tures. Ces religieux (*templiers*) étaient accusés de débauches, etc. etc. *Philippe* mourut âgé de 46 ans (1314). Il soutint ses droits avec gloire ; mais il rendit son peuple malheureux. *Clément* V, qui avait transféré le saint siége à Avignon, mourut la même année.

Sous ce règne se fit la découverte de la *boussole*.

Dans ce même temps *Édouard* I*er*, Roi d'Angleterre, ne fut pas moins ferme que *Philippe*, contre *Boniface* VIII. Ce prince vit l'Ecosse se soulever contre lui, comme la Flandre s'était soulevée contre le monarque français (1). Il la soumit en 1303 ; mais le vaillant *Robert Bruce* la délivra en 1306 et en fut nommé Roi.

Le commencement du 14me siècle est remarquable par la révolution qu'opéra la Suisse pour devenir libre. *Albert* d'Autriche, fils de *Rodolphe* et empereur d'Allemagne, voulut faire de ce pays, gouverné par des seigneurs, une principauté pour un de ses fils. Les gouverneurs qu'il avait envoyés tyrannisaient le peuple ; trois paysans, *Melchtal*, *Stauffacher* et *Walthenfurst*, résolurent de délivrer leur patrie.

On raconte que dans ce même temps, *Gessler*, gouverneur du canton d'Uri, ayant fait mettre un de ses bonnets au haut d'une perche, sur la place, afin qu'il fût salué de tout le monde, fit condamner à mort Guillaume Tell

----

(1) Les Flamands remportèrent, en 1302, une éclatante victoire sur les Français à Courtrai. On assure que les vaincus laissèrent sur le champ de bataille quatre mille éperons dorés.

i avait refusé d'obéir à cet ordre. Cepen-
 t Gessler lui promet sa grâce, pourvu qu'il
 atte, d'un coup de flèche, une pomme pla-
 sur la tête de son fils. Cet infortuné, qui
 it la réputation d'un archer très-adroit, tira
 enleva la pomme sans toucher son enfant.
 gouverneur aperçoit une seconde flèche
 s l'habit de *Guillaume*, et lui demande ce
 il en voulait faire : « Celle-ci était pour toi,
 dit *Tell*, si j'avais eu le malheur de blesser
 n fils. » Quoique cette histoire paraisse sus-
 te à quelques historiens, il n'en est pas
 ins vrai, que ce suisse, ayant été mis en pri-
 , assassina le gouverneur, et que la conju-
 ion éclata. Les Suisses battirent l'armée de
 opold successeur d'Albert qui venait de
 urir. C'est ainsi que les Helvétiens acqui-
 t la liberté dont ils jouissent encore.
Louis X, surnommé *le Hutin*, succéda à   Louis Hutin.
 ilippe-le-Bel, son père. Il fit égorger, en
 son, sa femme Marguerite, accusée d'adul-
 e. Il fit pendre au gibet de Montfaucon,
 rigni, son ministre, d'après les conseils du
 nte Charles de Valois qui lui imputait le
 uvais état des finances.
Son frère *Philippe V*, dit *le Long*, favorisé   Philippe V.
 r la loi salique (1), monta sur le trône. Il
 assa de son royaume les Juifs et les lépreux,
 r la simple accusation d'avoir formé le com-
 ot d'empoisonner les fontaines et les puits.
 ent le premier l'idée d'établir l'uniformité
 ns les poids et mesures de ses états.

---

(1) Loi qui exclue les femmes de la couronne de France.

Charles-le-Bel. En 1322, *Charles IV*, surnommé *le Bel* (
troisième fils de Philippe-le-Bel, gouver
la France après son frère Philippe V.

Edouard II. En Angleterre, *Edouard II* avait perdu u
bataille livrée contre le fameux Robert Bru
le libérateur de l'Écosse. Ce prince s'attira
haine et le mépris de la nation par le pouv
qu'il donna à ses mignons, et surtout par l'i
solence de Spencer. La reine, sœur du R
de France, qui était amoureuse de Mortime
l'un des principaux révoltés, se met à la tê
de la faction avec son fils. depuis Edouard II
Le Roi prend la fuite : il est déposé et assassi
l'année suivante par les ordres de Mortime
Celui-ci reçut. quelque temps après, la récom
pense que méritaient ses crimes. Edouard II
devenu Roi, fit renfermer sa mère qui l
avait procuré la couronne.

Philippe de Valois. 1328, Edouard III avait des prétentions au royaum
de France, comme fils de la sœur de *Charle*
le-Bel. Le jugement des pairs fut en faver
de *Philippe VI*. La guerre s'allume entre c
deux monarques. Vingt-cinq mille Françai
sont tués à la bataille de l'Écluse. Les deu
armées en viennent encore aux mains près d
village de Crécy. *Philippe* est vaincu. Le prin
de Galles, fils du Roi d'Angleterre, appel
Prince Noir. le *prince Noir*, à cause de sa cuirasse noire
se trouva dans une position bien dangereus
et faillit y perdre la vie. Son père voulut lu
laisser la gloire de se tirer seul de ce péri
extrême.

---

(1) Il est le dernier roi de la Ire branche des Capétien

ans cette sanglante journée, Geoffroi d'Har-
art avait combattu à côté du *prince Noir*. Il
connut le cadavre du comte d'Harcourt, son
re, mort glorieusement pour la patrie. Sen-
l'énormité de son crime, (il avait aban-
né le parti de *Philippe de Valois*) il alla se
r aux pieds du Roi de France et obtint
pardon.

es Anglais assiégent *Calais*. La ville résiste Siége de Calais.
dant onze mois. *Philippe* ne peut attaquer
retranchemens anglais. Les habitans, réduits
dernière extrémité, sans espoir de secours,
andent à capituler. Edouard veut qu'ils se
lent à discrétion. Il consent enfin à les
gner, pourvu que six des plus marquans,
nent, la corde au cou, lui apporter les
de la ville. Les assiégés refusent de si
teuses conditions. Eustache-de-Saint-Pierre
nq autres se livrent au Roi, pour sauver
euple. Le vainqueur ordonne le supplice
es six patriotes ; mais à la sollicitation du
ce Noir et de la Reine, qui s'était jetée à
pieds, il les renvoie avec tous les pri-
niers.

tous les malheurs qu'essuyait *Philippe de*
ois, se joignit la peste, qui se répandit en
ope, après avoir ravagé l'Asie et l'Afrique.
rtait de l'Hôtel-Dieu de Paris environ
cents morts par jour. Ce fléau fit naître
secte, dite des *flagellans*. Elle courait la
et les campagnes, se déchirant les épau-
coups de fouet, pour effacer, disait elle,
échés du monde.

umbert II, dauphin de Vienne, inconso- Le Dauphiné donné aux enfans de France.
de la mort de son fils, céda, en 1349,

le Dauphiné à *Philippe*, à condition que cel
des enfans de France qui jouirait de cette pr
vince, prendrait le nom de dauphin, et q
cette province ne pourrait être incorporée
la France, à moins que l'empire ne fût réu
à la couronne.

Ce fut, dit-on, sous *Philippe de Val*
qu'on se servit de canons pour la premiè
fois, et que les papes acquirent Avigno
Jeanne Ire, reine de Naples, soupçonnée d'êt
coupable du meurtre de son mari, André
Hongrie, fugitive en Provence, vendit cet
ville à Clément VI.

Jean, fils de Philippe de Valois, surnomn
le Bon, se montra bien cruel à son avèneme
à la couronne. Il fit trancher la tête au conn
table d'Eu, sans aucune forme de justice. C
ignore le crime de ce comte. On prétend qu
fut immolé à l'ambition de Charles d'Espag
de la Cerda qui voulait le remplacer.

Edouard III (1), se disposant à faire
guerre à la France, *Jean* assembla les état
généraux. On régla dans cette fameuse asser
blée, que nulle proposition ne serait admi
sans le concours unanime des trois ordr
Ainsi le tiers-état, autrefois esclave de la n
blesse et du clergé, partagea leur autorité
ressembla aux communes d'Angleterre.

La fameuse *bataille de Poitiers* fut livr
en 1356. Le prince Noir se trouvait dans u

Jean. 1350.

Bataille de
Poitiers. 1356.

---

(1) On assure qu'après ses conquêtes, ce roi ne s'
cupa plus que de tournois; il institua l'ordre de la J.
retière et celui de la table Ronde, où se réunissaient t
les chevaliers de l'Europe.

osition tellement fâcheuse qu'il fit des pro-
ositions de paix. *Jean*, voulant profiter de son
vantage, l'attaque ; mais il est battu et fait
risonnier par le prince anglais, malgré la
ipériorité de l'armée française. Pour comble
e malheur, le Roi *Jean* fut contraint de se
endre à un de ses sujets qui avait été banni
e sa patrie pour cause de meurtre. Le prince
oir reçut son prisonnier avec les plus grands
onneurs ; il le servit même à table.

Charles, premier dauphin, régnait en qua-
té de régent pendant la captivité du Roi.
ean, ennuyé de sa prison, où il était depuis
natre ans, se rachète en payant une forte ran-
on. Il donne pour ôtage, son fils, le duc d'An-
u. Celui-ci quitta Londres, protestant qu'il
y retournerait plus. Le malheureux *Jean*,
nsible à la faute de son fils, et ne voulant
s violer le traité, retourna en Angleterre,
i il mourut de maladie à l'âge de quarante-
atre ans.

Le régent succéda à son père et gouverna
ec sagesse. Du Guesclin a illustré son règne
ir sa bravoure. Ce héros battit toujours les
nemis du royaume. Cependant le prince Noir
it la gloire de le faire prisonnier. *Charles V*
yant racheté, le connétable recommença la
ême guerre, et mit Henri de Transtamare
r le trône, à la place de son frère Henri Ier,
tle cruel, Roi de Castille. *Charles V* mourut
é de 43 ans (1). On lui donna le surnom

Charles V.
1364.

---

(1) Il avait, dit-on, été empoisonné, étant jeune, par
arles-le-Mauvais, roi de Navarre. Un médecin alle-
ind arrêta l'effet du poison en lui ouvrant le bras. Ce

de *sage* ; il laissa la France dans un état florissant : les belles-lettres commençaient à être cultivées ; il paraissait quelques traductions des historiens latins.

Le grand schisme d'occident s'opéra sous *Charles-le-Sage*. A la mort de ce grand Roi, on ne voit que troubles dans l'empire, en Angleterre, à Naples et même en France. La malheureuse Jeanne, dont le jeune âge devait faire excuser les forfaits, fut étouffée par l'ordre de Durazzo, son cousin. Cette Reine avait épousé quatre maris. Louis d'Anjou, qu'elle avait choisi pour héritier, et qui voulait s'emparer du royaume de Naples, mourut de désespoir à la suite d'une blessure.

Jean Hus.

Jean Hus et Jérome de Prague, pour avoir soutenu quelques opinions de *Wiclef*, périrent dans les flammes au concile de Constance, malgré le sauf-conduit de l'Empereur Sigismond (1).

Ce même siècle vit quatre souverains condamnés et déposés. Edouard II et Richard II en Angleterre ; le Pape Jean XXIII et l'empereur Venceslas.

Charles VI. 1380.

L'histoire de *Charles VI* est celle des malheurs. Plusieurs révoltes éclatèrent sous son gouvernement. Les Flamands, commandés par le célèbre Artevelle, s'étaient soulevés. Les

---

médecin dit, qu'il mourrait dès que la plaie se fermerait ; ce qui arriva en effet.

(1) La secte des hussites était si puissante, qu'elle remporta plusieurs victoires sur Sigismond. Jean de Trosnow, surnommé Ziska, qui veut dire Borgne, fameux général des hussites, étant mort de la peste en 1424, ordonna qu'on fit un tambour de sa peau, pour encourager ses soldats et pour inspirer la terreur à l'ennemi.

maisons d'Orléans et de Bourgogne se déchirent entre elles. Elles se livrent aux plus grands excès. Jean-sans-Peur, duc de Bourgogne, fait assassiner le duc d'Orléans, avec qui il venait de se réconcilier.

Le Roi était sujet à des accès de démence. Henri V, Roi d'Angleterre, fait la guerre à la France ; on donne la *bataille d'Azincourt*, où les Français sont complètement défaits. Les mêmes fautes commises à Créci, à Poitiers, produisent le même désastre. Le Roi d'Angleterre fit tourner à son avantage des factions qui bouleversaient le royaume de *Charles*. Il conclut un traité en 1420 ; il épousa Catherine, fille de *Charles VI*; il fut régent à cause de l'incapacité du Roi : il devait lui succéder ; mais il mourut à Vincennes à l'âge de trente-trois ans. Sa veuve épousa Owen Tudor, gentil-homme Gallois, dont le petit-fils monta sur le trône d'Angleterre. Le Roi de France mourut deux mois après Henri V.

Un autre Roi, Charles-le-Mauvais, mourut aussi ; mais d'une manière digne de lui : âgé de 56 ans et épuisé par la débauche, il se fit envelopper dans un drap imbibé d'esprit de vin, pour ranimer la chaleur naturelle. Le feu prit à ce drap par la faute d'un valet de chambre. Le Roi de Navarre souffrit des douleurs affreuses et expira quelques jours après.

Après la mort de Charles VI, la France fut plus malheureuse encore que du temps du Roi Jean. *Charles*, fils et successeur du dernier Roi, était près de perdre la couronne, lorsque Jeanne d'Arc parut. Cette héroïne, connue sous le nom de *Pucelle d'Orléans*, née à Domremy, était servante d'hôtellerie : elle se dit envoyée de Dieu pour défendre le Roi et le faire sacrer à Reims. Elle chasse les Anglais qui assiégeaient Orléans, et fait sacrer *Charles*. Elle veut se retirer, disant que sa mission était remplie; elle se rend aux vœux de son prince et de la plupart des généraux, et surtout aux sollicitations de l'illustre comte Dunois, qui combattit toujours avec elle. Jeanne d'Arc continue la guerre : elle tombe, en défendant Compiègne, entre les mains des Anglais qui la font brûler comme coupable de sortilège.

Agnès-Sorel, maitresse de *Charles VII*, contribua beaucoup au succès de ses armes, en l'exhortant à se rendre digne d'elle par son courage à défendre la patrie.

Le Roi, frappé de l'idée que son fils, le dauphin, depuis Louis XI, voulait l'empoisonner, refusa toute espèce de nourriture, et se laissa mourir de faim à l'âge de 58 ans.

L'imprimerie fut découverte sous le règne de ce prince (1).

L'Angleterre était troublée par les factions de la *rose rouge* et de la *rose blanche*, qui produisirent, dans la suite, une grande révolution.

Naples l'était également par la conduite déréglée de la reine *Jeanne II*. Jacques de Bourbon l'épousa (1415). Il la fit enfermer quelque temps après ; ayant donné presque toutes les charges à des Français, les Napolitains se révoltèrent, délivrèrent la reine et mirent son epoux à sa place. Jacques, ayant obtenu la

----

(1) Elle fut inventée, en 1440, à Strasbourg par Guttemberg; Fust et Scheffer la perfectionnèrent à Mayence.

liberté, quitta *Jeanne* et se retira à Besançon, ville de France, où il finit ses jours dans un couvent.

Jeanne II adopte Alphonse V, Roi d'Aragon; puis Louis III d'Anjou, protégé par Jacques Sforce, capitaine d'une grande réputation et connétable de Naples. Louis étant mort, Réné d'Anjou, son frère, fut choisi pour son successeur. Ce Réné, qui a eu tant de titres et qui ne fut jamais rien, ne put s'emparer de Naples. Alphonse d'Aragon s'en rendit maître (1442).

Sigismond, mort en 1437, avait laissé la couronne à son gendre Albert II, duc d'Autriche, qui la laissa, à son tour, à Frédéric III d'Autriche. Depuis, cette maison a continuellement possédé l'empire.

Maison d'Autriche.

A la mort du dernier des Visconti, duc de Milan, François Sforce, bâtard de Jacques Sforce, s'empara du Milanais.

THÈSE XXXVI.

De la destruction de l'empire grec, jusqu'à François Ier. Du milieu du quinzième siècle au commencement du seizième.

« Les croisades, dit un historien (1), en
« dépeuplant l'occident, avaient ouvert la
« brèche par où les Turcs entrèrent enfin
« dans Constantinople; car les princes croi-
« sés, en usurpant l'empire d'orient, l'affai-
« blirent; les Grecs ne le reprirent que
« déchiré et appauvri. »

Les Turcs, qui, attaqués par les Tartares-

____

(1) L'abbé Millot.

Mogols, s'étaient retirés dans les montagnes, reparurent vers le commencement du quatorzième siècle. *Othman*, fondateur de l'empire Ottoman, les commandait. Son fils Orcan tomba sur la Thrace, et Cantacuzène lui donna sa fille en mariage pour obtenir la paix. Amurat Ier, fils d'Orcan, imposa, en 1360, un tribut à Constantinople. Ce sultan redoutable dans la guerre, fut assassiné par un transfuge chrétien : il laissa pour successeur un fils qui fut encore plus à craindre que lui. *Bajazet le foudre*, touché de la triste situation d'Andronic, à qui son père, Jean Paléologue Ier, avait fait crever les yeux, prend les armes pour le venger. L'empereur est fait prisonnier et *Bajazet* lui rend la liberté deux ans après, sans renoncer au projet qu'il avait formé de s'emparer de Constantinople.

Déjà les armes victorieuses du sultan font trembler l'Europe. Jean-sans-Peur, duc de Bourgogne, qui avait assassiné le duc d'Orléans, et qui avait été lui-même assassiné par Charles VII, marche à la tête de la noblesse française ; l'empereur Sigismond avait le commandement de l'armée. Le Turc fond sur les chrétiens à *Nicopolis* (1396) et les taille en pièces. A l'exemple des Français, le vainqueur fait massacrer tous les prisonniers, à l'exception de vingt-cinq dont fesait partie Jean-sans-Peur.

Bajazet assiégeait Constantinople : il s'en serait rendu maître s'il n'avait pas été forcé de s'opposer à *Tamerlan* qui marchait contre lui. Les deux armées se joignent près d'Ancyre, en Phrygie, et se livrent cette fameuse bataille où les Turcs furent vaincus, et où furent tués plus de trois cent quarante mille hommes. *Tamerlan*, digne descendant de Gengis-Kan, traita avec générosité le sultan son prisonnier, selon quelques historiens; et selon d'autres, il le fit enfermer dans une cage de fer.

Amurat II, fils de Mahomet Ier (1), fesait la guerre en Hongrie à Ladislas VI, Roi de Pologne : il fut forcé par le vaillant Jean Huniade, général des Hongrois, à faire la paix. Les deux monarques signèrent une trève de dix ans. *Amurat*, ennuyé de la couronne et de ses succès, donna le souverain pouvoir à son fils Mahomet II ; mais il fut bientôt obligé de quitter sa retraite pour punir la perfidie des chrétiens.

Les Turcs avaient presque toutes leurs troupes en Asie; Ladislas, assuré de vaincre, les attaque, sans respect pour le traité qu'il avait conclu avec eux. Mahomet II était alors trop jeune pour diriger une armée; *Amurat II*, à la prière de ses sujets, consent à la conduire de nouveau à la victoire. Il arrive en Bulgarie et fait un carnage affreux des ennemis à *Warna*. Le Roi de Pologne perd la vie dans ce combat. Le sultan remet une seconde fois le sceptre entre les mains de son fils. La révolte de *Scanderberg* lui fait reprendre les armes. Ce jeune homme, qui avait été élevé à la cour *d'Amurat*, s'était révolté contre lui pour délivrer l'Albanie, sa patrie. Sa valeur et la situation favorable de son pays le rendirent invincible. *Amurat* finit sa carrière en 1451.

_____

(1) Mahomet Ier était fils de Bajazet.

Mahomet II, naturellement violent, d'un caractère féroce et sanguinaire, comme sont presque tous les conquérans, était pourtant doué des plus grandes qualités. Ses talens, sa grandeur d'âme, son courage, et surtout cette modération qu'il montra en rendant deux fois le pouvoir à son père, le mettent au rang des plus grands hommes.

Ce jeune héros, à l'âge de vingt-deux ans, réalisa le projet qui avait souvent excité l'ambition de ses ancêtres : il prit *Constantinople* (1453) (1). Huniade lui résista, aussi-bien que les chevaliers de Rhodes et Scanderberg. Après la mort de ce dernier, l'Albanie rentra sous le joug du Sultan. *Mahomet* conquit la ville de Trébizonde (2) ; ses généraux portèrent les armes jusque dans la Calabre. Ce terrible conquérant fit trembler l'Europe entière : la mort le surprit à Nicomédie à l'âge de cinquante-un ans (1481), lorsqu'il allait dompter les Sultans Mamelucs d'Égypte, recommencer le siége de Rhodes et diriger ensuite toutes ses forces sur l'Italie.

La prise de *Constantinople* est une des principales époques de l'histoire ; elle fixa l'empire des Ottomans. On doit remarquer qu'aucun prince de la chrétienté ne s'opposa aux progrès des armes de *Mahomet-le-Grand*. Hu-

---

(1) Voyez la relation intéressante du siége de *Constantinople* dans l'histoire du Bas-Empire par Lebeau, où par M. le comte de Ségur.

(2) Il y avait alors trois faibles empires d'Orient : celui de *Constantinople*, qui appartenait aux Grecs ; celui de Trébizonde, où s'étaient réfugiés les Comnènes, et celui d'Andrinople, où s'étaient sauvés les Lascaris.

iade et Scanderberg étaient les seuls capa-
es de les battre, mais le nombre de leurs
oupes était trop faible ; et les autres souve-
ins, instruits par les malheurs des croisades
occupés par des dissensions intestines de leurs
ats, n'osèrent entreprendre la guerre.

Louis XI, fils de Charles VII, fut un mé-
nge de sagesse, de fourberie, d'hypocrisie,
cruauté et de superstition. Sa manière de
ouverner son royaume lui a valu le titre de
rand. Cependant il le gouverna plutôt en
spote qu'en Roi ; il soumit les nobles à son
torité ; il ménagea un peu plus le peuple ;
ais il eut des esclaves et non des sujets ; s'il
ussit dans ses entreprises, il le dut à l'argent,
principale force ; sa conduite à l'égard des
ands fit naître la révolte qu'on appelle *ligue*
bien public. Les chefs étaient le duc de
erri, frère du Roi, les ducs de Bourbon et
Bretagne, le célèbre Dunois qui avait si
en servi Charles VII, etc. Après la sanglante
arnée de Monthéri, en 1465, *Louis* fit un
ité à des conditions honteuses ; il le viola
entôt (1). Il fit la paix avec Édouard IV,
i d'Angleterre, moyennant une rente de
aquante mille écus. Le duc de Nemours,
cusé du crime de lèze-majesté, eut la tête
anchée; le Roi ordonna que ses enfans fus-
nt placés sous l'échafaud pour être arrosés
sang paternel. *Louis XI* mourut après un

Louis XI
1461.

---

(1) *Louis* voulant soumettre les Suisses, leur livra balle à Granson (1476) et fut vaincu. Les Suisses, à cette
oque, étaient d'une simplicité telle, qu'ils vendirent
vaisselle d'argent du roi pour de l'étain. Son diamant
la valeur de deux millions fut vendu un florin.

règne de vingt-deux ans (1483). On le cr
coupable de la mort du duc de Berri, so
frère; la crainte qu'avait eue Charles VII d'êt
empoisonné par son fils, alors dauphin, sen
ble confirmer ce soupçon. Cependant, ain
que l'observe Voltaire : «l'histoire ne doit poi
« l'en accuser sans preuves; mais elle doit
« plaindre d'avoir mérité qu'on l'en soupço
« nât. »

Marguerite d'Anjou. Richard, duc d'Yorck, (1) se révolte contr
Henri VI, Roi d'Angleterre et le fait prison
nier à la bataille de Saint-Albans, en 1455
Cependant il lui laisse le titre de Roi et pren
seulement celui de protecteur; la reine, *Ma
guerite d'Anjou*, se conduit en vrai héros; ell
rétablit son mari dans tout son pouvoir; mai
elle est battue à Northampton, en 1460, pa
le comte de Warwick. Henri est prisonnie
Marguerite le délivre encore. Le duc d'Yorc
Edouard IV. perd la vie en combattant. Son fils *Edouard* es
proclamé à Londres (1461). Il met en dé
route l'armée de *Marguerite* à Touton, où i
périt trente-six mille hommes. L'infortuné
reine revient avec des troupes qui lui son
fournies par l'Écosse et par *Louis XI*. Ell
perd la bataille et se réfugie en France, tandi
que Henri VI reste enfermé dans une tour
Londres.

Edouard IV épouse secrètement la veuv
d'un gentilhomme, pendant que le fameu
Warwick accordait pour lui un mariage ave

---

(1) La maison d'Yorck était de la faction de la Rose
blanche et celle de Lancaster, de la Rouge. Henri V.
était de la maison de Lancaster.

une fille du Roi de Savoie. Le comte, indigné de sa conduite, retourne en Angleterre, rassemble les mécontens, met dans son parti le duc de Clarence, frère du Roi, se réconcilie avec Marguerite réfugiée en France, et chasse celui qu'il avait placé sur le trône pour y remettre celui qu'il avait détrôné (1).

Edouard débarque en Angleterre avec deux mille hommes qu'il avait obtenus du duc de Bourgogne. Warwick l'attaque sans attendre la reine. Il est battu et perd la vie. Marguerite l'attaque aussi et tombe entre les mains de son ennemi.

Le duc de Glocester et le duc de Clarence qui avait trahi Warwick, assassinent le jeune duc de Galles, prisonnier comme sa mère, pour avoir parlé d'une manière trop fière au vainqueur. Son père, Henri VI, est également assassiné quelque temps après.

Le Roi, souillé de tant de sang, ne craint pas de se souiller encore de celui de son frère, le duc de Clarence, et le fait condamner à mort parce qu'il le redoute.

Après la mort d'Édouard, en 1482, le duc de Glocester est régent sous la minorité d'Édouard V, fils du Roi. Il prétend que le duc de Clarence et Édouard IV sont bâtards; il fait assassiner les princes et règne sous le nom de *Richard III.* Richard III.

Les horreurs de cet usurpateur révoltèrent la nation. On se soulève en faveur de Richemond, petit fils d'Owen-Tudor, qui avait épousé la veuve de Henri V. Richemond, alors

---

(1) Warwick était appelé le *Feseur de Rois.*

réfugié en Bretagne, arrive en Angleterre avec quelques secours de la France. *Richard* est tué dans un combat. Ainsi s'éteignit dans le sang cette illustre maison d'Anjou-Plantagenet, qui était sur le trône depuis trois cent trente ans.

Richemond, sous le nom de *Henri VII*, réunit les titres de Lancaster à ceux d'Yorck, en épousant Élisabeth, fille d'Édouard IV. Ce Roi, en suivant le même plan de politique que Louis XI, gouverna paisiblement pendant vingt-quatre ans.

La république de Florence, sans cesse en révolution, jouit de la paix sous les Médicis, et surtout sous *Côme de Médicis* qui fut appelé le père de la patrie. Les envieux parvinrent à le faire bannir : les troubles de la république le firent rappeler.

Pierre de Médicis succéda à *Côme* en 1464. Sa mauvaise santé donna des forces à ses ennemis. Après sa mort, ses fils *Julien et Laurent* furent victimes de leur haine : la maison la plus illustre de Florence, les Pozzi, avait juré la mort de ces deux citoyens. On résolut de les assassiner à la messe, pendant l'élévation. En effet, au signal indiqué, *Julien* expire sous le poignard des conjurés ; *Laurent* se défend et se sauve. Le peuple, irrité du meurtre de leurs bienfaiteurs, ne tarda pas à les venger. Les assassins furent tous massacrés.

Laurent gouverna la république d'une manière admirable. A l'exemple du grand Côme, son aïeul, il protégea les arts et les lettres et réussit, par son influence, à établir la paix dans toute l'Italie. Malheureusement on eut trop tôt à regretter la perte de ce grand homme. Il mourut en 1492 à l'âge de quarante-trois ans (1).

Ferdinand-le-Catholique, Roi d'Aragon, et *Isabelle* sa femme, reine de Castille, régnaient avec gloire et réunissaient à eux seuls presque toute l'Espagne. Ils s'étaient emparés de Grenade et avaient chassé les juifs et les Maures qui portèrent ailleurs leur industrie et leurs richesses. Le zèle de dévotion fit commettre d'autres fautes à ces deux monarques. L'inquisition poursuivit les hérétiques avec plus d'acharnement que jamais.

La plus grande gloire d'*Isabelle* est d'avoir coopéré à la *découverte de l'Amérique*. C'est à sa prière que *Ferdinand* consentit à donner trois petits vaisseaux au Génois Christophe Colomb (2) pour découvrir les pays qu'il croyait trouver en voguant vers l'Occident. La seule inspection d'une carte géographique lui donna cette idée. Les découvertes des Portugais l'excitaient à cette entreprise. Ceux-ci, aidés de la boussole, avaient doublé le *Cap-Non* qu'ils regardaient comme le *nec plus ultrà*. Ils avaient abordé à Madère en 1420; en 1461, ils avaient passé l'équateur et étaient parvenus au cap des Tempêtes, qu'ils nommèrent *cap de Bonne-Espérance*.

____

(1) Les italiens dans ce temps-là étaient, dans les lettres, supérieurs à tous les autres peuples. Parmi les plus grands génies on cite Jean-Pic de la Mirandole qui savait vingt-deux langues à l'âge de dix-huit ans. On rapporte qu'à vingt-quatre, il soutint à Rome des thèses sur tous les objets des sciences. Il mourut à l'âge de 33 ans.

(2) Colomb avait auparavant proposé son entreprise à sa patrie, à la France, à l'Angleterre et au Portugal; toutes ces nations le regardèrent comme un visionnaire.

Colomb part en 1492, après une longue navigation, et après avoir failli être victime de son équipage révolté, il découvre les îles Lucayes. Il trouve bientôt Cuba et Hispaniola, appelée Saint-Domingue. Il retourne en Espagne au bout de neuf mois : il débarque avec quelques Américains et de l'or. *Isabelle* et *Ferdinand* le reçoivent avec les plus grandes marques d'honneur. Colomb entreprend l'année suivante un second voyage avec dix-huit vaisseaux. Il avait reçu le titre de vice-Roi des Indes Occidentales (1). Il établit une colonie à Saint-Domingue, et ajoute à ses découvertes l'île de la Jamaïque ; de retour il trouve sa colonie en révolution, et les Américains prêts à détruire les Européans. Il use de toute son autorité pour faire tout rentrer dans l'ordre, et cependant il est calomnié en Espagne. Il revient se justifier ; il réussit, mais ce n'est pas sans peine qu'il obtient les secours nécessaires à un troisième voyage.

Ce zélé navigateur s'embarque pour la troisième fois en 1498. Il arrive au continent de *l'Amérique* ; son équipage le force de retourner à Saint-Domingue ; c'est-là qu'il éprouve les plus cruelles injustices. Toujours calomnié à la cour, il se voit remplacé par un gouverneur qui a la barbarie de le charger de fers et de l'envoyer ainsi en Europe. Il se disculpe aussi facilement que la première fois.

En 1502 il reçoit, pour la quatrième fois,

____

(1) On appela l'Amérique *Indes Occidentales*, parce que Colomb croyait, en se dirigeant vers l'Occident, trouver un passage pour arriver aux Indes.

le commandement d'une flotte ; il aborde à l'isthme de Darien. Une tempête l'oblige ensuite de relâcher à la Jamaïque ; manquant de vivres et craignant les insulaires, il se sert d'une éclipse de lune pour les intimider. Au moment où elle allait avoir lieu, il les menace de faire perdre la lumière à la lune, s'ils lui refusent ce qui lui est nécessaire. Les Américains, effrayés au commencement de l'éclipse, accourent et supplient Christophe d'apaiser sa colère, lui promettant de lui donner tout ce qu'il désirerait.

Ce grand homme, revenu en Espagne, ne trouva plus sa protectrice *Isabelle*. *Ferdinand* lui promit beaucoup ; mais il l'oublia. Colomb, accablé d'infirmités et de chagrins, mourut en 1506. La fortune fut si ingrate envers ce grand génie, qu'elle lui refusa l'honneur de donner son nom à l'*Amérique*. Elle préféra l'accorder à un aventurier qui s'attribua faussement la découverte du Nouveau-Monde, parce qu'il y aborda en 1498. Ce navigateur, nommé Améric-Vespuce, était du nombre des Florentins que les découvertes du Génois avaient attirés dans l'*Amérique*.

Les *Portugais*, excités par les succès de Colomb, envoient Vasquez Gama en Asie. Ce navigateur suit la route de l'Océan, fait le tour de l'Afrique et aborde aux Indes Orientales. Cette nouvelle route procura aux *Portugais* les trésors de l'Asie.

Les Portugais en Asie.

Pour ne pas interrompre les faits qui ont rapport à l'*Amérique*, je vais décrire en peu de mots les conquêtes des Espagnols.

Sous Charles-Quint, *Fernand-Cortès* pé-

Fernand-Cortès au Mexique.

nètre dans l'empire du Mexique. Il force la république de Tlascala à lui fournir du secours et s'approche de Mexico, capitale de l'empire. Les Mexicains, effrayés à la vue des chevaux, des navires et du bruit des canons, se soumettent sans résistance. Cependant *Cortès*, ayant appris que quelques-uns de ses soldats avaient été attaqués et blessés, fait prisonnier Montézuma, empereur du Mexique. Ce malheureux monarque fut tué d'un coup de pierre par un de ses sujets. Montézuma s'était attiré le mépris des Mexicains parce qu'il n'avait osé combattre les Espagnols.

Cortès est assiégé dans Mexico par Guatimozin, gendre de Montézuma. Il est chassé; mais il revient et prend la ville en 1521. Guatimozin fut mis tout nu sur des charbons ardens, pour lui faire dire où étaient cachés ses trésors. C'est alors qu'il adressa ces belles paroles à un Mexicain condamné au même supplice, qui poussait de hauts cris : *Et moi, suis-je couché sur un lit de roses?* Cortès le délivra et le fit mourir trois ans après, l'accusant de conspiration.

Le conquérant du Mexique ne fut pas plus heureux que Colomb. Charles-Quint le rappela et lui donna un marquisat pour toute récompense.

Ce qui accrut encore plus les trésors immenses de Charles-Quint, fut le Pérou, conquis par Almagro et *Pizarro*. Cet empire, dont Cusco était la capitale (*aujourd'hui c'est Quito*), était gouverné par des empereurs nommés *Incas*. Le premier de tous passait pour fils du soleil. Atabalipa, douzième de cette race, régnait lorsque les Espagnols envahirent le Pérou en 1531. Ce pays était abondant en or comme l'Europe l'est en fer. Les Péruviens, épouvantés comme l'avaient été les Mexicains, à la vue des armées espagnoles, ne firent aucune défense. Cependant Atabalipa est pris et chargé de chaînes. Pour obtenir sa délivrance, il offre l'or que pourrait contenir une salle du palais, remplie jusqu'à la hauteur de son bras élevé par-dessus la tête. Aussitôt des courriers sont envoyés de tous côtés pour rassembler ses richesses. Soit mauvaise volonté de la part des Péruviens, soit qu'Atabalipa ne fît pas assez de diligence, l'or n'arrivait pas en aussi grande quantité que le souhaitaient les Espagnols. Les conquérans irrités étranglent et jettent au feu ce malheureux Inca, sous prétexte de conspiration et de concussion.

Je ne rapporterai point les autres découvertes que firent les Espagnols dans le Nouveau-Monde, ni les horreurs qu'ils y commirent.

Louis XII, auparavant duc d'Orléans, monta sur le trône. On connaît cette belle réponse qu'il fit à ceux qui lui conseillaient de tirer vengeance de ses ennemis : *Le Roi de France ne venge pas les injures du duc d'Orléans.* Il aima ses sujets et fut appelé le *Père du peuple.* Néanmoins ses guerres d'Italie et ses imprudences exposèrent la patrie à de grands maux. Il prit le Milanais sur Ludovic Sforce. En 1501, il se ligua avec Ferdinand-le-Catholique pour conquérir Naples. Le célèbre Alexandre VI les seconda. Frédéric d'Ara-

Louis XII.
1498.

gon, Roi de Naples, obtint de *Louis XII* de vivre en France.

Quand il fallut partager le royaume conquis, les plus grandes disputes s'élevèrent et *Louis* fut dupe des ruses du grand capitaine *Gonsalve de Cordoue*. La conquête resta aux Espagnols. Outre les malheurs de cette guerre, la France eut à souffrir encore ceux que lui attira le cardinal d'Amboise, ministre de *Louis*, en voulant être pape.

La république de Venise s'était enrichie du temps des croisades. Ses richesses lui firent naître la passion des conquêtes. Elle s'empara de quelques États voisins. Son ambition lui suscita la haine de tous les princes de l'Europe.

On forma la fameuse *ligue de Cambrai*. C'est dans cette ville que s'unirent, pour la destruction de Venise, Jules II, l'empereur Maximilien, *Louis XII*, Ferdinand-le-Catholique et le duc de Savoie. Venise, comptant trop sur son argent, eut le courage de refuser les secours que lui offraient les Turcs.

Louis XII fut obligé de déclarer la guerre le premier. Il défit les Vénitiens qui, prévoyant qu'ils ne pourraient pas résister à de pareilles forces, firent leur soumission à Maximilien, et se réconcilièrent avec le pape ; les affaires changèrent de face, et la première victime fut la France, qui fut trahie par Jules II et Ferdinand. *Louis* fut chassé de partout. Le courage étonnant du fameux *Bayard* et de plusieurs autres grands capitaines ne put lui conserver Milan. Pour surcroît de malheur, *Louis* fut battu par la ligue formée en 1512 par Jules II, et que Léon X, son successeur, avait renouvelée. Henri VIII, roi d'Angleterre, pénétra en France. Les Français font une paix humiliante. *Louis XII* mourut l'année suivante.

Ce grand Roi sera toujours adoré de la postérité. Il fut malheureux au-dehors; mais il fut heureux au-dedans. Ses guerres dispendieuses ne l'empêchèrent pas de soulager son peuple.

Léon X était fils du célèbre Laurent de Médicis. Il fut, comme ses ancêtres, le protecteur des lettres et des arts. C'est sous son pontificat que s'établit le luthéranisme.

THÈSE XXXVII.

De François Ier, jusqu'à la ligue. De 1515 a 1576.

François Ier, fils de Charles, comte d'Angoulême, occupa le trône de son beau-père Louis XII. Ce prince, franc, loyal, rempli de courage, mais beaucoup imprudent, passe les Alpes, gagne la bataille de Marignan (1) sur les Suisses, et leur enlève le Milanais.

L'empereur Maximilien était mort. *François* Ier avait des prétentions à la couronne d'Allemagne; il trouva un rival (2) qui non-seulement la lui ôta, mais lui causa toutes sortes de malheurs.

Ferdinand-le-Catholique, qui avait véritablement accru la gloire de l'Espagne, en em-

---

(1) On raconte que la nuit ayant mis fin au combat, le roi de France dormit sur l'affût d'un canon, à cinquante pas d'un bataillon ennemi.

(2) Charles-Quint.

ployant plus souvent l'art de tromper que celui de vaincre, mourut en 1516, et laissa ses vastes États à Charles V (*Charles-Quint*) son petit-fils, alors en Autriche. Le Cardinal Ximénès, qui avait gouverné la reine Isabelle, fut régent pendant l'absence de l'archiduc. Ce grand homme, d'un caractère altier et sévère, rendit de grands services à l'Espagne. Il mourut disgracié, en 1517, à l'âge de quatre-vingts ans, avant l'arrivée de *Charles-Quint*.

Léon X s'était ligué contre *François I*[er]; le voyant vainqueur à la bataille de Marignan, il se réconcilie et fait un concordat avec lui.

Charles-Quint, aussi artificieux que Ferdinand, courageux, d'un génie propre à former et à exécuter les plus grandes entreprises, se ménage Henri VIII contre *François I*[er], en flattant le ministre anglais, le cardinal Wolsey.

Les deux monarques rivaux se livrent la bataille de Rebec ou de Biagrassa. Les Français y sont mis en déroute, et le fameux Bayard y perd la vie. En mourant, il dit au connétable de Bourbon qui plaignait son sort : *C'est vous qui êtes à plaindre; vous qui avez trahi le Roi; vous qui combattez contre votre patrie.* (1)

François vole en Italie; livre en 1525, cette sanglante *bataille de Pavie*, où le général Bonnivet, homme de peu de mérite, fut tué

(1) Le connétable de Bourbon, qui avait beaucoup contribué à la victoire de Marignan, s'était attiré la haine de la duchesse d'Angoulême, mère de *François I*[er], qui pour se venger lui fit perdre les biens de sa maison. Irrité de ces injustices, il s'unit à *Charles-Quint*.

t où il fut lui-même blessé et fait prisonnier.
'est alors que ce grand Roi, malheureusement
·op imprudent, écrivit à sa mère : *Tout est
erdu hors l'honneur*.

Le Roi de France obtint sa liberté en épou-
mt, par force et en prison, la sœur de *Char-*
:s et en lui cédant plusieurs provinces du
oyaume. N'ayant point exécuté les conditions
u traité, la guerre recommença. Cette fois
Angleterre se déclara en faveur de la France.
.e célèbre génois, *André Doria*, est obligé, par
es intrigues de cour, de quitter *François I*er
u'il servait glorieusement. Il se joint à l'em-
ereur. Il fait lever le siége de Naples aux
'rançais et délivre sa patrie, que *Charles* veut
ii donner à titre de royaume, mais qu'il aime
nieux gouverner en qualité de protecteur.
'est encore ce même *Doria* qui mit en fuite,
.evant Nice, la flotte de *François*, sous le
.ommandement d'Enghien et celle de Soli-
nan II fils de Sélim I er, commandée par Che-
·edin, surnommé *Barberousse*, amiral du sul-
an. Ce redoutable Barberousse ramène ses
·roupes à Toulon, où il fait changer une
grande maison en mosquée.

Simple corsaire, il s'était rendu maître du
·oyaume d'Alger ; il s'était mis sous la protec-
.ion de Soliman II. Devenu son amiral, il dé-
.rôna Muley-Hascen, Roi de Tunis. Celui-ci
lemanda du secours à *Charles-Quint* qui vint
aussitôt, défit complètement Barberousse et
·emit Muley-Hascen sur le trône, en 1535.

*François I*er fit alliance avec Soliman II pour
s'opposer à *Charles-Quint* qui était entré en
France. Il prit si mal ses mesures qu'il ne fut

pas à temps pour seconder les Turcs qui étaie[nt] devant Nice. Les deux monarques ennem[is] firent une trève de dix ans. Ils eurent ensuit[e] une entrevue à Aigues-Mortes, où ils se do[n]nèrent des marques d'une sincère amitié.

La guerre éclate encore entre *Charles-Quin[t]* et *François* Ier. Le duc d'Enghien gagne la ba[taille de Cérisoles qui ne fut presque d'aucu[n] avantage aux Français. L'empereur, occupé [e] par les armes de Soliman et par les querelle[s] de religion d'Allemagne, fit la paix avec l[a] France à Crépi. Henri VIII, qui avait abandonné le Roi pour l'empereur, fit aussi la pai[x] quelque temps après.

François Ier, devenu plus sage, commençait à rétablir les affaires de son royaume, à encourager les arts et les sciences, et se préparait à établir la balance de l'Europe, lorsqu'i[l] mourut de cette maladie que la découverte d[u] Nouveau-Monde avait transplantée dans l'ancien.

C'est sous le règne de *François* Ier qu'on exécuta l'arrêt horrible du parlement d'Aix, en Provence, qui condamnait les habitans de Mérindol à périr par les flammes, comme hérétiques : deux magistrats se livrèrent aux plus affreuses cruautés. Mérindol, la ville de Cabrière et vingt-deux villages furent incendiés. Voilà à quoi conduisait le fanatisme !

Henri VIII. *Henri VIII* était mort deux mois avant *François* Ier. Ce prince cruel et barbare, que l'on doit regarder comme le plus grand monstre de l'humanité, ne chercha point à balancer le pouvoir des deux puissances en guerre. Il en avait tous les moyens ; mais sa barbarie et ses

ssions effrénées l'occupaient assez dans son
ryaume.

Eperdument amoureux d'Anne de Boulen,
veut faire casser son mariage avec Catherine
Espagne. Irrité de ce que Clément VII refu-
t de le faire, il force l'Angleterre à mécon-
itre l'autorité de la cour de Rome. Depuis,
Anglais ne sont plus rentrés sous l'obéis-
ance des papes.

Ce Roi épousa six femmes, dont quatre furent
pudiées, et deux allèrent à l'échafaud. Anne
Boulen a été la première tête couronnée qui
péri par la main du bourreau.

Il laissa la couronne à Edouard, qu'il avait
de Jeanne de Seymour. Marie, fille de Cathe-
ne d'Aragon, devait lui succéder si Edouard
vivait pas. Au défaut de celle-ci, il avait
mmé l'illustre Elisabeth, fille d'Anne de
ulen.

Charles-Quint, fatigué des querelles de re-
ion, et des guerres qu'il était obligé de sou-
ir contre Henri II, successeur de Fran-
is Ier, inquiété par quelques maladies, et
rtout voulant conserver sa gloire tout en-
re, abdique la couronne en faveur de son
s Philippe.

En 1552, il avait assiégé Metz avec cent
ille hommes. Ce siége est un des plus mé-
orables de l'histoire moderne. François de
uise y acquit la plus grande gloire; il défen-
t la ville pendant soixante-cinq jours, et con-
aignit l'empereur à abandonner son entre-
ise. *Charles-Quint* était âgé de cinquante-six
s, lorsqu'il fit son abdication. Il s'était retiré
aint Just, où il passait sa journée à démonter

des pendules, à imiter son propre enterremen[t] dans une église, et à chanter son *De profun dis* en se couchant dans un cercueil. On n[e] reconnaît pas là celui qui avait fait tremble[r] l'Europe et l'Afrique et repoussé Soliman II Il mourut en 1558 (1).

Marguerite de Waldemar, appelée la *Sé miramis du nord*, réunit, en 1397, les cou ronnes de Danemarck, de Suède et de Nor wège. Cette réunion de plusieurs états en u[n] seul ne dura que pendant le règne de cett[e] prudente héroïne.

Après elle, les Rois firent, contre l'ordi naire, leur résidence en Danemarck. La Suède irritée de cette préférence, nomma, pour so[n] Roi, Canutson. Ce royaume opprimé secoua l[e] joug, et se donna seulement pour chef un ad ministrateur.

Le sénat dépose Troll, archevêque d'Up sal, primat de Suède, convaincu d'intelligenc[e] avec *Christiern II* (Christian), qui avait ét[é] élu Roi en Danemarck (1513).

Ce Roi, le fléau des peuples, prit les arme[s] pour défendre le primat. Il fut vaincu. Ne pou vant réussir par ce moyen, il employa la per fidie. Il promit de se rendre à Stockholm, [à] condition qu'on lui livrerait sept ôtages et sur tout Gustave Vasa, petit fils de Canutson, don[t] il redoutait déjà la valeur. Dès qu'ils furen[t] sur la flotte, il partit et les emmena prison niers.

Enfin *Christian* fut reconnu Roi dans la ca[...]

----

(1) C'est sous *Charles-Quint* que se tint le fameu[x] Concile de Trente.

pitale. Pour mieux se venger, il prit le voile
de la douceur. Il donna un festin, où se trouvèrent les premiers du sénat et de la noblesse.
Au milieu du repas, Troll demanda satisfaction au nom de Léon X, et tout à coup des
troupes saisirent les conviés. On fit périr, sous
prétexte d'hérésie, Eric Vasa, père de Gustave, quatre-vingt-quatorze sénateurs et grand
nombre d'autres nobles. Stockholm fut livrée
au carnage.

Un jeune héros méditait la vengeance des Gustave Vasa.
maux que souffrait sa patrie. *Gustave Vasa* s'é-
tait échappé de sa prison et travaillait aux mines
avec les paysans dans les montagnes de la Dalé-
carlie. Il se fait connaître à ces montagnards, les
arme, et en 1521 une partie de la Suède est libre.
Le barbare Christian, qui n'avait pas le courage
le combattre *Gustave*, eut celui de faire noyer
a mère et la sœur de son ennemi. C'est ainsi
que se vengeait le Néron du nord. Il a mérité
ce nom sous tous les rapports. Les Danois,
fatigués de sa tyrannie, le déposèrent en 1523.
Munce, chef de la justice du Jutland, lui si-
gnifia courageusement l'acte qui l'excluait du
trône. Ce magistrat disait que son nom devrait
être écrit en grosses lettres sur la porte de tous
les mauvais princes. Le tyran du Danemarck
ne put jamais être rétabli, malgré la protection de Charles-Quint, son beau-père. Son
oncle Frédéric, duc de Holstein, fut élu à sa
place et *Gustave Vasa* fut reconnu Roi de
Suède. Sous ces deux princes, la religion catholique perdit beaucoup. Ils protégèrent ouvertement le luthéranisme.

Marie, fille de Henri VIII, avait succédé à Jeanne Gray.

son frère Edouard VI, mort en 1553, à l'âge de quinze ans. C'est à cette époque que Dudley, duc de Northumberland, forma une conspiration pour procurer la couronne à *Jeanne Gray*, sa belle-fille, nièce de Henri VIII. Cette femme malheureuse, douée des meilleures qualités, n'entra dans le complot que par force. Le duc, *Jeanne Gray* et son fils, furent victimes de cette téméraire entreprise : ils périrent sur l'échafaud.

Philippe II.   *Philippe II*, héritier des vastes états de son père, tirait de l'Amérique plus d'or que n'en avaient tous les Rois de l'Europe ensemble. Charles-Quint lui avait fait épouser la reine d'Angleterre. Marie et *Philippe* rétablissent la religion catholique : cette conduite leur attire la haine de la nation. Ce changement continuel de religion entretenait l'Angleterre dans la guerre civile.

L'Espagne et l'Angleterre se coalisent contre la France. Emmanuel-Philibert, duc de Savoie, général expérimenté, commandait l'armée alliée. Il assiége Saint-Quentin, où le courageux amiral de Coligni s'était jeté, quoique cette place fût dépourvue de tout. Le connétable de Montmorency, pour porter du secours à Coligni, son neveu, ne craint pas d'engager un combat très-inégal avec le duc de Savoie. Son armée est taillée en pièces, et lui-même tombe entre les mains des ennemis. *Philippe* se serait rendu maître de la France, si, au lieu de perdre le temps au siége de Saint-Quentin, il avait fait marcher l'armée victorieuse sur Paris. Les Français reprirent courage, et les alliés retournèrent sur leur pas, avec le seul avantage d'avoir pris la ville assiégée et quelques autres de peu d'importance. Le duc de Guise, rappelé d'Italie, répare en peu de temps les pertes de la France. La paix est conclue à Cateau - Cambrésis. Henri II est tué dans un tournoi par le comte de Montgomery. Les calvinistes furent persécutés sous ce Roi.

Elisabeth, fille d'Anne de Boulen, succéda à Marie, détestée de la nation, délaissée par son époux et morte de chagrins. Cette reine, digne des plus grands éloges, avait appris à braver l'infortune sous le règne de sa sœur. Elle ramena ses sujets au protestantisme. Elle se conduisit avec prudence, en grand Roi. Les Rois de France et d'Espagne sollicitaient sa main. Cette reine prudente et habile n'accepta point leur proposition : mais elle les berça tous deux d'une vaine espérance. Elle céda, par le traité de Cateau-Cambrésis, Calais aux Français. Les circonstances ne lui permirent pas de conserver cette place.

La France, depuis la mort de Henri II, était en proie aux plus affreuses divisions. *Catherine de Médicis*, mère de François II, voulait régner ; les Guises, oncles de la reine Marie *Stuart* que nous verrons malheureuse en Ecosse, étaient à la tête du gouvernement ; les Bourbons, dont l'un était Roi de Navarre et l'autre prince de Condé, et la famille puissante des Montmorency, formaient autant de factions qui se servaient de la religion pour troubler le royaume et satisfaire leur ambition.

Depuis François Ier les guerres de religion augmentaient toujours. Le supplice de l'illustre

Anne du Bourg, conseiller au parlement, ordonné par les Guises, met le comble à la révolte des protestans. On forme la conjuration
d'Amboise, dont la Renaudie est le chef. On
veut enlever les Guises à la cour, qui est à Amboise, et mettre Condé à leur place ; le complot
est découvert, et les Guises font un massacre
horrible des protestans qui viennent au rendez-
vous. Les factions n'en sont que plus acharnées
les unes contre les autres. Cependant celle des
Guises est obligée de lutter contre toutes.
Condé est jugé et condamné à mort. Son frère,
Roi de Navarre, qui, engagé de venir à Orléans, s'y était rendu avec trop de confiance,
est gardé à vue. François II meurt après un
règne de dix-sept mois. Son frère Charles IX,
âgé de dix ans, lui succède en 1560. Aussitôt
toutes les affaires changent de face. La reine-
mère, dont l'ambition était de dominer, se
sert d'une faction pour affaiblir l'autre. Elle
délivre les Bourbons ; rappelle Montmorency
à la cour. Elle voulait par ces moyens balancer la trop grande puissance des Guises. Tout
est calmé pour le moment.

Enfin le *massacre de Vassi* ranime la fureur

Massacre
de Vassi.

des partis. Le duc de Guise étant accouru pour
séparer ses gens qui se battaient avec des calvinistes qu'ils avaient insultés au prêche, est
blessé d'un coup de pierre. Aussitôt ceux qui
étaient à sa suite tombent sur les habitans de
Vassi, en Champagne et en tuent soixante. Ce
massacre, qui ne manque pas d'être exagéré,
fait prendre les armes aux protestans. La
guerre civile bouleverse la France. Le Roi de
Navarre meurt d'une blessure qu'il reçoit en se

rendant maître de Rouen. Plusieurs personnages des plus marquans, sont pris ou tués. François de Guise est assassiné par un calviniste, nommé Poltrot. Enfin une amnistie fit cesser toutes ces horreurs. Les factions rentrèrent dans l'ordre, et on reprit le Hâvre aux Anglais.

L'Ecosse n'était pas plus tranquille que la France. Les protestans étaient protégés sous la régence de *Marie Stuart*, veuve de Jacques V. Cette reine épousa le dauphin de France, depuis François II. Après la mort de ce Roi, *Marie* détestée de la reine-mère, abandonne, mais à regret, une cour où elle n'avait presque plus de considération. Elle retourne dans son royaume : elle s'attire bientôt la haine des protestans en favorisant les catholiques, d'après les conseils des Guises, ses parens. La plus grande jalousie régnait entre la reine d'Angleterre et la reine d'Ecosse. Elisabeth fesait soulever les protestans d'Ecosse, et *Marie* les catholiques d'Angleterre.

Marie fait une grande faute en épousant son cousin Henri Stuart, comte Darnley, qui la traita indignement. Il fit poignarder le musicien Rizio, pendant qu'il soupait avec la reine : il le soupçonnait d'être son amant. La position de *Marie Stuart* était d'autant plus affreuse qu'elle était enceinte. Elle accoucha d'un fils qui fut Roi d'Angleterre et d'Ecosse, sous le nom de Jacques. Elle devient amoureuse de Bothwel qui empoisonne le Roi ; elle se fait enlever par cet assassin et l'épouse publiquement. Sa conduite infâme fait révolter les Ecossais ; on la met en prison ; on la force de quitter la couronne ; elle parvient à s'évader et se réfugie auprès d'Elisabeth qui gouvernait son royaume d'une manière admirable. Elisabeth reçoit sa rivale en beauté avec une apparence d'amitié ; elle lui dit pourtant, qu'elle devait se justifier des crimes dont on l'accusait, si elle voulait sa protection.

Quoi qu'il en soit, cette infortunée princesse, dont la faiblesse du cœur fit tous les malheurs, trouva en Angleterre une prison et non un asile. Pendant sa captivité, quelques partis se formaient de temps en temps en sa faveur ; mais l'habile Elisabeth déjouait facilement leurs complots.

Voulant se défaire d'une rivale qu'elle redoutait et qu'elle haïssait, la reine d'Angleterre accuse *Marie Stuart* d'avoir voulu s'évader et opérer une révolution contre elle. On lui fait son procès ; elle est condamnée à mort. Elisabeth, pour mieux voiler son hypocrisie. refuse de signer son jugement ; cependant elle donne sa signature, en disant qu'elle pourrait servir une autre fois si on en avait besoin. Ses ministres connaissaient trop bien ses intentions pour ne pas savoir ce qu'ils devaient faire. La malheureuse reine d'Ecosse, après dix-huit ans de prison, est exécutée dans sa chambre, qu'on avait tendue de noir, en 1587. A cette nouvelle, l'hypocrite Elisabeth se livre au plus grand désespoir, et ne veut plus voir ses ministres qui, dit-elle, l'ont trompée. La nation ne fut pas dupe de sa feinte douleur. « Si cette action flétrit la mémoire d'Elisa-« beth, (Voltaire) il y a une imbécillité fa-« natique à canoniser *Marie Stuart* comme

« une martyre de la religion : elle ne le fut
« que de son adultère, du meurtre de son
« mari et de son imprudence ; ses fautes et
« ses infortunes ressemblèrent parfaitement
« à celles de Jeanne de Naples : toutes deux
« belles et spirituelles, entraînées dans le
« crime par faiblesse, toutes deux mises à
« mort par leurs parens. L'histoire ramène
« souvent les mêmes malheurs, les mêmes
« attentats, et le crime puni par le crime. »

La France recommence les guerres de religion. Les protestans prennent les armes contre les Suisses que Catherine de Médicis avait à sa solde : ils sont tous battus à Saint-Denis ; mais le connétable de Montmorency y perd la vie. La paix est conclue. Six mois après, la reine voulant faire arrêter l'amiral de Coligni et le prince de Condé, les religionnaires se révoltent de nouveau ; ils sont encore battus à la *bataille de Jarnac*, par le duc d'Anjou, frère du Roi, et le maréchal de Tavannes. C'est là que Condé, chef du parti, fut assassiné par Montesquiou. Le prince de Béarn, fils du Roi de Navarre, est déclaré chef du parti calviniste. Coligni rassemble le reste de l'armée vaincue, tente une seconde affaire à Montcontour, qui n'est pas plus heureuse que les précédentes.

Bataille
de Jarnac.
1569.

Malgré les nombreuses batailles que venaient de perdre les confédérés, Charles IX leur accorde la paix à des conditions très-avantageuses pour eux. Ils obtinrent une pleine liberté de conscience ; malheureusement cette grande modération ne sera pas de longue durée !

Les chrétiens, se taxant mutuellement d'hé-

Guerre avec
les Turcs.

résie, s'entre-déchiraient, au lieu de se réunir pour combattre le plus cruel ennemi de la chrétienté. Soliman avait assiégé, en 1565, l'île de Malte avec une flotte de trois cents voiles : il fut repoussé. Cependant il s'empara, l'année suivante, de Scio et fit quelques descentes en Italie.

Après la mort de Soliman, Sélim II, son fils, enleva, en 1571, l'île de Chypre aux Vénitiens. La perte des Musulmans fut, dit-on, de quatre-vingt mille hommes ; aussi, furieux d'avoir perdu tant de monde à ce siége, ils écorchèrent tout vif le gouverneur.

Cependant le pape Pie V, qui excommuniait la reine Elisabeth, qui se rendait redoutable à tous les princes de l'Europe par sa bulle *in cœnâ Domini*, s'était ligué avec Venise et l'Espagne pour la défense de Chypre. Antoine Colonne avait le commandement de la flotte du pape, Doria commandait celle de Philippe II, le fameux don Juan d'Autriche, bâtard de Charles-Quint, était généralissime des alliés.

Bataille de Lepante.

Les Turcs furent attaqués près du golfe de *Lépante* et furent vaincus. Cette défaite ne les arrêta pourtant pas.

Massacre de la St-Barthelemi.

Charles IX avait, comme nous l'avons vu, calmé toutes les factions et avait accordé une amnistie aux protestans. Il donne sa sœur en mariage au Roi de Navarre le 17 août 1572 ; le 22 l'amiral de Coligni reçoit un coup d'arquebuse, en rentrant chez lui : le Roi va le visiter, lui donne des marques d'une douleur sincère et lui promet de le venger. Toutefois, dans la nuit du 23 au 24, les calvinistes sont massacrés dans les rues et dans les maisons, sans distinction d'âge ni de sexe. Le malheureux Coligni, lui-même, n'échappe pas aux coups des assassins. Le duc de Guise (Henri-le-Balafré) entre dans sa chambre et le fait égorger. Pour comble d'horreur, Charles IX pousse sa cruauté jusqu'à tirer lui-même sur son peuple, et voit avec joie le corps du grand Coligni que la populace outrage. Le même massacre fut ordonné dans les provinces ; partout le sang coula. Cependant, à la gloire de l'humanité, quelques gouverneurs furent assez humains et surtout assez courageux pour refuser d'exécuter des ordres aussi barbares.

Les calvinistes ne se laissèrent point abattre par cette persécution horrible. La vengeance et le désespoir leur donnèrent des forces et ils n'en devinrent que plus redoutables. Les révoltés recommencèrent. Le duc d'Anjou assiégea La Rochelle et fut repoussé. Les habitans de la ville de Sancerre se défendirent avec gloire. Les sectaires obtinrent encore la liberté de conscience.

Charles IX, toujours malade et toujours au milieu des guerres civiles, mourut à l'âge de vingt-quatre ans, sans enfans mâles (1574). L'illustre Amyot était son précepteur. Les principes d'humanité qu'il donnait à son élève étaient détruits par la reine et par le Florentin, cardinal de Retz.

Le duc d'Anjou, troisième fils de Catherine de Médicis, monte sur le trône de France, sous le nom de *Henri III;* il était Roi de Pologne ; à la mort de son frère il quitte son royaume à l'insu des Polonais, pour venir gouverner les Français. On lui conseille de

Henri III
1574.

traiter les calvinistes avec douceur; mais celui qui avait été un des principaux auteurs de la Saint-Barthélemi, celui qui s'abandonnait à ses mignons, et qui ne fesait que ce que commandaient leurs caprices, n'annonçait pas un Roi humain.

Son frère, le duc d'Alençon, conspire contre lui et se sauve de la cour. Le Roi de Navarre, qui avait embrassé la religion catholique sous Charles IX, en fait autant et retourne à la religion des protestans. Le prince de Condé, qui s'était enfui en Allemagne, avait également abandonné le catholicisme.

Henri III avait donc contre lui son frère, qui était chef de la faction dite *des politiques*, et les princes du sang. Le parti protestant s'accroît, et celui des catholiques perd l'ambitieux cardinal de Lorraine qui avait le plus de part aux troubles.

Pour la cinquième fois la France recouvre la paix. On doit regarder Philippe II, comme l'auteur de toutes ces discordes civiles; son but, en excitant les catholiques de France, était de profiter des malheurs de ses voisins. Dans son royaume, les maurisques (1) persécutés s'étaient révoltés et avaient appelé à leur secours les Turcs et les Algériens. Après une guerre civile des plus sanglantes, les maurisques obtinrent une amnistie.

Le prince d'Orange Stathouder.

Dans les Pays-Bas tout se soulevait par les cruautés du duc d'Albe. Enfin les états de Zélande et de Hollande nomment *Stathouder*

---

(1) Les maurisques étaient les Maures que la crainte des supplices avait fait convertir en apparence.

Le *prince d'Orange* qui paraît à la tête d'une armée, en 1570. Le duc d'Albe est rappelé ; Réquesens, son successeur, ne fut pas plus heureux. Philippe y envoie don Juan d'Autriche, le vainqueur de Lépante et de Tunis. Il voulait ramener les Hollandais par la douceur ; mais il ne voulait pas leur accorder la liberté de conscience : aussi don Juan eut-il le même succès que ses prédécesseurs. Les Flamands fuyaient leur patrie et portaient leur industrie à Elisabeth qui profitait des fautes du Roi d'Espagne. La guerre civile était à son comble. Le *prince d'Orange* fut assassiné par le fanatique Gérard, Franc-Comtois. Philippe témoigna la plus grande joie en apprenant cette nouvelle ; on ne le crut pas étranger à cet assassinat. Cette république, qui, dans cet état de choses, avait besoin d'un puissant appui, offrit de se soumettre à la France. *Henri* était trop faible pour accepter une si belle proposition.

THÈSE XXXVIII.

De la ligue, jusqu'à Louis XIII. De 1576 à 1610.

Le cardinal de Lorraine avait eu le projet de former une confédération contre les hérétiques. Le duc de Guise le fait exécuter. Il veut se faire nommer chef de *la ligue* ; mais le Roi qui le redoutait se fait nommer à sa place.

Le duc de Guise ambitionnait la royauté. Il se servit du fanatisme pour détrôner un Roi faible et méprisé de la nation, et pour écarter le Roi de Navarre (Henri IV), premier prince du sang, détesté des fanatiques à raison de son

Ligue des catholiques.

hérésie. Le duc de Guise met tout en mouvement. Tout le monde, et surtout les prêtres, déclament contre le Navarrois qui protégeait les sectaires, et contre le Roi qui n'avait pas la force de faire respecter leur culte. On alla jusqu'à demander au pape si on ne pouvait pas refuser obéissance au Roi pour le maintien de la religion. Grégoire XIII répondit affirmativement, mais d'une manière verbale, sans donner de bulle. Il n'eut pas le temps de voir la révolte, étant mort bientôt après.

Le cardinal de Bourbon se déclare chef de *la ligue*. Le duc de Guise, qui ne voulait pas encore faire connaître ses vues, l'engagea à cette démarche, en lui disant que la couronne lui appartenait de droit, son neveu, le roi de Navarre, ne pouvant régner parce qu'il était protestant.

Sixte-Quint. — Par le traité de Nemours, les ligueurs obtinrent du Roi effrayé tout ce qu'ils voulurent. Alors le fameux *Sixte-Quint*, successeur de Grégoire XIII, parvenu de l'état le plus vil à la tiare, anathématisa et priva de leurs droits le Roi de Navarre et le prince de Condé. Il les déclara bâtards de la maison de Bourbon. Le Navarrois fit afficher à Rome une protestation par laquelle il accusait d'hérésie le pape lui-même. *Sixte-Quint* connaissait si bien le caractère courageux de ce prince, ainsi que celui de la reine Élisabeth, qu'il disait en parlant de ces deux souverains : *Je ne connais qu'eux dignes de régner.*

Ligue des Seize. — L'anarchie enfanta la *ligue des Seize*, ainsi appelée à cause des seize quartiers de Paris. Elle fut plus à craindre que la grande ligue.

Henri III avait intérêt de s'unir au Roi de Navarre ; mais il ne le put pas et il fut forcé de marcher contre lui. Celui-ci acquérait déjà une grande réputation ; il venait de gagner la *bataille de Coutras* où le duc de Joyeuse fut assassiné après le combat.

Le duc de Guise défait l'armée allemande qui apportait du secours aux calvinistes. Il est reçu à Paris avec les plus grands honneurs. Les princes lorrains assemblent les ligueurs à Nanci, et font demander au Roi de leur livrer les places qu'ils désireront, d'établir l'inquisition et de n'accorder les emplois qu'à des étrangers. *Henri*, indigné de l'audace des confédérés, assemble des troupes pour s'opposer aux Seize. Il défend au duc de Guise d'entrer dans Paris. Malgré cette défense, le duc y arrive ; les factieux prennent les armes et entourent les soldats par des barricades. *Henri* se sauve, et le duc de Guise reste maître de la capitale.

On parvient à un accommodement. Guise fait signer au Roi l'édit d'union. Par cet édit, *Henri* s'engageait à détruire les hérétiques et à exclure du trône tout prince non catholique. Cet article concernait Henri IV.

Henri III soupçonne Guise d'être d'intelligence, pour le détrôner, avec le duc de Savoie, qui s'était emparé du marquisat de Saluces, à l'effet, disait-il, d'opposer une barrière aux calvinistes. Trop faible pour le poursuivre ouvertement, il le fait assassiner ainsi que son frère le cardinal de Guise. Le cardinal de Bourbon est arrêté, et Mayenne, frère des Guise assassinés, se met à la tête des catholiques.

Après avoir eu le courage et la cruauté de faire exécuter un semblable projet, il fallait profiter des avantages qu'on pouvait en retirer: c'est ce que ne fit pas *Henri III*; il ne prit aucune mesure pour disperser la ligue des Seize.

La célèbre Catherine de Médicis, sa mère, qui n'avait plus le même crédit à la cour, mourut dans ce temps-là. Cette reine, qui avait enfanté toutes les discordes qui déchiraient la France, avait, dans les derniers jours de sa vie, une opinion contraire à sa maxime favorite, *qu'il faut diviser pour régner:* elle recommanda à son fils de se réconcilier avec le Roi de Navarre et d'accorder la liberté de conscience.

Cependant les Seize, irrités du meurtre des Guise, se livrent à toutes sortes d'excès dans Paris. La Sorbonne autorise la révolte. On veut que le parlement la sanctionne; il refuse; aussitôt Bussy-le-Clerc, gouverneur de la Bastille, partisan des révoltés, conduit en prison le premier président de Harlay. Tous les magistrats le suivent volontairement. Les Seize créent un nouveau parlement; la ligue est confirmée. On jure de faire une guerre à outrance aux auteurs et aux complices de l'assassinat des Guise.

A la dernière extrémité, le Roi suit les conseils que sa mère lui avait donnés en mourant. Il se réconcilie avec Henri IV. Celui-ci, nonobstant tous les sujets de crainte qu'il devait avoir, a le courage de se joindre à lui. *Sixte-Quint*, qui ne voyait pas de bon œil cette union, excommunie *Henri III* et le somme de comaraître devant lui pour se justifier du meurtre des Guise. Le Roi de Navarre le voyant effrayé des ordres et des menaces du pape : *courage*, lui dit-il, *nous serons excommuniés si nous sommes battus ; mais vainquons et nous ne manquerons pas d'être absous.*

Paris est assiégé et les deux Rois campent à Saint-Cloud. *Jacques Clément,* jeune dominicain, assassine *Henri III*, espérant gagner le ciel par ce régicide. Il était parvenu jusqu'à lui sous prétexte d'une affaire importante ; l'assassin expire au même instant, accablé de coups. L'année suivante arriva la mort du redoutable *Sixte-Quint* (1590).

Le duc de Mayenne aurait pu se faire couronner. Il préféra qu'on choisît le cardinal de Bourbon, encore prisonnier. Henri IV abandonne Paris et prend la route de Dieppe. Le chef de la ligue le poursuit avec une nombreuse armée qui est dispersée à la *bataille d'Arques.* Les ligueurs perdent aussi, l'année d'après, la fameuse *bataille d'Ivri.* C'est là que Henri dit à ses soldats : *Si vous perdez vos étendards, ralliez-vous à mon panache blanc ; vous le trouverez toujours au chemin de l'honneur et de la gloire.* Ce prince sensible s'écria, pendant qu'on poursuivait les fuyards : *Épargnez les Français !*

Paris est bloqué : sur ces entrefaites le cardinal de Bourbon meurt. La Sorbonne, et puis le parlement, défendent, sous peine de mort, de traiter avec Henri IV et de le reconnaître pour Roi. Celui-ci aurait facilement pris la ville, s'il n'avait mieux aimé épargner le sang de ses habitans. Il permet qu'on porte des vivres aux assiégés. Cette conduite, digne du meilleur père, ne pouvait que lui nuire.

Alexandre Farnèse, duc de Parme, reçoit ordre de Philippe II, roi d'Espagne, d'aller au secours des Parisiens. Henri lève le siége pour s'opposer à l'ennemi. Le dessein de Farnèse n'étant que de délivrer la capitale, évite, en habile général, d'en venir aux mains, et retourne dans les Pays-Bas, où Maurice, fils du prince d'Orange, défendait la république de Hollande. Le roi se trouve dans une affreuse situation ; sans vivres, sans argent et près d'être abandonné de ses soldats. Son malheur est aggravé par l'invasion du duc de Savoie dans le Dauphiné et la Provence. Cette dernière province resta au pouvoir des ennemis ; mais la première leur fut enlevée par le fameux Lesdiguières.

Les Seize courent à leur ruine par leurs barbaries. Ils veulent que Mayenne se conduise d'après leurs ordres. Ils font pendre plusieurs magistrats. Le chef de la ligue prend les mesures nécessaires pour réprimer leur audace. Il en fait exécuter quelques-uns et parvient, par ce moyen, à calmer ce parti fanatique.

Le Roi se trouvait toujours dans l'embarras. Toutefois des secours d'Allemagne et d'Angleterre lui permettent d'entreprendre le siége de Rouen. Les assiégés se défendent avec courage, et sont délivrés par le duc de Parme. Henri poursuit Farnèse qui venait d'arrêter pour la seconde fois le succès de ses armes. Ce général expérimenté passe de nuit la Seine sur un pont de bateaux ; il se sauve par cette heureuse retraite que Henri IV croyait impossible. Il mourut quelque temps après dans la Flandre. Aux talens militaires, il joignait les qualités les plus vertueuses.

Rome et l'Espagne voulaient faire élire un Roi de France; mais le parlement prend enfin les intérêts de la patrie et s'oppose aux vues des deux cours. Henri, dont la religion était un obstacle à son avènement à la couronne, se plaint de ce qu'on l'empêche de se convertir en lui faisant la guerre; il témoigne le désir de s'instruire. Entraîné par les sollicitations des catholiques de son parti et des protestans modérés, il abjure le calvinisme.

La conversion du Roi n'avait pas tout-à-fait éteint le fanatisme. Henri fait son entrée dans Paris en 1594. Il donnait des marques éclatantes de sa bonté et de sa douceur, lorsqu'un jeune fanatique, nommé Jean Châtel, le blessa d'un coup de couteau. Les jésuites, qui étaient contre le roi et qui soufflaient toujours les brandons de la guerre civile, furent bannis.

Henri IV assassiné par J. Châtel.

L'absolution qu'avait reçue *Henri* du pape Clément VIII et sa conduite magnanime à l'égard des Français, n'avaient pu ramener les ligueurs. Mayenne, soutenu par les troupes de Philippe II, refuse de se soumettre. Le vainqueur d'Arques et d'Ivri marche contre l'armée espagnole et la défait à Fontaine-Française.

Le chef de la ligue fait sa soumission en 1596, et reçoit de *Henri*, dont il fut traité en ami, trois places de sûreté. Les autres chefs des rebelles ne se rendent qu'après avoir obtenu de fortes récompenses. Le Roi fut fidèle à ses promesses, malgré les dettes et les besoins de l'État. Ce qui doit le plus étonner, c'est qu'il soulagea son peuple, et fit prospérer la France.

Les protestans, qui n'avaient pas vu avec plaisir l'abjuration de *Henri IV*, cherchaient à renouveler les troubles qui n'avaient déjà que trop ruiné le royaume. Quoiqu'ils eussent obtenu le libre exercice de leur culte, ils ne se croyaient pas encore assez favorisés. C'est alors que *Henri*, craignant une révolte, publia le célèbre *édit de Nantes*, qui leur accordait la liberté de parvenir aux emplois; leur donnait des places de sûreté pendant huit années et des pensions pour les ministres de leur religion. Le clergé et le parlement fesaient tous leurs efforts pour empêcher cette mesure conciliatrice. Cependant les raisons que donnait ce grand roi prévalurent.

Philippe II, fatigué d'une guerre qui épuisait ses trésors; obligé de résister aux Pays-Bas, que protégeait Elisabeth, et au Roi de France, qui était secouru de la même Reine, quoiqu'il eût changé de religion; battu devant Cadix par la flotte anglaise, commandée par l'amiral Effingham et le comte d'Essex, se vit forcé de faire la paix. On signa le traité de Vervins, qui fut à l'avantage de *Henri IV*.

Enfin expira, à l'âge de 72 ans, ce *Philippe II*, infatigable au travail, possédant les vrais talens de la politique, l'art de connaître les hommes, et surtout, les immenses richesses de l'Amérique (1). Ce prince était fourbe,

---

(1) L'or du Nouveau-Monde ne servit qu'à appauvrir l'Espagne. Les Espagnols abandonnaient la culture de

jaloux, hypocrite, soupçonneux, cruel ; pendant son règne de quarante-deux ans, il n'employa sa puissance qu'à ruiner, par les horreurs de la guerre, et ses états et ceux de tous les potentats de l'Europe.

Henri IV était doué d'un génie capable de bien gouverner et d'exécuter de grands desseins. Il lui fallait pourtant un ministre comme *Sully* (marquis de Rosny). Ce grand homme, dont on ne peut prononcer le nom qu'avec vénération, a fait la gloire du règne de *Henri* et le bonheur des Français. Le Roi avait en lui, non-seulement un ministre profond dans les affaires du gouvernement, mais encore un ami sincère. On a dit que ces deux hommes extraordinaires avaient été faits l'un pour l'autre.

Ce Roi magnanime, naturellement tendre et sensible, oublia quelquefois ses devoirs au sein de l'amour. Éperduement amoureux de la belle *Gabrielle d'Estrées*, il devait répudier Marguerite de Valois pour l'épouser. *Gabrielle* mourut. Aussitôt une autre maîtresse, Henriette d'Entragues, intrigante et remplie d'ambition, sut, par ses refus, captiver le cœur de *Henri*. Elle parvint à obtenir une promesse de mariage. Le monarque la signa et la montra à *Sully*, qui, indigné de cette conduite, la déchira. *Êtes-vous donc fou ?* lui dit le Roi, en colère. *Oui, je suis fou*, lui répond *Sully*, *et je souhaiterais être le seul dans*

---

leurs terres pour courir après des richesses passagères. Depuis, ce royaume a toujours été dans un état de langueur.

votre royaume. Après un pareil trait, le ministre fut bien étonné de recevoir, au lieu de la disgrâce qu'il attendait, un brévet de grand maitre de l'artillerie. Belle leçon pour les Rois! *Henri* épousa Marie de Médicis, dont il eut, en 1601, un fils, qui régna sous le nom de Louis XIII.

En 1600 il fait la guerre et puis la paix avec le duc de Savoie. Le maréchal de Biron avait fait un traité d'union avec ce duc. *Henri* ne lui demandait que l'aveu de sa trahison pour lui pardonner. Sur son refus et son obstination, il le livre entre les mains de la justice. Il fut condamné à mort. Il ne montra pas, en mourant, la bravoure qu'il avait su montrer dans les combats.

Le même crime venait d'être puni par Élisabeth. Le comte d'Essex, son favori, est envoyé pour soumettre les catholiques de l'Irlande qui s'étaient révoltés. Quoiqu'avec une armée très-nombreuse, il échoue dans cette expédition. La reine le disgracie. Elle lui aurait sans doute pardonné, si, poussé par le désespoir, il n'avait pas levé l'étendard de la révolte : il fut pris, condamné et exécuté. Il était encore aimé et Élisabeth l'aurait sauvé, s'il avait demandé sa grâce. On assure que, depuis la mort de son favori, cette princesse fut toujours dans un état de mélancolie : la jalousie qu'elle avait de Jacques VI, Roi d'Écosse, qui devait lui succéder, augmenta beaucoup son chagrin. Elle mourut en 1603.

Cette reine célèbre mérite quelques reproches dans sa vie privée; mais elle mérite aussi d'être admirée par la manière brillante dont elle gouverna. On doit remarquer que , pendant les quarante-quatre ans de son règne , elle n'eut à réprimer aucune guerre civile, tant elle connaissait l'art de gouverner les peuples. Tandis que son royaume florissait par son activité et sa sagesse, les nations voisines étaient en proie aux guerres de religion.

Le peuple était heureux par la sage administration de *Henri*, et néanmoins, ce monarque était sans cesse entouré de conspirateurs. Il déjoue plusieurs fois leurs complots et leur fait grâce. Il rappelle les jésuites sans avoir égard aux représentations de Harlay, premier président du parlement, et de l'illustre et vertueux *Sully*.

Henri termina la querelle du pape Clément VIII avec la république de Venise. Ce pape avait excommunié le doge et le sénat, et avait jeté l'interdit sur la république, parce qu'elle avait puni , avec justice , plusieurs prêtres coupables de grands crimes.

Il protégea aussi les républicains de Hollande qui résistaient courageusement aux armes des Espagnols. Maurice de Nassau , prince d'Orange, suivait les traces de ses ancêtres dans le chemin de la gloire. Ces vertueux et courageux républicains étaient devenus tellement puissans , qu'ils pouvaient entreprendre les plus grands projets. Enfin Philippe III reconnut leur indépendance en 1609.

Le *siége d'Ostende*, qui dura trois ans et trois mois, est un des plus fameux de l'histoire. La Hollande y perdit beaucoup de monde et l'Espagne bien davantage. C'est là que les Spinola , natifs de Gênes, s'illustrèrent. Frédéric fut tué, après s'être couvert de gloire. Ambroise Spinola, son frère, qui ne s'était occupé que du commerce et qui avait tout abandonné pour venir au secours de Frédéric, le remplaça et finit, en 1604, ce siége d'une manière digne du plus grand capitaine. Philippe nomma généralissime de la Flandre ce Spinola, qui n'avait appris l'art militaire que dans les livres.

Henri avait conçu le projet d'une république chrétienne. Cette république devait être composée de quinze royaumes qui se réuniraient pour maintenir la paix commune, comme font de nos jours les états qui forment la *Sainte-Alliance*. On prétend que le véritable motif du Roi était de limiter le pouvoir de la maison d'Autriche, qui devenait de plus en plus redoutable.

Tout était disposé pour cette grande entreprise, il n'attendait que le moment favorable pour l'exécuter. Rodolphe II, empereur d'Allemagne, en s'emparant de quelques duchés, lui donne le prétexte de se mettre en campagne. Le Roi de France avait fait soulever les protestans de l'empire; plusieurs états s'étaient joints à lui, et une nombreuse armée était en marche; tout lui assurait le succès de la guerre.

Henri IV
assassiné par
Ravaillac.
1610.

Henri-le-Grand veut partir pour joindre ses troupes; cependant le couronnement de la reine retarde son départ. Son carrosse se trouve embarrassé dans la rue; *Ravaillac*, qui méditait depuis long-temps de l'assassiner, poussé par le fanatisme, s'élance sur lui et le tue d'un coup de poignard, au milieu de plusieurs personnages de la cour. Ce Roi, digne d'un meilleur sort , était âgé de 57 ans. Sa mémoire sera toujours chère à tout bon Français. Tout souverain qui aime ses sujets et qui veut arriver à l'immortalité, doit le prendre pour modèle; et tout homme d'état, qui voudra connaître les principes d'un bon gouvernement, les trouvera presque tous dans les mémoires du célèbre ministre de *Henri IV*.

Selon quelques auteurs , c'est à *Henri* que l'on doit la fondation de la bibliothèque royale. Il fit construire la galerie du Louvre et le Pont-Neuf.

THÈSE XXXIX.

De Louis XIII à Louis XIV. De 1610 a 1643.

A la mort de Henri, la France est replongée dans les malheurs. Quelques ambitieux avaient vu avec joie le meurtre de ce bon prince. La minorité de *Louis XIII* leur fesait tout espérer.

Le duc d'Epernon force le parlement à nommer régente, Marie de Médicis. Concini, Florentin, marquis d'Ancre, depuis devenu maréchal de France, et sa femme, gouvernaient la reine. Ils étaient tous deux parvenus de la plus basse extraction au faîte des grandeurs. Le système de Henri IV était renversé. On sacrifiait l'intérêt public à l'intérêt particulier. *Sully* disait avec raison : *Nous allons tomber sous la domination de l'Espagne et des jésuites: les bons Français doivent bien penser à eux, car ils ne demeureront pas long-temps en repos.* Cet homme illustre voyait avec chagrin la route dangereuse que suivait le gouvernement. Il demanda sa retraite qui lui fut accordée avec joie; car sa présence mettait encore un frein à l'avidité des favoris de la reine.

Le prince de Condé et plusieurs autres princes se soulèvent. On est obligé de consentir à toutes leurs demandes. Condé se révolte une seconde fois; mais se fiant aux promesses qu'on lui fait, il revient à la cour, où il est arrêté. Le maréchal d'Ancre et sa femme, font de nombreux changemens dans le ministère. Richelieu, évêque de Luçon, est nommé secrétaire d'Etat. C'est le même qui régnera au nom de *Louis XIII*.

Tout respirait l'anarchie. Le jeune Luynes acquiert les faveurs du Roi, et devient le rival de Concini. Il engage *Louis XIII* à gouverner par lui-même et à éloigner celui qui avait tant de pouvoir sur l'esprit de la reine. Le maréchal d'Ancre est arrêté par Vitri (1), capitaine des gardes-du-corps, qui le tua sous prétexte de résistance. C'est ainsi que le souhaitait le nouveau favori. La femme de Concini fut exécutée sur l'échafaud, comme sorcière et magicienne. On lui demanda quel charme elle employait, pour forcer la reine à suivre sa volonté : *l'avantage*, répondit-elle, *que l'esprit fort a toujours sur l'esprit faible.*

La reine-mère, reléguée à Blois, commence la guerre civile avec le duc d'Epernon. L'évêque de Luçon, qui avait été disgracié à la mort du maréchal d'Ancre, et qui était alors chef

---

(1) Thémines, pour avoir arrêté Condé, reçut le bâton de maréchal ; Vitri obtint la même récompense.

du conseil de Marie de Médicis, fit faire la paix.

Les *huguenots*, inquiétés par le Roi, jurent de se venger et de former une république à l'imitation de la Hollande. On crut que ce parti ne résisterait pas. On marche contre lui; on assiége Montauban, et Louis est forcé d'en lever le siége en 1621. Les calvinistes avaient pour chefs le duc de Rohan et Soubise, son frère, tous deux capitaines courageux et expérimentés. Luynes mourut après cette affaire. La guerre continua encore quelque temps avec acharnement. *Louis*, pour avoir la paix, accorda toutes sortes de faveurs aux rebelles. Les huguenots se soulèvent.

La *Hollande* était bouleversée par des dissensions religieuses. Arminius et Gomar, théologiens, étaient les auteurs de ces troubles. Les Gomaristes, excités par Maurice, prince d'Orange, font périr sur l'échafaud l'avocat général Barneveldt en 1619. Grotius, partisan de ce citoyen illustre, est condamné à une prison perpétuelle. Il fut délivré dans la suite. Hollande. 1603.

Jacques Ier, fils de Marie-Stuart, Roi d'Angleterre, se laissait gouverner par ses favoris. Elevé dans la religion protestante, il s'attira la haine des catholiques. Ceux-ci formèrent la conjuration, dite *des poudres*, en 1605. On avait placé sous la salle du parlement trente-six barils de poudre, pour engloutir les communes, le Roi et la famille royale. Le lord Monteagle reçut un billet qui l'avertissait du danger qu'il courait, s'il se trouvait au parlement. Il en donna connaissance au Roi et le complot fut découvert. Les coupables moururent les armes à la main. Jacques Ier.

Jaloux de l'autorité absolue, *Jacques* saisissait toutes les occasions, et fesait tous ses efforts pour l'accroître. Il alla si loin, que la nation commença à raisonner sur la puissance royale. De là naquirent ces idées républicaines que les Anglais conservent encore.

Le Roi d'Angleterre commit de grandes fautes par sa conduite à l'égard du parlement qui condamna son chancelier Bacon (1) à la prison et à une amende. Ce parlement, qui soutint tous ses droits avec énergie, donna naissance aux partis de la *patrie* et de la *cour*, connus dans la suite sous les noms de *Whigs* et de *Toris*. Le duc de Buckingham, qui avait supplanté le comte Sommerset, engage le prince de Galles, depuis Charles I", à aller faire sa cour à l'infante d'Espagne, qu'on tardait de lui donner en mariage. Il l'y accompagne ; mais, s'étant attiré le mépris des Espagnols par son insolence, il détourne le prince de cette négociation, et le ramène en Angleterre. Le prince de Galles épousa ensuite Henriette, sœur de *Louis XIII*. Mécontent de cette rupture, et inquiété par les mouvemens de son royaume, *Jacques* meurt en 1625.

Conjuration de l'Espagne contre Venise. Sous le gouvernement faible de Philippe III, Roi d'Espagne, se forma la fameuse *conjuration espagnole contre Venise*. Le gouverneur du Milanais, Pierre de Tolède ; le vice-roi de Naples, duc d'Ossuna ; et Bedmar, ambassadeur à Venise, en étaient les auteurs. *Venise* ne pouvait pas résister à ces forces réunies.

---

(1) C'est le même Bacon, si célèbre dans la république des lettres.

Heureusement le complot fut découvert par le sénat en 1618. Un grand nombre de conjurés furent noyés; l'ambassadeur se sauva; Pierre perdit le Milanais et Ossuna fut conservé vice-roi de Naples. Ses heureux succès contre les Turcs, qui ravageaient continuellement la Sicile, lui firent obtenir sa grâce.

On doit remarquer que l'*Espagne* était tellement dépeuplée, et les laboureurs en si petit nombre, que Philippe III accorda des titres de noblesse aux cultivateurs (1620).

La paix de la reine-mère, que *Richelieu* avait ménagée avec *Louis XIII*, lui valut le chapeau de cardinal. Marie, de nouveau à la tête des affaires, ne manqua pas d'y introduire *Richelieu*, qui possédait de grands talens en politique; mais qui négligeait le système d'économie qui avait rendu la France florissante sous **Sully**.

Ce ministre, qui gouvernait au nom du Roi, brave tous les grands de la cour. Entouré d'ennemis, et exposé à leurs intrigues, il ne change pas la marche qu'il s'est prescrite. Son courage et son génie lui aplanissent toutes les difficultés.

Les huguenots, soutenus par l'Angleterre, prennent les armes. Ils sont assiégés dans *la Rochelle*, par *Richelieu*. La digue construite dans l'Océan, pour fermer le port aux Anglais, et la conduite courageuse du ministre, font de ce siége la plus glorieuse de ses entreprises. Malgré la valeur de Guiton, maire de la ville, et des deux duchesses de Rohan, la famine force les Rochelois à se rendre, après une vigoureuse résistance de onze mois. La flotte anglaise qui venait à leur secours, n'arriva pas à temps (1). *Louis XIII* fit à ce siége des prodiges de bravoure. La France termine glorieusement la guerre de Mantoue. Les impériaux sont obligés d'évacuer le Mantouan en 1630.

Richelieu, en occupant le Roi à la guerre d'Italie, voulait se délivrer des intrigues de la cour, et principalement de la haine des deux reines qui avaient juré sa perte. Mais on profite de la maladie de *Louis*, qui le force de revenir à Lyon, pour ruiner totalement les intérêts du ministre. *Richelieu* avait déjà tout disposé pour conserver ses trésors. Il s'attendait à sa disgrâce; cependant il parvient à voir le Roi en particulier et tout tourne en sa faveur.

Ce ministre irrité, se venge sur le maréchal Marillac et sur Catherine, qui s'enfuit de Compiègne, où elle était prisonnière, et se réfugie à Bruxelles, où elle est réduite à la plus affreuse misère. Gaston, frère du Roi, pour éviter la tyrannie, se retire en Lorraine; il prend les armes; fait révolter le maréchal de Montmorency qui est ensuite décapité. Ni son repentir, ni ses exploits dans la dernière guerre, ni l'amitié de tous les Français, ne purent lui faire avoir sa grâce. Tout en

---

(1) Buckingham, pour voir la reine Anne d'Autriche, dont il était amoureux, voulait se rendre en France sous prétexte de signer un traité contre l'Espagne. *Richelieu*, qui connaissait ses intentions, lui fit refuser la permission de venir. Le ministre anglais, irrité de ce refus, arma l'Angleterre en faveur des huguenots. Il fut assassiné avant le départ de la flotte qui devait secourir *la Rochelle*.

exerçant sa vengeance, il ne laisse pas de s'occuper de cette guerre d'Allemagne, féconde
en événemens.

Ferdinand II, par son despotisme, avait
indisposé ses sujets contre lui. Cependant l'habileté et le courage de ses généraux le rendaient redoutable. Tilli et Walstein pénétrèrent en Danemarck, où régnait Christian IV.
Le courageux Mansfeld (1), alors au service
de ce monarque, ne put s'opposer à des ennemis trop supérieurs en nombre. La paix fut
conclue en 1629. L'empereur exerçait toutes
sortes de violences contre les protestans. Les
catholiques commençaient à craindre sa tyrannie. L'amour de la liberté ranimait le courage
des Allemands. Enfin, pour les délivrer, parut Gustave-Adolphe.

Ferdinand II, empereur.

Le jeune *Gustave-Adolphe* succéda à son
père Charles IX, Roi de Suède, en 1611. Il
s'était acquis et dans les armes et dans le gouvernement, la réputation d'un grand homme.
En paix avec tous ses voisins, il fait un traité
d'alliance avec *Louis XIII*, en 1631, et marche contre l'Allemagne. Le principal but de son
entreprise était de protéger les protestans. Ce
héros, au-dessus de tout éloge, défait Tilli devant Leipsick. Il le bat encore dans la seconde
campagne de 1632. L'illustre capitaine allemand (2) fut tué en défendant le passage du
Lech que *Gustave* traversa à la nage.

Gustave-Adolphe, Roi de Suède.

----

(1) C'est ce même Mansfeld qui força Spinola à lever
le siége de Berg-op-Zoom.

(2) Tilli ternit la gloire de ses armes en livrant la
ville de Magdebourg au fer et aux flammes. Trente mille
hommes, dit-on, y furent massacrés.

Ferdinand II, donne, avec un pouvoir illimité, le commandement de son armée, au vaillant Walstein. Celui-ci attaque la Saxe et s'empare de Leipsick. Ce fut non loin de là, que se donna la bataille de Lutzen, où le Roi de Suède perdit la vie. On prétend qu'il fut tué par trahison. Cependant la victoire resta aux Suédois. Ils la durent au lieutenant-général Bernard de Saxe-Weimar.

L'empereur d'Allemagne dépose Walstein, le plus habile de ses généraux. Ayant conspiré contre lui, quelque temps après, il le fait assassiner. Il défait les Suédois à Nordlingue en Souabe. *Richelieu*, outre les subsides qu'il fournissait à la Suède, lui envoie des troupes commandées par le cardinal de La Valette, fils du duc d'Epernon. Pendant cette guerre, Gaston, duc d'Orléans, s'était révolté et s'était réfugié auprès du duc de Lorraine.

Au milieu de tant d'embarras et de conspirations, *Richelieu* déclare ouvertement la guerre à toute la maison d'Autriche. Il n'avait que ce moyen pour se soutenir. Plus les dangers de la France augmentaient, plus on avait besoin de lui.

L'Espagne, qui était alors humiliée par la Hollande, ne pouvait naturellement résister aux armes françaises. En 1635, *Louis XIII* se ligue avec les Hollandais. Ils n'ont aucun succès à la première campagne. Le maréchal de Créqui échoue en Italie. Toutefois le duc de Rohan se maintint avec gloire dans la Valteline, contre les forces réunies d'Espagne et d'Allemagne. La seconde campagne fut encore plus malheureuse. L'infant, joint au duc de

Lorraine et à l'illustre Jean de Werth, entre en France par la Picardie, et met l'épouvante jusque dans Paris. Quoiqu'il eût remporté de grands avantages, ses fautes l'obligèrent à se retirer.

Richelieu, détesté de la cour et du peuple, échappe, non sans peine, aux conspirations de ses ennemis. Il fait exiler le P. Caussin, confesseur du Roi. Il fut sur le point de chasser du royaume les jésuites qu'il redoutait. Il fait condamner à mort le duc de La Valette (1), accusé de n'avoir pas secouru le prince de Condé, au siége de Fontarabie, où il n'avait pas été plus heureux qu'à celui de Dôle.

L'Allemagne était le théâtre de la guerre la plus sanglante. Le célèbre Weimar gagne huit batailles consécutives, en 1638. A celle de Rheinfeld, il fit quatre généraux prisonniers, dont l'un d'eux fut Jean de Werth, que l'on mena en triomphe à Paris. Quelque temps auparavant il avait été battu par le général allemand Gallas ; c'est dans cette affaire que le duc de Rohan reçut la mort à ses côtés. Weimar mourut l'année d'après. Le fameux amiral Tromp, de Hollande, détruisit, sur les côtes de la Grande-Bretagne, la flotte espagnole qui allait attaquer la Suède.

La Catalogne secoue le joug de l'Espagne et se donne à la France. Le Portugal opère une révolution en faveur du *duc de Bragance*, que Philippe II avait privé de ses droits à la couronne. Ce duc recouvra son royaume sans

Le duc de Bragance.

---

(1) Il fut exécuté en effigie. Son jugement fut cassé sous Louis XIV.

répandre de sang. Il régna sous le nom de Jean IV.

Prise de Turin. Les armées françaises reprenaient le dessus. Le comte d'Harcourt avait fait des prodiges de valeur et d'habileté au siége de *Turin* dont il s'était rendu maître. Arras, qui passait pour une ville imprenable, était tombée au pouvoir de la France; et sans les manœuvres savantes de Picolomini, général expérimenté, Vienne, capitale de l'empire, aurait éprouvé le même sort.

Le despotisme de *Richelieu* soulevait tous les grands du royaume. Le comte de Soissons se révolte, se joint aux ducs de Guise et de Bouillon, fait un traité avec l'Espagne, et entre en campagne; mais il est tué dans la première bataille. Tout fut bientôt apaisé.

Cinq-Mars. De Thou. Gaston, le duc de Bouillon, *Cinq-Mars* (1) et *de Thou*, fils de l'historien, conjurent la perte du ministre. *Richelieu* était alors malade à Tarascon; il a connaissance du traité conclu entre les révoltés et l'Espagne; il en avertit le Roi. Celui-ci hésite sur ce qu'il doit faire; il croit, mais avec peine, ce que lui découvre son ministre. A la fin il se rend à ses conseils et l'autorise à poursuivre les coupables. Aussitôt *Cinq-Mars* et *de Thou* sont jugés, condamnés et exécutés à Lyon. Gaston, frère du Roi, et le duc de Bouillon sont épargnés.

Ce ministre-roi mériterait toutes sortes d'éloges, s'il avait employé son grand génie et son courage à faire le bonheur de la patrie et non

______

(1) *Cinq-Mars* était devenu favori du Roi par la protection de *Richelieu*.

à contenter son ambition. Accablé de maladie, il espérait encore survivre à *Louis XIII*; il disposait tout pour avoir la régence, mais la mort vint mettre fin à ses vastes projets en 1642. Il était âgé de cinquante-sept ans. Ce qui fait la plus grande gloire de *Richelieu*, c'est d'avoir favorisé les lettres. Il établit l'*Académie française* en 1635. On doit toutefois lui reprocher sa jalousie contre le grand Corneille (1).

Louis XIII suivit de près son ministre ; il mourut en 1643. Sous son règne, les belles-lettres, les sciences et les arts commencèrent à être cultivés avec succès. Le Palais-Royal, le Luxembourg et la Sorbonne furent construits.

L'intolérance, le fanatisme et les imprudences de Jacques 1er avaient irrité le peuple anglais. Les droits des Rois étaient contestés et la liberté sortait du milieu de ces désordres. Dans cet état de choses, *Charles Ier*, fils et successeur de Jacques 1er, anime encore plus la nation contre lui par ses menaces, et augmente, par sa faiblesse, la hardiesse du parlement. Ce prince, gouverné par Laud, archevêque de Cantorbéry, favorise l'église romaine. On officiait dans son royaume comme à Rome. Il veut établir les mêmes cérémonies en Ecosse. Les Ecossais se soulèvent; font entre eux une ligue qu'on appelle le *covenant*, pour défendre leur religion contre celle de Rome. *Charles* ne peut les ramener par la douceur. Il leur déclare la guerre. A peine est-il en leur présence, qu'ils feignent de se soumettre. La paix

Académie française.

Charles Ier.

Ligue des Ecossais. 1638.

---

(1) *Richelieu* fit critiquer par l'*Académie française* la tragédie du *Cid*.

leur est accordée. Les Écossais se révoltent de nouveau et pénètrent en Angleterre. Le Roi convoque le parlement : n'en pouvant rien obtenir, il le casse. Il en fait autant à plusieurs autres; il en assemble un cinquième; mais loin de répondre à ses demandes, ce nouveau parlement accuse de trahison Strafford et Land qui sont exécutés. Cette assemblée, enhardie par ce triomphe et par l'armée d'Écosse, qui était toujours sous les armes, use de tous ses avantages pour consolider la liberté naissante. Les Écossais se retirent après avoir reçu du parlement des remercîmens et des récompenses. Les catholiques d'Irlande allument la guerre civile et massacrent quarante mille protestans. *Charles* demande au parlement du secours contre les rebelles. On lève de suite une armée, sous prétexte de le seconder à réprimer les séditieux. Au moment qu'il se prépare pour son expédition, il se voit accusé d'être l'auteur de cette révolution. La secte des puritains déclame contre lui.

En butte à mille conspirations, *Charles* se rend au parlement pour accuser cinq de ses membres. Il ne les y trouve pas; il se plaint de ce qu'on les soustrait. Il est insulté dans les rues. Tout méconnaît son autorité. A la dernière extrémité; il tente le sort des armes; il se met à la tête des catholiques; il obtient quelques succès; mais il est enfin complètement battu par le comte d'Essex, général de l'armée du parlement. Les Écossais se déclarent pour la nation et les Irlandais pour le roi. Cette alliance aggrava le reproche qu'on lui fesait de favoriser les catholiques révoltés.

Le Roi convoque un autre parlement, et celui du parti opposé devient de plus en plus redoutable. *Olivier Cromwell* se fesait déjà remarquer dans la secte des *indépendans*, plus fanatique que celle des puritains. Ce factieux, qui s'était distingué dans la guerre, était capable de tout entreprendre. Il blâme la lenteur de son général; fait entrevoir l'utilité d'une réforme. Ces enthousiastes républicains consentent à quitter leur commandement et à créer de nouveaux chefs. On choisit pour général le chancelier Fairfax qui est autorisé à avoir *Cromwell* sous ses ordres. La guerre recommença avec plus de fureur. Charles fut partout vaincu, quoiqu'il eût été deux fois secouru par la reine, fille de Henri IV, qui, avant de se retirer en France, lui avait amené des forces de la Hollande. Il se livra aux Ecossais qui le vendirent au parlement. Il fut bientôt enlevé par l'armée qui avait tout le pouvoir, et qui voyait avec peine la tyrannie des républicains. *Cromwell* apaise la faction qui s'était formée au milieu des soldats, et médite la perte du Roi.

Le malheureux Charles s'était réfugié dans l'île de Wight. Il fait des offres au parlement, qui sont rejetées. Pendant ces négociations, l'Ecosse, honteuse d'avoir trahi, prend les armes pour son Roi. Elle est soumise par *Cromwell*. Les indépendans se rendent maîtres de tout. Les communes déclarent le Roi coupable de haute trahison; on lui fait son procès. *Cromwell*, Ireton son gendre et Fairfax étaient au nombre de ses juges. Ce prince infortuné est condamné et exécuté en 1649.

THÈSE XL.

Depuis Louis XIV, jusqu'au czar Pierre-le-Grand.
De 1643 à 1715.

Louis XIV.
1643

Le règne de *Louis XIV* est l'époque la plus brillante de l'histoire moderne. Tout sort de la barbarie. Les lettres, les sciences et les arts sont poussés au plus haut degré de perfection.

Louis était âgé de quatre ans et demi lorsqu'il monta sur le trône. La reine-mère, Anne d'Autriche, était régente, et le cardinal Mazarin, italien, homme habile et propre à entreprendre les plus grandes choses, était premier ministre. Il était digne successeur de Richelieu.

Le grand
Condé.

La guerre que la France avait commencée contre toute la maison d'Autriche, continuait toujours. Le jeune Louis duc d'Enghien, depuis le *grand Condé*, âgé de vingt-un ans, gagne sur l'armée d'Espagne et de l'Empire, les célèbres batailles de *Rocroi* et de *Fribourg*. Le maréchal de Turenne est battu par Merci, général des impériaux, à Mariendhal dans la Franconie. *Condé* vole à son secours et défait les ennemis à Nordlingue, où Merci fut tué comme Fuentès, général espagnol, l'avait été à Rocroi. Il s'empare de Dunkerque; passe en Catalogne, où il éprouve des revers. Il les répare en taillant en pièces, l'année suivante, à Lens, l'armée de l'archiduc Léopold, frère de l'empereur Ferdinand III. Avant l'action, pour encourager ses soldats, il ne leur tint que cette courte, mais sublime harangue : *Amis, souvenez-vous de Rocroi, de Fribourg et de Nordlingue.*

L'Espagne fait la paix avec la Hollande qui se sépare de la France qu'elle commençait à redouter. Naples et la Sicile se soulèvent contre elle et établissent une république dont le duc de Guise est nommé doge. Guise était alors à Rome; il arrive à Naples après avoir traversé la flotte espagnole. Mazarin ne lui envoie pas les secours qu'il lui avait promis. Sans moyens de se défendre, il est fait prisonnier et est envoyé en Espagne, où il demeura quatre ans. La nouvelle république rentra dans le devoir.

En 1648, les impériaux furent complétement battus par le maréchal de Turenne et le fameux général suédois Wrangel. Le *traité de West-* *phalie*, dont les négociations avaient commencé en 1644, fut enfin signé en 1648. Tout rendait cette paix inévitable : la guerre civile que craignait le cardinal Mazarin, le dégoût de la reine Christine pour les affaires politiques, et le mauvais état des forces de l'Empire.

Traité
de Westphalie.

La France, irritée du pouvoir que la régente avait accordé à Mazarin, lève l'étendart de la révolte. Le parlement s'assemble pour réformer les abus. La cour fait arrêter le président Broussel (1). Le peuple, excité par le cardinal de Retz, coadjuteur de Paris, se soulève. On tend les chaînes dans les rues et on forme ce qu'on appelle les barricades. Le duc de Beaufort, de Longueville, de Bouillon et le prince de Conti, frère du grand Condé, sont à la tête des rebelles connus

Guerre civile
en France.
1648.

---

(1) On doit remarquer que cette arrestation a lieu au moment que l'on chante le *Te Deum* pour la victoire de Lens.

sous le nom de *frondeurs*. La régente et le Roi se retirent à Saint-Germain. Cependant le vainqueur de Rocroi défend le parti de la cour, fait le blocus de Paris et s'empare de Charenton. L'illustre Turenne et le célèbre duc de la Rochefoucault (1), entraînés par la duchesse de Longueville, sœur du prince de Condé, soutinrent les frondeurs. On parvient à un accommodement. La cour retourne à la capitale. En 1650, Mazarin fait arrêter le prince de Condé dont il était méprisé, et le prince de Conti. Sa conduite envers le duc d'Orléans et les frondeurs force le parlement à le bannir. Les trois princes sont mis en liberté. Ce ministre audacieux se retire à Liége, d'où il dirige encore la régente. Condé se déclare contre la cour et Turenne embrasse le parti des royalistes.

Louis XIV, sortant de minorité, suivi de sa mère et de Mazarin qui était rentré dans Paris, transfère le parlement à Pontoise. Condé défait le maréchal d'Hocquincourt; il se serait rendu maitre du Roi et de toute sa suite, sans les manœuvres habiles de Turenne. Louis marche sur Paris. Condé et Turenne engagent un combat dans le faubourg Saint-Antoine. On se bat de part et d'autre avec acharnement. Les royalistes étaient sur le point de remporter la victoire, lorsque mademoiselle, fille du duc d'Orléans, fit tirer le canon de la Bastille. Turenne fut obligé de reculer.

---

(1) C'est le même duc de la Rochefoucault, auteur des *Maximes morales*. Il fit pour cette duchesse les vers suivans :

Pour mériter son cœur, pour plaire à ses beaux yeux,
J'ai fait la guerre aux Rois, je l'aurais faite aux Dieux.

Pour mettre fin à toutes ces guerres de la Fronde, le Roi éloigne son ministre. Il est reçu dans Paris avec la plus grande joie. Tout tourne en sa faveur. Il exile le duc d'Orléans et emprisonne le cardinal de Retz, un des principaux chefs des frondeurs. Condé se retire chez les Espagnols. La capitale était dans une tranquillité si parfaite, que Mazarin recouvra tout son pouvoir sans opposition.

Pendant les troubles de la France, l'Espagne avait repris la plupart des places qu'elle avait perdues. Ces deux nations s'attaquent vivement. Turenne, qui avait été vaincu à la tête des Espagnols, devient invincible à la tête des Français. Il sauve Arras que Condé et l'archiduc Léopold assiégeaient. L'archiduc fut mis en fuite, et le prince dut son salut à une retraite des plus savantes. Dans la suite, les deux généraux français se défirent tour à tour. Après la bataille des Dunes, gagnée par Turenne en 1658, les deux puissances ennemies firent la paix. Mazarin et don Louis de Haro, ministre d'Espagne, signèrent le traité des Pyrénées, en 1659, dans l'île des Faisans. D'après ce traité, Louis XIV épousa l'infante Marie-Thérèse, fille de Philippe IV.

Mazarin mourut en 1661. Cet homme ambitieux et orgueilleux possédait les talens de la vraie politique. Les traités de Westphalie et des Pyrénées en sont des preuves certaines.

Louis XIV ne paraissait pas capable de gouverner; cependant il se fait respecter au dehors et fait fleurir son royaume. Il disgracie Fouquet qui dissipait le trésor public, et le remplace dans les finances par le célèbre Colbert, second Sully. Toujours victorieux, il oblige le Roi d'Espagne de reconnaître la préséance des ministres de France sur les siens, et le pape de réparer l'insulte que son ambassadeur, le duc de Créqui, avait reçue à Rome. Sa gloire et son pouvoir augmentaient tous les jours. Il donne du secours à l'empereur Léopold contre les Turcs qui sont mis en déroute à Saint-Gothard. L'empereur craignant que la France ne devint trop puissante, s'empressa de conclure la paix avec la Turquie, quoiqu'à des conditions humiliantes.

Les Français affermissent la maison de Bragance sur le trône de Portugal que l'Espagne lui disputait. Ils soutiennent les Hollandais contre les Anglais.

Avant d'aller plus loin dans le règne de Louis XIV, il est indispensable de voir ce qui se passe en Angleterre et en Suède.

Charles II. C'est pendant les guerres de la Fronde que l'Angleterre se souleva contre son Roi Charles Ier, comme nous l'avons vu. Le hardi Cromwell subjugue l'Irlande et ensuite l'Écosse où *Charles II*, fils de Charles Ier, s'était retiré.

Après la bataille de Dumbar, *Charles*, sans secours, a le courage de se rendre en Angleterre ; il se jette dans *Worcester*, où ses partisans le joignent ; mais, bientôt attaqué par le redoutable Cromwell, il est obligé de se sauver déguisé. Il se cache tout un jour sur un chêne ; il passe quarante jours au milieu de ses ennemis, et parvient à se réfugier en France en 1651.

L'Angleterre prend alors le nom de république. Elle déclare la guerre à la Hollande qui fit de grandes pertes, malgré le courage des fameux amiraux Tromp et Ruyter. Après cette victoire, le parlement redouble de hardiesse et veut secouer le joug et de Cromwell et de l'armée ; mais il est chassé du lieu de ses séances par ce terrible général. Cromwell reçoit le titre de *Protecteur*. Il soumet tout à son autorité. Il opprime l'État ; néanmoins il le fait respecter au dehors. Parvenu à la souveraine puissance ; il se montre tolérant et fait observer les lois. Courtisé par Mazarin, il se range du côté de la France. Il détruit aux Canaries une flotte espagnole, par le fameux amiral Blake. Ce vertueux citoyen détestait la tyrannie du Protecteur ; cependant il disait, et avec raison : *On doit toujours verser son sang pour la défense de la patrie, quelle que soit la main qui la gouverne.*

Cromwell refusa le titre de Roi, quoiqu'il l'ambitionnât. Cet homme extraordinaire, dévoré des inquiétudes et des craintes qui ne quittent jamais un tyran, haï de ses filles, ne se croyant pas en sûreté même au milieu de ses gardes, fut attaqué d'une violente maladie et mourut en 1658, laissant pour successeur *Richard*, son fils aîné.

D'un caractère doux, mais faible, *Richard Cromwell*, devenu le jouet des factieux, abdique la couronne pour vivre dans la solitude. Son frère, qui gouvernait l'Irlande, suivit son exemple.

La majorité de la nation désire le retour de la famille royale. Le général *George Monk*, homme d'un grand mérite, réussit à rétablir la monarchie. *Charles II* ne pensait pas qu'il

touchait au terme de ses malheurs lorsqu'il demandait du secours aux puissances qui étaient
occupées aux négociations du traité des Pyrénées (1). Un ambassadeur du Roi se présente
au parlement et promet une amnistie générale
et la paie entière due aux troupes. *Charles* arrive et est reçu au milieu de la joie de ses sujets, en 1660.

Christine, fille du fameux *Gustave-Adolphe*, tué à la bataille de Lutzen (1632), monta
sur le trône à l'âge de six ans. Pendant sa minorité, *Oxenstiern* fut chargé de la régence
de la Suède, qu'il exerça avec gloire. La jeune
reine, âgée de seize ans, prit la direction des
affaires. Elle était passionnée pour les lettres.
Elle attira à sa cour les personnages les plus éru-
dits. *Descartes*, célèbre philosophe, y mourut.

Les *Suédois*, peuple guerrier, voyaient avec
peine les fantaisies de la reine. Ils la pressent
de se marier; elle refuse: toutefois elle nomme, pour son successeur, son cousin *Charles-
Gustave*.

Cette reine philosophe, ennuyée des soins
du gouvernement, et préférant la société des
savans à celle de ses ministres, abdique la couronne en 1654. Travestie en homme, elle
quitte ses États, abjure sa religion et se fait
catholique. Elle fait deux voyages en France
pour visiter les gens de lettres. C'est dans son
second (1657), qu'elle ordonne l'assassinat
de son grand écuyer *Monaldeschi* à Fontainebleau. On prétend qu'elle était jalouse d'une

---

(1) Charles II était tellement méprisé qu'on n'eut égard
ni à sa position, ni à ses prières.

intrigue galante de cet écuyer. Déshonorée par cette action barbare, et détestée des Français et surtout de la cour brillante de Louis XIV, *Christine* se rend à Rome, où elle était avant qu'elle vînt en France pour la première fois.

Cette reine, peu considérée en Italie, tente deux fois de reprendre les rênes de son royaume. Ses efforts ayant été inutiles, elle retourne à Rome, où elle mourut en 1689.

Louis XIV est toujours victorieux et triomphant jusqu'à la guerre de 1701. Il fait la conquête de la Flandre, en 1667, et celle de la Franche-Comté, en 1668. *Louvois* était alors son ministre, et le célèbre *Vauban* son ingénieur. Une triple alliance se forme contre lui. La Hollande, l'Angleterre et la Suède s'unissent pour s'opposer à ses victoires et le forcer à faire la paix avec l'Espagne. Le traité d'Aix-la-Chapelle fut signé. Pendant la paix, le commerce et la marine sont dans un état florissant par les soins de Colbert et de Louvois. La France s'attirait l'admiration de toutes les puissances de l'Europe.

Jean Casimir, Roi de Pologne, abdique la couronne, et vient chercher le repos à Paris, où il se fait abbé.

En 1669, la France envoya du secours à l'île de Candie (1), assiégée par les Turcs. Les Français ne firent que retarder le siège, dirigé par le grand-visir *Cuproli*. Les généraux de Louis se couvrirent de gloire, ainsi que *Mo-osi*, depuis doge de Venise, et alors capitaine-général de la flotte, et *Montbrun*, Fran-

Conquêtes de Louis XIV.

Casimir, Roi de Pologne.

____

(1) C'était anciennement la Crète.

çais, commandant l'armée de la république. Candie capitula, après s'être défendue trois ans.

A la tête de ses meilleurs généraux, Louis passe le Rhin, attaque la Hollande et la réduit aux dernières extrémités. Cette république s'était vue abandonnée de toutes les puissances. Le Roi de France avait su les gagner. On reproche à *Jean de Wit*, qui était le chef du gouvernement d'avoir négligé les troupes de terre pour augmenter la marine. Les Hollandais demandent la paix. Les conditions insultantes qu'on leur propose les mettent dans le plus grand désespoir. Ils massacrent les *de Wit*, leur imputant la cause de leurs malheurs. Ils rétablissent *Guillaume III* au stathoudérat. Les digues sont rompues et le pays submergé. A la sollicitation de Guillaume, l'Europe ouvre les yeux sur l'ambition de Louis, et sauve la république. *Ruyter* (1673) résiste, dans trois batailles navales, aux forces combinées de la France et de l'Angleterre.

En 1674 presque toute l'Europe est liguée contre Louis : cependant la prospérité de son royaume, l'ardeur guerrière des troupes, et le grand nombre de capitaines expérimentés qu'il avait, le font encore triompher. *Turenne* ravage le Palatinat : il passe le Rhin. Il se disposait à livrer bataille à *Montécuculli*, général autrichien d'une grande réputation, lorsqu'il fut tué d'un coup de canon. Louis, victorieux partout, imposa les conditions de paix à Nimègue (1678). La Hollande les accepta.

Le prince d'*Orange*, qui n'était pas porté pour la paix, feint d'ignorer qu'elle est conclue, tombe avec toutes ses forces sur le maré-

chal de *Luxembourg* qu'il surprend : néanmoins il n'eut pas la gloire de vaincre. Le
général français se couvrit de gloire dans cette
journée de Mons, et fit voir qu'il avait su profiter des leçons du grand Condé.

La Hongrie, mécontente de l'empereur, se Les Turcs
soulève et se met sous la protection de *Maho-* assiègent
met V. Le grand-visir *Cara-Mustapha* avec Vienne. 1683.
deux cent mille hommes, arrive devant *Vienne*
et l'assiége. L'empereur avait pris la fuite ; et
tout fesait croire inévitable la perte de la capitale. *Jean Sobieski*, roi de Pologne, vole à
son secours ; joint ses troupes à celles de l'Empire, et force les Turcs à lever le siége.

Louis XIV devient aussi redoutable sur mer Alger bom-
que sur terre. Ses vaisseaux bombardent Alger bardé.
qui envoie un ministre à Versailles pour demander la paix. Gênes succombe sous le feu de l'escadre française. Le doge, et quatre sénateurs,
viennent implorer la clémence du Roi. Tout
tournait à la gloire du monarque français. Il
reçut même une ambassade du Roi de Siam.

Il perdit beaucoup en perdant Colbert,
en 1683. Les calvinistes perdirent encore plus ; Révocation
ils restèrent sans protecteur. Aussi leur per- de l'édit de
sécution alla toujours croissant. La *révocation* Nantes. 1685.
de l'édit de Nantes porta le plus grand coup
à la gloire de son règne et à la prospérité de
la France. Plus de cinq cent mille huguenots
désertèrent leur patrie et portèrent dans les
pays étrangers leur industrie et leurs richesses.
Les religionnaires éprouvaient en Savoie les mêmes persécutions de la part de Victor Amédée.

Jusqu'en 1701, la France fait la guerre avec
succès. La ligue d'Ausbourg, qui armait l'Eu-

rope contre elle, n'empêcha pas Catinat, Luxembourg, les maréchaux de Noailles et de Boufflers, de remporter les plus célèbres batailles sur terre; et Tourville, Duguai-Trouin et Jean-Bart, de s'immortaliser sur mer. Avec tous ces avantages, Louis est obligé de consentir au traité de Riswick.

Les *Turcs*, poursuivis vigoureusement par l'empereur Léopold, acceptent le traité de Carlowitz.

Dans le temps que les armes françaises affermissaient sur le trône d'Espagne Philippe V (1), petit-fils de Louis XIV, *Eugène*, qui avait quitté la France, gagnait les fameuses batailles de Carpi et de Chiari; et Malborough, le héros de l'Angleterre, celles de Ramillies, de Malplaquet, etc. Quoique battu, le Roi de France refuse les conditions humiliantes qu'on lui offrait pour faire la paix. Le célèbre *Villars* (2) répare bientôt ces défaites par les mémorables journées de Denain, de Spire, de Worms et de Landau. Ces nouveaux succès amenèrent la paix qui fut signée à Rastadt, en 1714.

L'année suivante mourut ce grand Roi, âgé de 77 ans. Il en avait régné 73. La reine Anne d'Autriche, sa mère, lui disait dans sa jeunesse, selon le rapport de Voltaire : « Mon

----

(1) Le conseil d'état décida Charles II, roi d'Espagne, à choisir, pour son successeur, Philippe V, petit-fils de Louis XIV et descendant de Philippe IV.

(2) Ce grand capitaine, jouet de la fortune, battit les montagnards des Cévennes, connus sous le nom de Camisards. La révolution de l'édit de Nantes les avait poussés à la révolte.

« fils, ressemblez à votre grand père, et non
« pas à votre père. Louis lui demandant pour-
« quoi : c'est, dit-elle, qu'à la mort de Hen-
« ri IV on pleurait, et qu'on a ri à celle de
« Louis XIII. »

La France doit à Louis XIV ses plus beaux
établissemens, tels que plusieurs académies,
l'Hôtel-des-Invalides, les manufactures des gla-
ces et des tapisseries des Gobelins. C'est lui
qui établit la compagnie des Indes (1).

Charles II est détesté de ses sujets, parce qu'il
ne se déclare pas contre les catholiques. Une
prétendue conspiration, dites *papiste*, causa les
plus grands troubles à Londres. Sur les simples
dépositions d'un imposteur nommé Oates, on
commet toutes sortes d'excès. Plus que jamais les
factions des Torys et des Wighs se livrent à la
guerre civile. En 1680, les Wighs, qui soutenaient les révoltés, ont le dessus, et persé-
cutent les Torys avec fureur. Quoiqu'il en
soit, *Charles* parvient à tout calmer ; se rend
absolu et gouverne tranquillement jusqu'à sa
mort qui arriva en 1685. Il était âgé de qua-
rante-neuf ans. Il était rempli d'esprit, doux,
aimable, mais adonné à la mollesse. Son
frère, le duc d'Yorck, depuis *Jacques II*, lui
succéda.

Jacques II irrite les Anglais par son despotisme et par son attachement à l'église romaine. Les troubles continuent à ravager ses
États. Son gendre *Guillaume III*, prince d'O-
range, flatte tous les partis et fait secrètement

---

(1) Pour connaître à fond le règne de ce grand Roi, lisez
son histoire par Voltaire, *siècle de Louis XIV.*

des préparatifs pour le détrôner. Il fait une descente en Angleterre, et tout se soumet. Il fait le Roi prisonnier, et le laisse ensuite se sauver en France, où il s'avilit. Le malheureux Jacques est abandonné de tous les siens.

Guillaume cache son ambition et se montre le libérateur de l'Angleterre, en reconnaissant tous les droits de la nation, et en ne fesant rien sans la participation du parlement. Les Anglais se décident à nommer un Roi. Ils donnent à *Guillaume* la couronne qu'il doit posséder conjointement avec Marie, son épouse, fille de Jacques. Ce prince, consommé en politique, se voit à la fois stathouder de Hollande, et Roi d'Angleterre : mais, soit jalousie envers les Hollandais, soit qu'on le redoutât, son autorité dans son royaume fut toujours resserrée dans des bornes très-étroites. Il n'y régna pas même avec tranquillité. Louis fit des efforts inutiles pour rétablir Jacques II sur le trône. Dans la suite il soutint les droits du prétendant, fils de ce Roi infortuné : il fit une descente en Écosse qui n'eut aucun succès ; il fallut l'habileté du chevalier de Forbin, qui fut obligé de combattre les Anglais et les vents, pour sauver la flotte.

La reine Anne. Après la mort de Guillaume III, en 1702, et celle de son épouse, *Anne Stuart*, sœur de Marie, prit sans obstacle les rênes du gouvernement. Cette vertueuse reine gouverna avec sagesse, et fit le bonheur de ses sujets. Elle réunit l'Écosse et l'Angleterre, et en fit un seul royaume, sous le nom de *Grande-Bretagne*.

George Ier. Dans la crainte d'être sous la domination d'un catholique, l'Angleterre aima mieux se soumettre à un étranger qu'à un prince de la famille des Stuarts. Elle proclama Roi *George* Ier, électeur de Hanovre.

THÈSE XLI.

Pierre-le-Grand et Charles XII.

FOEDOR *Alexiowitz*, empereur de Russie, laissa, pour successeur, son fils *Pierre*, âgé de dix ans, dont le génie commençait à se faire remarquer. Son aîné *Jean* avait paru incapable de régner. La princesse *Sophie*, fille de *Fœdor*, parvint à faire partager le trône entre les deux frères, et à les gouverner en qualité de régente. Une conspiration contre la personne de *Pierre* est découverte. Sophie est soupçonnée en être l'auteur. *Pierre* lève des troupes, fait renfermer sa sœur dans un monastère, et punit les conjurés. Quant à Jean, lui laisse le titre de Roi, mais non le pouvoir.

On doit regarder *Pierre* comme le fondateur d'un nouvel empire. La Russie était alors presque inconnue, et dans un état de barbarie complète. Sans éducation, adonné au vin et aux plaisirs, ce prince, guidé et excité par la seule force de son génie, entreprend de réformer ses états. Pour introduire les arts et les sciences, il commence à les étudier et à les cultiver lui-même. Il donne l'exemple à ses sujets. Aidé des conseils et des lumières de *Genevois-le-Fort*, il forme, sur un nouveau plan, la marine et les troupes de pied. Il les soumet à la discipline. Il sert lui-même en qualité de simple soldat, voulant passer par tous les grades, avant d'arriver au comman-

Pierre-le-Grand.

dement. Pour fixer les limites des empires russe et chinois, il fait un traité avec les sept ambassadeurs de l'empereur *Camhi*, en 1689 (1).

Pour aguerrir ses soldats, il se déclare contre les Turcs qui fesaient la guerre à l'empereur *Léopold*, à la Pologne et à Venise. Il fait assiéger Azow (2). place située à l'embouchure du Don (Tanaïs). Il est repoussé. Il dirige lui-même le siége, l'année suivante (1696). bat l'ennemi et retourne à Moscou en triomphe.

Le czar *Pierre* voyage chez les puissances étrangères pour s'instruire. De retour à Moscou, il casse les *strelitz* (3) qui s'étaient révoltés pendant son absence. Il avait fait la paix avec les Turcs, lorsqu'un jeune héros parut pour lui faire exercer son courage.

Charles XII, Roi de Suède. *Charles XII* avait succédé, en 1697, à *Charles XI*, son père. Il était âgé de quinze ans. *Pathul*, à la tête des députés envoyés par la province de la Livonie, pour réclamer ses droits, que *Charles XI* avait violés, parla avec tant de liberté, que, pour prix de son audace, il fut condamné à mort. Il prit la fuite, bien résolu de se venger. N'ayant rien pu faire contre le père, il profite du jeune âge du fils. Il excite contre lui les Rois de Pologne, de Danemarck et de Russie.

Charles, livré à la débauche, incapable d'aucune espèce d'application, change tout à coup sa manière de vivre; il devient sobre,

____

(1) C'est la première ambassade que la Chine envoie et le premier traité qu'elle fait avec une autre puissance.

(2) Prononcez Azof.

(3) Cette milice était aussi redoutable que le sont les janissaires en Turquie.

s'adonne à l'étude et à la fatigue. Ce second Alexandre force *Frédéric II*, Roi de Danemarck, qui avait commencé la guerre, à demander la paix, en 1700. On rapporte, qu'au premier sifflement des balles qu'il entendit, il s'écria : *voilà quelle sera désormais ma musique. Auguste*, Roi de Pologne est également obligé de se retirer.

Ce jeune prince dirige enfin ses armes contre le czar. Avec neuf mille hommes, il attaque l'armée russe qui en avait soixante mille, et qui assiégeait Narva. Il la taille en pièces et fait trente mille prisonniers. *Pierre* ne se décourage point; il continue la guerre; il la fait tantôt avec désavantage, tantôt avec succès. Il assiége lui-même Narva, en 1704, et s'en empare. Il se rend maître de l'Ingrie dont il donne le gouvernement au prince *Mentzicow*, parvenu à ce rang par son seul mérite.

Vivement pressé par *Pierre*, le Roi de Suède n'en poursuit pas moins la conquête de la Pologne. Auguste est battu partout. Les Suédois entrent dans Varsovie. *Charles* fait élire un autre Roi de Pologne. *Alexandre*, fils du célèbre *Sobieski*, ayant refusé la couronne, il la donne, en 1704, à un jeune seigneur, nommé *Stanislas Leczinski*. Les Russes viennent au secours d'*Auguste*. Ils sont continuellement vaincus. Ce Roi détrôné, quoique soutenu par *Pierre*, voyant l'impossibilité de recouvrer ses Etats, a la lâcheté de demander secrètement la paix à *Charles* qui ne la lui accorde qu'à condition qu'il reconnaîtra, pour Roi, son successeur *Stanislas*, et lui livrera *Patkul* qui servait alors sous *Pierre*. Il a la perfidie de livrer ce courageux citoyen qui avait été envoyé à son secours, à la tête d'une armée russe. Le prince suédois, sans avoir égard aux vives représentations de *Pierre-le-Grand*, fait exécuter le brave *Patkul*. Les Suédois évacuent la Saxe. *Charles*, accompagné de quelques officiers, devance l'armée et va visiter *Auguste*, à qui il avait conservé l'électorat de cette province. Il arrive à Dresde, sous un nom supposé ; se présente en bottes dans la chambre du Roi ; déjeûne avec lui ; visite les principales fortifications, et rejoint ses soldats qui l'attendaient avec une inquiétude extrême. On ne doit pas craindre de dire qu'il joua le rôle d'un imprudent. Aussi disait-il avec raison qu'il s'était fié à sa bonne fortune.

Tandis qu'il accordait la paix à *Auguste*, il reçoit dans son camp, près de Leipsick, les ambassadeurs de plusieurs grandes puissances. La guerre entre l'Espagne et la France mettait en feu toute l'Europe. On craignait qu'il ne se déclarât pour Louis XIV. On recherchait son alliance. Mais la guerre qu'il déclara à la Russie, et qu'on ne prévoyait pas, rassura le midi de l'Europe.

Le héros Suédois, qui manquait de prudence, mais jamais de courage, prend la résolution présomptueuse d'entrer en Russie, et d'aller droit à Moscou. C'est alors que *Pierre* dit : *mon frère Charles veut être un second Alexandre ; mais il ne trouvera pas en moi un second Darius. Charles XII* obtient quelques succès et se trouve sur la route de la capitale. Comptant sur les secours de *Mazeppa*, chef des cosaques, il la quitte et s'enfonce dans l'Ukraine. Il est battu, et *Mazeppa*, dont la trahison avait été découverte, est puni de mort par *Pierre-le-Grand*. Sans se décourager cet intrépide guerrier continue sa marche, malgré le froid rigoureux de 1709 et assiége *Pultawa*, où il est mis en déroute. Cette bataille porte le coup le plus fatal à son ambition. Les deux Rois se distinguèrent et par leur habileté et par leur courage extraordinaire. *Charles* eut brisé, d'un coup de canon, le brancard sur lequel une blessure, reçue quelques jours auparavant, le forçait de se faire porter. Cette journée lui enleva ses meilleurs généraux. Le sage *Piper*, son premier ministre, fut fait prisonnier.

La fuite est le seul moyen de salut qui reste au Roi de Suède. Il se sauve à cheval; il n'avait pas pu y monter pendant le combat; le danger qui le menace lui donne des forces. Accablé de fatigue, il traverse plusieurs fleuves à la nage, et arrive en Turquie. Quoique sur une terre étrangère, sa fierté était si grande, qu'il ne daigna pas même écrire au grand-visir. Le trait suivant prouve sa hauteur et son despotisme : La régence de Suède, ignorant ce qu'il était devenu, conclut un armistice pour les onze mille hommes armés qui étaient en Poméranie. A cette nouvelle *Charles XII* écrivit au sénat : *Je vous enverrai une de mes bottes pour vous gouverner.*

Pierre sut profiter de la victoire. Il traite généreusement les prisonniers qu'il reconnaît pour ses maîtres dans l'art militaire. Il soumet à sa domination la Karélie et la Livonie.

Charles, campé près de Bender, avec les

Bataille de Pultawa.

Journée
du Pruth.

dix - huit cents hommes qui l'avaient suivi, presse *Achmet III* d'armer contre la Russie. [Sa] conduite hautaine n'empêche pas l'empe-reur de le traiter avec la plus grande généro-sité. Le Kan des Tartares de la Crimée appuie ses demandes. La guerre est déclarée.

L'empereur de Russie s'avance vers la Mol-davie et la Valachie (1). Il croit y trouver du secours. Il fut trompé par *Cantemir*, vai-vode (2) de Moldavie, comme le Roi de Suède l'avait été par Mazeppa. Sa position fut aussi périlleuse que celle de ce prince. Arrivé à Jassi, sur la rivière du Pruth, avec quarante mille hommes, il est cerné par deux cent-cinquante mille Turcs. Son arrière garde soutient avec avantage un combat de trois heures. La supé-riorité de l'armée ottomane, et le manque de vivres lui montraient clairement l'impossibi-lité de se sauver. Dans cet état désespéré, *Pierre* perd pour ainsi-dire la raison. *Ca-therine*, son épouse, qui, de la captivité était parvenue au trône, le console et l'engage à négocier avec l'empereur de Turquie. Cette princesse prudente et courageuse suivait son époux dans toutes ses expéditions. Sans ses sa-ges conseils *Pierre* n'eût pas manqué de tom-ber au pouvoir des ennemis. Les propositions de paix furent écoutées. On signa le traité de Falksen, par lequel il devait céder plusieurs places fortes, voisines de l'empire turc, et laisser *Charles XII* tranquille, s'il rentrait dans ses Etats.

----

(1) Ces deux provinces formaient autrefois celle de la Dacie.
(2) Gouverneur.

Celui-ci, irrité de la conduite du grand-visir, pousse la témérité jusqu'à l'accabler de reproches. Il parvient même, par ses intrigues, à le faire disgracier. Ses sollicitations et ses agens, étaient causes des fréquentes révolutions de Constantinople. Ses importunités mirent l'empereur dans la nécessité de lui ordonner de quitter ses Etats, où il était depuis cinq ans. Toujours plus téméraire il refuse d'obéir. Il est assiégé, en 1713, dans son camp de *Bender*. Là avec sa petite troupe, il ose se défendre contre une armée formidable. Quoiqu'il n'épargne personne dans le combat, il est cependant épargné. Prisonnier, et désespérant de pouvoir faire armer cette puissance en sa faveur, il demande à retourner dans son royaume. Il part, en 1714, avec une escorte turque. Arrivé sur les frontières de l'empire, il renvoie les Turcs, quitte ses gens, se déguise, et avec deux de ses officiers, il fait le tour de l'Allemagne, et arrive à Stralsund, place forte sur la mer Baltique, que *Pierre* voulait lui enlever. Pendant son séjour en Turquie, *Charles* ne cessait d'exciter la Suède à continuer la guerre et à conserver ses possessions d'Allemagne. Cette nation qui craignait son Roi, obéissait. Cependant les Suédois, quoique sous des généraux expérimentés, ne purent résister aux couronnes coalisées contre eux et perdirent presque tout.

On doit remarquer le désintéressement de *Stanislas*, qui, pour amener la paix, désirant renoncer à son royaume de Pologne, se rend en Turquie, afin de fléchir l'obstination de *Charles XII*, à qui il devait la couronne. Il n'y réussit pas. Ils furent tous les deux prisonniers.

Siége de Stralsund.

En 1715, *Charles XII* est assiégé dans *Stralsund* par les Saxons, les Danois et les Prussiens. Il y donne de nouvelles marques d'un courage que ses malheurs n'avaient pas affaibli. Sa résistance devenant inutile, il abandonne cette place (1).

Il passe ensuite en Norwége, pour se venger de *Frédéric IV*, Roi de Danemarck, dont il avait le plus à se plaindre. « Depuis Annibal, dit « *Voltaire*, on n'avait point encore vu de gé- « néral qui, ne pouvant se soutenir lui-même « contre ses ennemis, fût allé leur faire la « guerre au cœur de leurs états. » Il fait le siége de Frédéricshall, dont Mégret, ingénieur français, dirige les opérations. C'est-là qu'il fut tué d'un coup de balle, en 1718.

Jugement de Voltaire sur ce Roi.

« Ainsi périt, à l'âge de trente six ans et « demi, *Charles XII*, Roi de Suède, après « avoir éprouvé ce que la prospérité a de plus « grand, et ce que l'adversité a de plus cruel, « sans avoir été amolli par l'une, ni ébranlé « par l'autre. Presque toutes ses actions, jus- « qu'à celles de sa vie privée et unie, ont été « bien loin au-delà du vraisemblable. C'est « peut-être le seul de tous les hommes, et « jusqu'ici, le seul de tous les Rois, qui ait « vécu sans faiblesses ; il a porté toutes les « vertus des héros à un excès où elles sont

---

(1) On raconte que Charles dit de sang-froid à son secrétaire qui, effrayé d'une bombe qui avait éclaté près de sa chambre, laissa tomber sa plume des mains : *Quel rapport y a-t-il entre la bombe et la lettre que je vous dicte? Continuez.*

« aussi dangereuses que les vices opposés. Sa
« fermeté, devenue opiniâtre, fit ses malheurs
« dans l'Ukraine, et le tint cinq ans en Tur-
« quie. Sa libéralité, dégénérant en profu-
« sion, a ruiné la Suède ; son courage, poussé
« jusqu'à la témérité, a causé sa mort : sa jus-
« tice a été quelquefois jusqu'à la cruauté : et,
« dans les dernières années, le maintien de
« son autorité approchait de la tyrannie. Ses
« grandes qualités, dont une seule eût pu im-
« mortaliser un autre prince, ont fait le mal-
« heur de son pays. Il n'attaqua jamais per-
« sonne ; mais il ne fut pas aussi prudent
« qu'implacable dans ses vengeances. Il a été
« le premier qui ait eu l'ambition d'être con-
« quérant, sans avoir l'envie d'agrandir ses
« Etats ; il voulait gagner des empires pour les
« donner. Sa passion pour la gloire, pour la
« guerre et pour la vengeance, l'empêcha d'ê-
« tre bon politique, qualité sans laquelle on
« n'a jamais vu de conquérant. Avant la ba-
« taille et après la victoire, il n'avait que de
« la modestie ; après la défaite, que de la fer-
« meté : dur pour les autres comme pour lui-
« même, comptant pour rien la peine et la vie
« de ses sujets, aussi-bien que la sienne ;
« homme unique, plutôt que grand homme,
« admirable, plutôt qu'à imiter. Sa vie doit
« apprendre aux Rois combien un gouverne-
« ment pacifique et heureux est au-dessus
« de tant de gloire (1). »

Après la mort de son Roi, la Suède fit la

---

(1) Voltaire. *Histoire de Charles XII*, qu'il faut lire
pour connaître ce héros.

paix, abolit le pouvoir arbitraire et se vit tranquille sous le gouvernement de la Reine *Ulrique*, sœur de *Charles XII*, et épouse du landgrave de Hesse-Cassel.

Pierre-le-Grand pouvait tomber sur la Suède pendant que *Charles* était en Norwége: mais, gagné par les intrigues du baron de *Gortz*, ministre du monarque Suédois, il avait discontinué la guerre, et avait choisi ce temps pour voyager en France et acquérir de nouvelles connaissances sur ce qui concerne les arts et les sciences. Le baron de *Gortz*, homme qui possédait au plus haut degré toutes les qualités d'un politique profond, projetait une alliance qui aurait parfaitement réussi, si la mort n'eût enlevé *Charles* qui devait s'unir à la Russie et à l'Espagne, pour écraser tous ses ennemis, et notamment *George I*, Roi d'Angleterre.

Guerre de Pierre avec la Perse.

Le czar, qui joignait au titre de conquérant celui de législateur, porta ses armes en *Perse*, et ce fut sa dernière campagne. Demandant satisfaction des griefs qu'il avait reçus près de la mer Caspienne, et n'étant pas écouté, il traverse, en 1712, le mont Caucase, s'empare de Derbent et revient à Moscou, où il entre en triomphe.

Alexis.

Son fils *Alexis*, accusé d'avoir conspiré contre lui, prend la fuite et se retire à Vienne. Il retourne à Moscou avec les promesses de son pardon. Cet infortuné prince, qu'il fût coupable ou innocent, fut emprisonné, jugé et condamné à mort (1).

---

(1) Pour les détails de ce procès qui a fait tant de bruit et de l'*Histoire de Pierre-le-Grand*, voyez Voltaire.

L'empereur de Russie mérite l'admiration de tous les peuples. Selon l'opinion de *Voltaire*, Charles n'aurait été digne que d'être le premier de ses soldats. Il mourut à l'âge de cinquante-trois ans, en 1724.

Catherine monte sur le trône, au préjudice d'*Anne*, fille de *Pierre-le-Grand*, ou de *Pierre*, fils du malheureux *Alexis*. Elle gouverne avec sagesse; cet empire devient toujours plus florissant, quoique les révolutions du palais se succèdent assez rapidement. Cette cour ressemble à celle de Constantinople sous ce rapport. Catherine Ire.

Catherine étant morte en 1727, *Pierre II*, fils d'*Alexis*, lui succéda. Il régna jusque en 1730, que *Anne*, fille de *Jean*, frère de *Pierre Ier*, s'empara du pouvoir par une intrigue de cour. Son successeur fut *Iwan* ou *Jean* (1740). Ce prince était fils d'une nièce de l'impératrice. Un nommé *Lestoc*, chirurgien étranger, opéra une révolution en faveur d'*Elisabeth*, fille de *Pierre Ier*. Iwan, et sa mère qui avait la régence du gouvernement, sont captifs toute leur vie. Cette impératrice abolit la peine de mort. Sous son règne les Russes battirent le Roi de Prusse, dans la guerre de 1756. Elisabeth.

Pierre III, neveu d'*Elisabeth I*, fut reconnu sans peine empereur de Russie. S'étant attiré la haine et le mépris de ses sujets, et surtout du clergé, une conspiration éclate subitement, et *Catherine II*, sa femme, qu'il avait abandonnée, est mise à sa place. C'est cette czarine illustre qui a perfectionné tout ce qu'avait fait *Pierre-le-Grand*. Elle fit le bonheur de son peuple. Catherine II,

THÈSE XLII.

Depuis Louis XV, jusqu'à Louis XVI.
De 1715 à 1774.

Régence du duc d'Orléans 1715. PENDANT la minorité de Louis XV, le duc d'*Orléans* avait la régence du royaume. Ce prince, d'un vaste génie, mais trop adonné aux plaisirs, commença à bien gouverner. Ce temps heureux ne fut pas de longue durée. Le régent eut d'abord à s'opposer aux projets ambitieux du cardinal Albéroni. Ce ministre d'Espagne, qui auparavant avait favorisé les intrigues du baron de *Gortz*, voulait détrôner *George Ier*, et donner la régence de la France à son roi *Philippe V*. La France fit alliance avec l'Allemagne qui venait de repousser les Turcs par le courageux prince *Eugène*, avec l'Angleterre et la Hollande. Les Espagnols furent vaincus de tous côtés, et cette guerre fut terminée dans l'espace de deux ans. Philippe V fait la paix en 1720, et renvoie son ministre. C'est à cette époque que le duc d'*Orléans*, aidé du P. *Daubenton*, confesseur de Philippe, fit épouser sa fille au prince des Asturies, et l'infante à *Louis XV*. Daubenton n'avait consenti à servir le régent de France qu'à condition que les jésuites seraient protégés, et que la bulle *unigenitus* du pape Clément XI serait acceptée.

Système de Law. Le duc d'Orléans embrassa avec avidité le dangereux système de *Law*. Ce système avait pour but de payer en papier les dettes de l'État. Le duc de *Noailles* et le chancelier d'*Aguesseau* s'opposèrent inutilement à cette mesure funeste. Ils furent exilés et *Law*, Écossais fugitif, triompha; mais en peu de temps toutes les fortunes furent bouleversées.

Pendant la minorité du Roi, le cardinal *Dubois* fut premier ministre. Le régent prit sa place, Louis XV étant majeur. Mort en 1723, le duc de *Bourbon - Condé* remplit le même emploi. Le cardinal de *Fleuri*, précepteur du Roi, âgé de 73 ans, le supplanta et rétablit l'ordre dans les finances. Mort du régent.

Philippe V, infirme, dévot et incapable de gouverner, céda la couronne à son fils *Louis*. Ce jeune prince étant mort la même année, 1724, le petit-fils de Louis XIV consentit à remonter sur le trône. Abdication de Philippe V et de Victor-Amédée.

Le Roi de Sardaigne, *Victor-Amédée*, par esprit de dévotion, suivit l'exemple du Roi d'Espagne. Il remit le sceptre à son fils *Charles-Emmanuel III*. Excité par sa maîtresse, qu'il venait d'épouser, il voulut reprendre les rênes du gouvernement. La crainte d'une révolte dans le royaume força son fils à le faire emprisonner. *Emmanuel*, nonobstant cette conduite qui n'est pas celle d'un bon fils, fit respecter son règne par ses vertus et sa sagesse.

Louis XV envoie du secours à son beau-père *Stanislas*, roi de Pologne, élu par *Charles XII*, en 1704, contre son compétiteur, *Auguste III*, proclamé et soutenu par les empereurs d'Autriche et de Russie. Ne pouvant se défendre avec des forces si inégales, ce prince infortuné se réfugia en France. Le monarque français ne peut empêcher l'Angleterre et l'Espagne de se faire la guerre pour affaires de commerce. Il fut plus heureux dans Stanislas.

sa médiation en faveur de l'empereur *Charles VI*, réduit à la dernière extrémité.

Charles VI mourut en 1740. Il fut le dernier empereur de l'illustre maison d'Autriche qui remontait jusqu'à *Rodolphe de Habsbourg* (1223). Sa mort alluma la guerre dans toute l'Europe. D'après la pragmatique sanction de Charles, les droits de la maison d'Autriche appartenaient à *Marie-Thérèse*, sa fille aînée, épouse de *François* de Lorraine, grand-duc de Toscane. Plusieurs souverains prétendaient à cette succession. Toutefois cette vertueuse princesse jouissait paisiblement de son héritage, et se fesait adorer des Hongrois, lorsque *Frédéric II*, Roi de Prusse, lui déclara la guerre. Ce prince, âgé de vingt-huit ans, possédant les immenses trésors de son père, dont il avait été traité avec dureté, élevé à l'école du malheur, d'un génie supérieur, philosophe, politique, guerrier, a illustré un royaume pour ainsi dire encore nouveau (1). Il attaqua *Marie-Thérèse*, et gagna, en 1741, la bataille de Molwitz, où il courut les plus grands dangers.

Les succès du Roi de Prusse (ce prince l'avait prévu) engagent d'autres puissances à s'armer contre la maison d'Autriche. *Louis XV*, entraîné par les conseils du chevalier et du comte de *Belle-Isle*, s'unit aux Rois de Pologne et de Prusse contre *Marie-Thérèse*. Le prudent cardinal de *Fleuri* s'opposa en vain à cette entreprise. On voulait enlever quelques

___

(1) Le titre de roi fut accordé à l'aïeul de Frédéric II par l'empereur Léopold.

parties des États de cette reine, pour les donner à plusieurs petits princes peu à craindre. On devait aussi nommer pour empereur l'électeur de Bavière.

Tout paraissait désespéré du côté de la reine de Hongrie. L'électeur de Bavière, en qualité de lieutenant-général du Roi de France, pénètre en Bohème, au lieu d'aller à Vienne, comme la prudence l'exigeait. Il se fait proclamer Roi de Bohème et empereur d'Allemagne, sous le nom de *Charles VII. Marie-Thérèse* s'était sauvée en Hongrie. Sa triste position et sa harangue en latin qu'elle adressa aux Hongrois, les touchèrent tellement qu'ils résolurent de la défendre jusqu'à la mort. Elle reçoit des secours de la Hollande et de l'Angleterre, quoique ces deux puissances ne se fussent pas encore déclarées. Les fautes que commirent les ennemis et leur mésintelligence accrurent beaucoup le courage de la reine et de ses partisans. *Fleuri*, qui ne voyait pas cette guerre avec plaisir, et qui était alors âgé de quatre-vingt-cinq ans, offre la paix. Les alliés sont repoussés. *Fleuri* étant mort en 1743, tout change de face. Louis se met à la tête des armées. Les Français, auxiliaires de l'empereur, et les Anglais, de la reine de Hongrie, finissent par s'attaquer d'une manière vigoureuse. Après le combat naval de Toulon, soutenu par les Français et les Espagnols contre les Anglais, l'infant don Philippe et le prince de Conti passèrent le Var et se rendirent maîtres du comté de Nice. Ils obtinrent de grands succès contre le Roi Emmanuel. La rigueur de la saison et les pertes qu'ils avaient essuyées, les forcèrent de repasser les Alpes.

En 1744, Louis XV tombe sur les Pays-Bas. Le maréchal de Noailles était sous ses ordres. Il laisse les Pays-Bas, et vole au secours de l'Alsace et de la Lorraine, où Charles de Lorraine avait porté ses armes, et d'où s'était enfui Stanislas, roi de Pologne. Charles repasse le Rhin pour repousser le Roi de Prusse qui avait rompu la paix avec *Marie-Thérèse*, craignant qu'elle ne devînt trop puissante. Guéri d'une cruelle maladie, Louis fait le siége de Fribourg et s'en empare. Cette même année, 1745, Charles VII mourut accablé de maladies et de chagrins.

Bataille de Fontenoi. Le Roi de France livra la fameuse bataille de *Fontenoi*, en 1745 (1). Il battit les armées combinées des Hollandais, des Anglais et des Hanovriens, et remporta une éclatante victoire. Le maréchal de Saxe commandait sous lui.

Bataille de Friedberg. *Frédéric*, Roi de Prusse, peu de temps après, défit complétement les ennemis à la bataille de Friedberg. Ce prince écrivit à Louis XV, qu'il avait acquitté à *Friedberg* la lettre de change qu'il avait tirée sur lui à Fontenoi.

Quoique vainqueur et au comble de la gloire, Louis désirait la pacification de l'Europe ; les autres cours n'avaient pas les mêmes sentimens. Il poursuit donc ses conquêtes et soumet la Flandre.

Expédition d'Edouard en Ecosse. Don *Philippe* était aussi heureux en Italie.

____

(1) *Voyez* les détails intéressans de cette bataille dans le *Précis du règne de Louis XV*, par Voltaire.

Le prince *Édouard*, petit-fils de *Jacques II*, débarquait en Écosse avec des secours de la France. Quelques montagnards épousent son parti. Il marche sur Édimbourg et s'y fait reconnaître régent pour son père *Jacques III*. Il a pendant quelque temps du succès ; mais ses forces ne suffisaient pas pour résister à *George II*, qui, à la nouvelle de sa descente, rentre dans son royaume dont il s'était absenté : assemble ses troupes et en donne le commandement au duc de *Cumberland*. Edouard prend la fuite, en 1746. Il est réduit à une affreuse misère. Des marais, des cavernes lui servent de refuge. Parvenu enfin sur la côte, il est reconduit en France par deux frégates françaises. Dans la suite, les Anglais le firent chasser de ce royaume. Il mourut ignoré.

Marie-Thérèse, qui venait de faire la paix avec le Roi de Prusse, et proclamer empereur François Ier, son mari, envoie des troupes en Italie, chasse les Espagnols et les Français, et envahit la Provence qui fut sauvée par le maréchal de *Belle-Isle*, en 1747.

Gênes, opprimée par les Autrichiens, se révolte, et, secourue par les ducs de *Bouf-flers* et de *Richelieu*, recouvre la liberté.

Les victoires remportées dans les Pays-Bas par le maréchal de Saxe, le prince de Conti, etc., n'empêchaient pas Louis XV d'offrir la paix. On la refuse toujours. Pour décider les Hollandais, il porte la guerre dans leur pays. Ceux-ci voyant le danger qui menaçait la république, demandent, en 1747, un stathouder. On nomma un prince d'Orange, et on rendit le stathoudérat héréditaire.

Après le siége de Berg-op-Zoom, où les Français se couvrirent de gloire, il fallut prendre *Maëstricht. La paix*, disait le maréchal de Saxe, *est dans Maëstricht*. Cette place fut prise en 1748. Le maréchal de Saxe déploya à ce siége les talens du plus grand capitaine. Cette victoire amena la paix que la France désirait vivement, quoiqu'elle eût l'avantage. Elle fut conclue à Aix-la-Chapelle (1748). On reconnut, par ce traité, don *Carlos* Roi des Deux-Siciles. La France abandonna toutes ses conquêtes et *Marie-Thérèse* ne perdit presque rien de ses États. Ainsi finit cette guerre qui durait depuis 1741.

Guerre de 1755. La tranquillité fut maintenue jusqu'en 1755 que *Louis XV* se vit dans la nécessité de reprendre les armes contre les Anglais, qui insultaient les vaisseaux français dans l'Amérique septentrionale. Les Français, unis aux impériaux, obtiennent d'abord quelques succès contre les Anglais: mais ils sont entièrement défaits à Rosbach, en 1757, par *Frédéric-le-Grand* qui s'était coalisé avec l'Angleterre. Ce Roi extraordinaire était à deux doigts de sa perte. Son courage et ses talens le rendirent formidable. La France perd ses colonies d'Amérique. Épuisée d'hommes et d'argent, elle signe enfin le traité de Paris, en 1763, par lequel elle cède ses riches possessions aux Anglais.

Mort de Louis XV. *Louis XV*, surnommé le *Bien-Aimé*, mourut en 1774. Naturellement bon, aimant son peuple, il aurait sans doute fait le bonheur de ses sujets, si la volupté et les courtisans n'avaient corrompu, dès son enfance, ses bonnes qualités, et s'il avait pu résister aux favoris et aux courtisanes dont il était entouré.

Ce prince avait été assassiné à Versailles, au milieu de ses gardes, par le fanatique *Damiens*, en 1757.

Damiens.

Sous son règne, les *jésuites* furent chassés de la France. Ils le furent aussi du Portugal, de l'Espagne, de Naples, etc. Leur institut fut supprimé en 1773, en vertu d'un bref du pape Clément XIV.

Jésuites chassés.

Anson, commodore ou chef d'escadre, fait le tour du monde en trois ans et demi ; prend un riche galion espagnol, et retourne en Angleterre chargé de trésors (1744).

Voyage d'Anson.

Mahé de la Bourdonnaie, gouverneur de l'île Bourbon, assiége Madras, sur la côte de Coromandel. Ne pouvant garder cette conquête, d'après les ordres de la cour, il se contente d'une rançon. Il est persécuté par *Dupleix*, gouverneur général de Pondichéri, qui désapprouve ce qu'il avait fait, écrit contre lui et le fait retourner en France, où il est enfermé à la Bastille pendant plus de trois ans. Il parvint à se justifier. *Dupleix* effaça, en quelque sorte, cette action horrible en sauvant Pondichéri, en 1748. Vaincu par les Anglais et rappelé en France, il mourut du chagrin que lui causait son procès avec la compagnie des Indes.

Mahé de la Bourdonnaie.

Le célèbre comte de *Lalli* ne fut pas plus heureux dans l'Inde. Il fut décapité en 1766.

Lalli.

La république de Gênes ne peut soumettre la *Corse*. Elle cède, en 1768, cette île à la France, qui eut beaucoup de peine à subju-

La Corse cédée à la France.

guer ces terribles montagnards commandés par *Pascal Paoli*.

Dans ce même temps, *Catherine II* fait élire *Stanislas Poniatowski* Roi de Pologne, après la mort d'*Auguste III*.

Guerre des Russes et des Turcs.

La Turquie déclara la guerre à la Russie, parce que les Russes avaient poursuivi, jusque sur le territoire ottoman, des Polonais de la confédération de Bar. *Catherine* remporta des victoires éclatantes pendant les années 1769 et 1770.

Démembre-ment de la Pologne.

La Russie, l'Autriche et la Prusse se partagent la *Pologne* en 1772. Cette même année *Gustave III*, successeur d'*Adolphe-Frédéric*, Roi de Suède, fit disparaître les factions dites des *Bonnets* et des *Chapeaux*. Il changea la forme du gouvernement qui était aristocratique; et rétablit la constitution qui existait avant 1680. Tous ces changemens se firent sans le moindre mouvement de la part des Suédois.

THÈSE XLIII.

Depuis Louis XVI, jusqu'à sa mort. De 1774 à 1795.

République des Cosaques détruite.

CATHERINE II détruisit la Setscha ou république des *Cosaques Zaporogues*, en 1775. Ce peuple habitait près des cataractes du Dnieper (*Borysthène*). En 1776, cette impératrice donna son code de lois, ouvrage digne d'un grand législateur.

Guerre du Roi de Prusse et de Joseph II.

L'empereur d'Autriche, *Joseph II*, refusant de retirer ses troupes de la Bavière, et de rendre les pays qu'il avait enlevés à l'électeur bavarois, *Frédéric* lui déclare la guerre. Il

remporte bien peu d'avantages sur cet empereur qui ne fesait que se défendre. L'hiver
ayant fait cesser les hostilités, les puissances
belligérantes firent un traité de paix à Tes-
chen, en 1779, par la médiation de la Russie
et de la France.

Marie - Thérèse mourut en 1780. Cette
grande reine était âgée de soixante-trois ans et
demi, et en avait régné quarante-un.

Louis XVI, petit-fils de Louis XV, établit
des lois sages et humaines; améliore le sort des
Français; délivre le peuple de la servitude;
défend les jeux de hasard et abolit la question.
Il envoie le général *Lafayette* et *Rochambeau* aux colons d'Amérique, pour les secourir
contre les Anglais.

La Grande-Bretagne voulait assujettir les
Anglo-Américains à payer des impôts pour
leur commerce. *Boston* donna le signal de la
révolte, en 1773. Le congrès de Philadelphie
de 1774, qui avait pour but de faire une
adresse au Roi afin de se plaindre des entraves
qu'on mettait à leur industrie, n'ayant produit
aucun effet, nomma, en 1775, commandant
des armées, *Georges Washington*, riche pro-
priétaire de la Virginie. Ce général avait
donné des marques de sa valeur dans la guerre
du Canada contre les Français.

Les colonies forment une confédération
sous le nom d'*Etats-Unis* de l'Amérique. Washington eut du succès en 1776; cependant la
république courait le plus grand danger, lorsqu'elle fut sauvée par le général *Gates*, qui
força le général anglais *Burgoine* à mettre bas
les armes, en 1777. Burgoine venait du Ca-

nada pour augmenter les forces de *Howe* qui marchait sur Philadelphie.

La guerre éclate entre la France et l'Angleterre. Washington, Rochambeau et Lafayette, soutenus par le comte de *Grasse* commandant la flotte française, mettent en déroute lord *Cornwallis* dans la Virginie, où il s'était rendu redoutable par les places dont il s'était emparé. Il capitule le 19 octobre 1781, et se rend prisonnier avec toute son armée.

Traités de paix de Paris et de Versailles.

Le cabinet de Saint-James n'eut pas plus tôt appris la victoire des Anglo-Américains, qu'il s'empressa d'entrer en négociation avec la France et de reconnaître l'indépendance des colons. La paix entre l'Angleterre, la France, l'Espagne et les États-Unis d'Amérique, fut signée à Paris et à Versailles, en 1783; et celle entre la Hollande et la Grande-Bretagne, en 1784.

Différens entre Joseph II et la Hollande.

Des différens sur les limites de la Flandre-Hollandaise s'élevèrent entre la *Hollande* et *Joseph II*. Celui-ci prévoyant la difficulté de pouvoir soutenir la guerre, demanda la médiation de la France. On conclut la paix à Fontainebleau, le 8 novembre 1785.

Ligue germanique contre l'Autriche.

Frédéric II voulant s'opposer aux desseins de *Joseph II*, qui cédait les Pays-Bas pour avoir la Bavière, se ligue avec quelques princes d'Allemagne (1785). Cette confédération devait maintenir la constitution de l'empire et empêcher l'agrandissement de la maison d'Autriche. Ce fut le dernier événement remarquable du règne de Frédéric-le-Grand.

Mort de Frédéric II. 1786.

Ce Roi philosophe, devenu célèbre par ses

exploits et ses connaissances militaires, par son génie, par son influence dans les affaires de l'Europe, mérite d'être placé à la tête des plus grands héros et des plus illustres potentats. Il mourut la quarante-septième année de son règne, âgé de soixante-quinze ans.

Le *stathouder*, toujours inquiété par les républicains, fut obligé de quitter ses États. Son épouse fut arrêtée. Le Roi de Prusse *Guillaume II*, successeur de Frédéric II, son oncle, irrité de l'arrestation de sa sœur, pénètre dans la Hollande, se rend maître d'Amsterdam et rétablit son beau-frère dans tous ses pouvoirs.

Les Pays-Bas se révoltèrent contre les édits de *Joseph II*, contraires à la constitution. Ils le déclarèrent déchu de la souveraineté et signèrent à Bruxelles une confédération sous le nom d'États - Belgiques - Unis. Joseph étant mort tout rentra dans l'ordre.

Léopold II, son frère, accorda, en 1790, une amnistie, et promit de gouverner les Pays-Bas de la même manière que Marie-Thérèse.

La Russie et l'Autriche, auxquelles se joint le Danemarck, font la guerre à la Turquie. La Suède prend le parti de la Porte ottomane et fait ensuite la paix avec Catherine II. Les Turcs sont vaincus. L'Angleterre et la Prusse se déclarent pour les Ottomans. Léopold II, redoutant ces deux puissances, s'empresse de conclure la paix. Quoique abandonnée, Catherine II poursuit victorieusement les ennemis. On quitte enfin les armes, en 1791.

La corruption des mœurs, les impôts et

les lettres de cachet firent développer sous
Louis XVI le germe d'une révolution que les
dernières années du règne de Louis XV avaient
fait éclore. Le parlement de Paris refuse les
nouveaux impôts que l'on voulait enregistrer.
On convoque les états-généraux à Versailles (1789). Le ministre Necker, qui avait remplacé Brienne, obtient la double représenta-
tion du tiers-état dans l'assemblée. La noblesse
et le clergé, pour avoir encore l'avantage,
veulent voter par ordre et non par tête. Le
tiers-état s'irrite d'un pareil projet et se cons-
titue en *Assemblée nationale*. Le Roi ordonne
aux membres de cette assemblée de se séparer. Mirabeau refuse au nom de tous et le
signal de la révolte est donné. Le 14 juillet,
tout Paris est en insurrection. On se livre aux
plus grands excès. On se précipite sur la Bastille, dont on se rend maître, et dont on
égorge le gouverneur. On arbore la cocarde
tricolore; on forme une garde nationale, et
Lafayette, qui s'était couvert de gloire en
combattant pour l'indépendance de l'Amérique, en a le commandement. Les mêmes troubles éclatent dans toute la France. Tous les
points du royaume retentissent du cri de
liberté.

Fuite de Louis XVI.

Le 5 octobre, *Louis XVI* est conduit de
Versailles à Paris, par une foule effrénée d'hommes et de femmes. Les princes et les nobles
quittent la France. *Louis* n'a pas la liberté de
se promener hors de la capitale; cependant il
parvient à s'échapper, le 21 juin 1791. Il se
dirige vers les frontières, mais il est arrêté et

ramené dans Paris. Il accepte la constitution le 14 septembre de la même année. La tranquillité semble se rétablir.

Toute l'Europe était attentive aux événemens qui se passaient en France. Les émigrés, qui s'armaient à Coblentz, espéraient, avec le secours des étrangers, rentrer sans peine dans leurs foyers. Le Roi s'oppose aux décrets rendus contre les prêtres, par l'assemblée législative qui avait remplacé l'assemblée nationale. Ce refus est regardé comme un acte contre-révolutionnaire. Pour détromper le peuple, et pour faire voir la pureté de ses intentions, *Louis* écrit aux princes émigrés de poser les armes et de retourner à la cour. Les républicains (on peut déjà leur donner ce nom) ne crurent pas à la sincérité de cette démarche, et les princes, guidés par la prudence, ne se rendirent pas à l'invitation du Roi.

Louis XVI, de l'avis de ses ministres, va à l'assemblée législative, et déclare la guerre à *François II*, Roi de Hongrie et successeur de *Léopold II*. Cette conduite du Roi remplit l'Europe d'étonnement. Les émigrés voyaient cette guerre avec joie, persuadés que le Roi de Prusse armerait contre la France pour soutenir l'empereur d'Allemagne.

Sur ces entrefaites, *Gustave III*, Roi de Suède, qui allait se mettre en marche à la tête de l'armée coalisée, reçoit un coup de pistolet dans un bal masqué et meurt quelques jours après. Les nobles avaient conjuré sa perte, soit pour venger des haines personnelles, soit pour rétablir le sénat dans tous ses droits.

L'assassinat de ce Roi fut cause que la Suède ne prit aucune part à la guerre sanglante que se firent l'Autriche, La Prusse et la France.

A la nouvelle de l'approche des Autrichiens et des Prussiens, et du manifeste terrible que ces puissances avaient publié contre les Français, tous les partis volent aux armes. Les jacobins et toute la populace vocifèrent contre le Roi, les prêtres et les nobles, tous regardés comme les partisans des ennemis.

10 Août.

Le 10 août, le peuple ameuté, fond sur les Tuileries. Les suisses sont massacrés. Les chefs de la commune de Paris, qui dominaient l'assemblée législative, font emprisonner au Temple *Louis XVI* et sa famille. Ils établissent un gouvernement provisoire et convoquent la Convention nationale.

Le duc de *Brunswick*, généralissime de l'armée alliée, entra dans Verdun et livra bataille à Volney, en Champagne; il fut forcé à la retraite par *Dumouriez*, qui commandait l'armée française.

Journées des 2, 3 et 4 septembre.

L'entrée des Prussiens dans Verdun n'est pas plus tôt connue, qu'une foule d'assassins forcent les prisons et égorgent pendant les journées des 2, 3 et 4 septembre, les prêtres et tous ceux qui avaient été emprisonnés. Loin d'arrêter ces horreurs, on excite, par des circulaires, la France entière à suivre cet exemple.

La royauté abolie. 1792.

La Convention nationale abolit la royauté et proclame la république française. Les victoires des Français encourageaient les jacobins *Dumouriez* se battait avec succès dans le

Pays - Bas. Le général *Montesquiou* s'était rendu maître de la Savoie. Le général *Custines*, en Allemagne, s'était emparé de Mayence et de Francfort.

L'infortuné *Louis XVI* est forcé de comparaître à la barre de la Convention. Il est jugé et condamné à mort à une majorité de cinq voix, le 15 janvier 1793. Ce monarque, digne d'un meilleur sort, avait choisi, pour ses défenseurs Tronchet et Target. Malesherbes remplaça ce dernier, qui refusa de prendre la défense de Louis. Desèze se joignit à eux.

Quoique le plan de cet ouvrage ne le permette pas, je ne puis m'empêcher de rapporter les belles paroles qui terminent ainsi le discours de Desèze : « Entendez d'avance l'his- « toire qui redira à la renommée : Louis était « monté sur le trône à vingt ans, et à vingt « ans il donna sur le trône l'exemple des « mœurs; il n'y porta aucune faiblesse cou- « pable, ni aucune passion corruptible; il y « fut économe, juste, sévère; il s'y montra « toujours l'ami constant du peuple. Le peu- « ple désirait la destruction d'un impôt dé- « sastreux qui pesait sur lui, il le détruisit; « le peuple demandait l'abolition de la ser- « vitude, il commença par l'abolir lui-même. « Le peuple sollicita des réformes dans la législation criminelle pour l'adoucissement du « sort des accusés; il fit ces réformes. Le peu- « ple voulait que des milliers de Français, « que la rigueur de nos usages avait privés « jusqu'alors des droits qui appartiennent aux « citoyens, acquissent ces droits ou les re-

« couvrassent; il les en fit jouir par ses lois.
« Le peuple voulut la liberté, il la lui donna;
« il vint même au devant de lui par des sa-
« crifices; et cependant c'est au nom de ce
« peuple qu'on demande aujourd'hui..... Ci-
« toyens, je n'achève pas..... Je m'arrête de-
« vant l'histoire; songez qu'elle jugera votre
« jugement, et que le sien sera celui des
« siècles. »

On lira avec beaucoup de plaisir, j'en suis persuadé, le jugement de M. le comte de Ségur sur le plaidoyer des trois défenseurs de *Louis XVI.*

« Le plaidoyer, composé par ces trois sages
« défenseurs et rédigé par Desèze, dit cet
« auteur célèbre (1), était noble, convain-
« cant et sévère; il opposait la vérité aux ca-
« lomnies, les faits aux suppositions et la rai-
« son aux injures. Il ne laissait aucun doute
« sans éclaircissement, aucun reproche sans
« réfutation. Ce discours lumineux dissipait,
« par sa clarté, toutes les ombres que l'esprit
« de parti voulait étendre sur les yeux d'une
« multitude fanatique.

« S'il n'avait été question que de porter la
« conviction dans les esprits, ce discours au-
« rait atteint parfaitement son but; mais il
« fallait combattre des passions; et peut-être
« les armes d'une pathétique éloquence au-
« raient dû se joindre aux argumens pressans
« de la logique.

« Jamais sujet plus noble et plus touchant

---

(1) *Tableau historique et politique de l'Europe.*

« ne s'était offert au talent d'un orateur. Un
« monarque puissant, précipité du haut de
« son trône dans un cachot; un Roi désarmé,
« poursuivi par des ennemis sans pitié; le lé-
« gislateur humain qui avait aboli la torture;
« le protecteur de l'Amérique; le libérateur
« des serfs du Jura; le restaurateur volontaire
« de la liberté française, enchaîné par le peu-
« ple qu'il voulait affranchir; l'homme pacifi-
« que et sensible, persécuté par des proscrip-
« teurs implacables dont il avait épargné le
« sang, et qui voulaient répandre le sien; le
« combat de la bonté contre la haine, de la
« vertu contre le crime, du courage contre la
« destinée; le tableau de tous les malheurs
« qu'entraînait sa mort; les vengeances qu'atti-
« rait cet attentat; l'effrayante peinture des re-
« mords qui feraient l'éternel supplice de ses
« juges : tous ces moyens, propres à ranimer le
« courage, à réveiller la sensibilité, à effrayer
« la haine, furent interdits par Louis XVI, à
« ses défenseurs; et lorsque Desèze lui présenta
« la péroraison touchante qui devait terminer
« son discours, ce prince voulut qu'il la sup-
« primât, et lui dit: *Je ne veux pas atten-*
« *drir.* »

Louis XVI fut exécuté le 21 janvier 1793, sur la place Louis XV, appelée alors *place de la Révolution.* Ce prince sensible et faible, surtout lorsqu'il fallait punir ses sujets, montra, dans les derniers momens de sa vie, une fermeté héroïque. Il allait haranguer le peuple; mais un roulement de tambours, commandé par Santerre, couvrit sa voix. Sa tête

tomba sous l'instrument fatal. Les dernières paroles que l'on entendit furent : *Je pardonne à mes ennemis* (1).

---

(1) Je finis à Louis XVI. Je pense que la faculté des
Belles-Lettres n'interroge pas sur l'histoire postérieure
à ce règne. Les événemens qui suivent sont trop nombreux et trop remarquables pour en donner un abrégé.
Les indiquer seulement, ce serait donner une table
chronologique plus ennuyeuse qu'utile. Au reste l'histoire depuis la mort de Louis XVI jusqu'à nos jours, est
trop intéressante pour n'être pas lue dans tous ses détails.

FIN.

TABLE
DES MATIÈRES.

FIN DE LA TABLE.